"十二五"职业教育国家规划教材
经全国职业教育教材审定委员会审定

社区管理实务

SHEQU GUANLI SHIWU

（第2版）

袁继红　主编　　彭凤萍　曹启挺　副主编

电子工业出版社
Publishing House of Electronics Industry
北京·BEIJING

图书在版编目（CIP）数据

社区管理实务 / 袁继红主编. —2 版. —北京：电子工业出版社，2015.1

ISBN 978-7-121-24327-1

Ⅰ. ①社… Ⅱ. ①袁… Ⅲ. ①社区管理－中国－高等学校－教材 Ⅳ. ①D669.3

中国版本图书馆 CIP 数据核字(2014)第 210621 号

策划编辑：晋　晶
责任编辑：王莺朕
印　　刷：涿州市般润文化传播有限公司
装　　订：涿州市般润文化传播有限公司
出版发行：电子工业出版社
　　　　　北京市海淀区万寿路 173 信箱　邮编 100036
开　　本：787×980　1/16　印张：16.25　字数：346 千字
版　　次：2009 年 3 月第 1 版
　　　　　2015 年 1 月第 2 版
印　　次：2024 年 9 月第 14 次印刷
定　　价：36.00 元

凡所购买电子工业出版社图书有缺损问题，请向购买书店调换。若书店售缺，请与本社发行部联系，联系及邮购电话：(010) 88254888，88258888。

质量投诉请发邮件至 zlts@phei.com.cn，盗版侵权举报请发邮件至 dbqq@phei.com.cn。

本书咨询联系方式：(010) 88254199，sjb@phei.com.cn。

第 2 版前言

中国共产党十七大报告中明确指出："要健全基层党组织领导的充满活力的基层群众自治机制，扩大基层群众自治范围，完善民主管理制度，把城乡社区建设成管理有序、服务完善、文明祥和的社会生活共同体。"2013年，中华人民共和国民政部颁发《关于加强全国社区管理和服务创新实验区工作的意见》，因此，加强社区管理与服务的专业建设非常迫切。

受高职高专社区管理与服务专业系列规划教材编委会的委托，2009 年，我们编写了《社区管理实务》第 1 版，在全国高职院校中很受欢迎。近几年来，社区建设与管理发展迅速，各地都在进行社会管理创新的试点和探索。我们结合社区工作的发展变化，也听取了教材使用学校任课老师的相关意见和建议，对本书进行了大量的修订：一是增加了社会管理创新的内容，更加符合现今形势和高职教材的特征；二是增加了近两年的案例，更有说服力。更为重要的是，这门课程是我校建设的国家精品课程，也是国家资源共享课程，在线提供教学视频、教学 PPT 等各种教学资源。登录长沙民政职业技术学院优质数字教育资源展示平台（http://www.icourses.cn/coursestatic/course_2817.html），即可查看相关教学资源，参与教学互动。

本书由袁继红任主编，彭凤萍、曹启挺任副主编。编写的具体分工如下：第 1、3 章由袁继红（长沙民政职业技术学院）编写和修订；第 2、7 章由曹启挺（长沙民政职业技术学院）编写和修订；第 4 章由彭凤萍（长沙民政职业技术学院）编写和修订；第 5 章由王晓欢（长沙民政职业技术学院）编写和修订；第 6 章由成海霞（北京现代职业技术学院）编写，曹启挺修订；第 8 章由杨婕娱（长沙民政职业技术学院）编写，王晓欢修订；第 9、10 章由陈保辰（北京现代职业技术学院）编写，曹启挺修订。

本书的编写和修订工作得到了电子工业出版社的大力支持，在此深表感谢！对于教材中的不当之处，也望各位同人及广大读者不吝赐教。

袁继红

目　录

第1章 绪 论

引言

　　社区是人们进行社会生活的共同体，是人们相互依存、共同生活的地区和空间。随着社会主义经济体制改革的不断深入，社区在社会管理中的地位不断提升：政府和企业在体制改革中剥离出来的职能要由社区去承接；社会管理的重心要向社区转移；广大群众生活需求的满足和生活质量的改善与社区密切相关。同时，社区还是精神文明建设的重要载体和构建和谐社会的基础。要加强社区管理，首先要了解社区管理。本章主要介绍社区管理的基本概念、社区管理体制与运行机制、社区管理模式等内容。

学习目标

1. 掌握社区管理的含义。
2. 理解社区管理的特征。
3. 了解我国的社区管理体制。
4. 理解社区管理运行机制。
5. 掌握我国社区管理的几种实践模式。
6. 思考我国社区管理模式应如何创新。

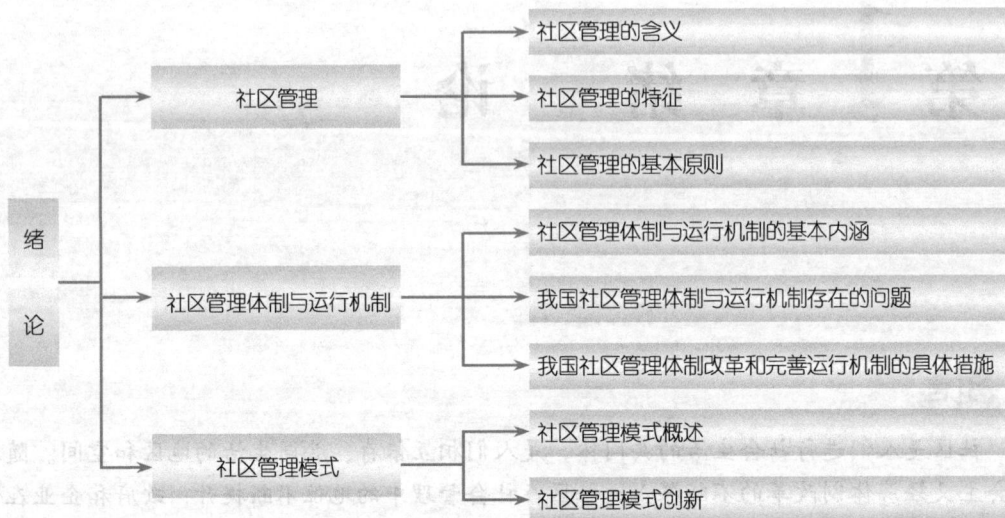

1.1　社区管理

1.1.1　社区管理的含义

"社区"（Community）一词近年来已成为大众普遍接受的一个常用名词，被普遍用于社会学、哲学、宗教及政治学等范畴。社区主要包括以下三层含义。① 居住在某一特定地区的一群人或这些人生活所在的地区。② 具有共同经济利益或共同文化传统的人群或国家。③ 共有、共享、相同或共同参与等情况。

社区管理是指在社区范围内，由政府主导的社区职能部门、社区单位和社区居民为维护社区的整体利益，推进社区全方位发展，对社区公共事务和公益事业进行的有效调控和自我管理。

社区管理主要包含以下几层含义。

1．社区的人口要素和地域要素

社区管理是在社区范围内进行的管理。社区范围主要指经过社区改革后做了规模调整的社区居民委员会辖区，但在工作层次上则包括街道办事处。

2．社区管理的主体

社区管理的主体有以下几种。① 作为主导的街道党委和政府派出机构——街道办事处。

②　政府各职能部门在社区的派出机构，主要有警务室、工商所、税务所、环卫所等。③　驻区的各种企事业单位，如物业公司、医院、学校、商店、其他企业等。④　广大社区居民及居民自治组织。

3．社区管理的内容

社区管理包括社区服务管理、社区文化管理、社区教育管理、社区卫生管理、社区环境管理、社区治安管理等具体内容。

4．社区管理的性质

社区是由社区成员通过各种维系力量联系起来的共同体，按照我国相关法律的规定，社区（改革调整后的居民委员会辖区）应当实行居民自治。这种自治，首先是一种居民的自我管理。居民群众既是这种管理的主体，又是管理的客体；既有权利，又有义务。同时，由于我国的国情，当前推进社区自治还需要政府的主导，政府在这一过程中还要兼顾社区内外的各种政治、社会、经济、文化的其他因素及其他治理目标。因此，社区管理在居民自治与政府调控方面需要有一个适当的结合。

5．社区管理的目的

社区管理的目的是促进社区的和谐发展，满足社区居民的物质和精神文化生活需求，全面提高社区居民生活质量和社区居民素质，并因此促进全社会的和谐与进步。社区管理的最终目的是走向自治，如果我们将社区管理的地域范围主要限定于居民委员会辖区，那么，显然，自治是社区管理的最终目的。社区作为居民自己的家园，无论从其本质还是从其发展实践来看，走向自治都应该成为社区管理体制建设的基本方向。在当前阶段，从我国实际情况出发，无论从现实的社区管理上看，还是从社区管理的自治方向的推动上看，政府或者说行政力量都还居于主导地位，但这不应当成为动摇这一方向的理由。

▌学习活动 1

××市×××街周围的饭店把垃圾连同菜汤一起倒进居民生活垃圾筒里，由于这些垃圾筒不是封闭式的，里面的污水就从垃圾筒下面的缝隙流出来；开发区泰山路一排门脸房东北侧的下水井堵塞，几家店铺的负责人都说自己没有责任，不肯找人疏通，又脏又臭的污水很快溢出来流出很远，居民不得不绕着走，最后有人干脆用水泥把下水井封死了事；居民宋某在有关部门拆除他乱建的违章建筑后，抱着父亲的骨灰盒到××社区居民委员会"抗议"；某物业管理公司设立的停车场里车来车往，附近的居民经常被嘈杂声弄得整夜难安，不停地到社区居民委员会投诉，而当社区居民委员会工作人员找物业公司协商解决此事的方法时，对方却拿着有关部门的批文，理直气壮地回答"停车场的设立是有合法手续的"。

早在 2002 年 5 月 20 日，15 个单位就曾联合发出"关心社区、支持社区、参与社区"

的倡议，提出"社区是我家，建设靠大家"、"社区要发展，全靠你我他"等行动口号，呼吁"人人关心社区，人人支持社区"。然而在现实生活中，不少企业、单位、居民的举动都表现出"社区建设，事不关己"的态度。

❓ 思考

（1）社区管理的内容主要有哪些？社区管理具有什么特征？

（2）当前的社区管理中存在哪些问题？

1.1.2 社区管理的特征

1. 区域性特征

社区是居住在某一特定地区的一群人或这些人生活所在的地区，因此社区具有地域性特征。社区管理的具体内容基本上局限于社区的范围之内，管理的方式是发动社区内的各类管理主体一起自我管理、自我服务。这种管理主体和管理对象的同一性使社区管理的区域性非常明显。如果本社区管理机构的管理对象超出了社区的范围，社区管理主体和管理对象的一致性将不复存在，这会造成管理混乱；如果社区外的管理机构延伸到社区内来实行管理，社区的自我管理机制将无法正常运行。因此，社区管理的重心必须是社区。

2. 层次性特征

不同的学者对社区管理的地域范围有不同的定义，有的认为是街道辖区，有的认为是社区居民委员会辖区。其实，这种分歧恰恰表明了社区管理的层次性特征。社区管理的目标范围应当是社区居民委员会辖区。在这个区域内，它所涉及的管理的性质主要是居民的自我管理，也就是自治；所涉及的管理内容则包括社区服务、社区教育与文化、社区环境、社区治安等方面。但是，从我国实际情况看，社区管理当前的主导力量从总体上说并不是居民，而是党和政府，特别在操作的层次上，是街道党工委和街道办事处。社区管理已经成了它们的主要工作职责，这其中包括以下三个方面的工作内容。

（1）按照法律规定，落实社区的居民自治。包括法律的宣传，社区居民的发动，指导与组织社区推荐、选举社区居民委员会干部人选。事实证明，政府的主导作用是搞好新形势下社区管理的决定因素。

（2）在日常工作中，对经过民主选举的社区居民委员会依法进行工作上的指导，同时将政府的管理事项落实到社区，并协调相关的组织和管理主体形成社区管理的合力。调动必要的政府资源特别是财政资源、政策资源，对居民自治组织进行必要的扶持，其方法一是钱随事走，二是专项扶持。

（3）对社区居民委员会进行必要的考核，既可以通过颁布相应的考核标准，由街道各部门进行分项考核，也可以由社区居民通过代表大会或问卷调查等方式对其进行日常的和定期的考核。

社区管理事实上是上述两种层次的结合。两者结合得好，社区管理就会产生好的结果；结合得不好，社区管理就可能产生各种问题。

3．互助性特征

生活在社区中的居民之间，以及他们与社区单位、群众团体之间存在着十分复杂、密不可分的关系。一方面，社区居民委员会的成员是居民直接选举所产生的，他们是居民的代表，要维护居民的利益，解决居民的问题；另一方面，社区居民委员会实际上要承担街道各部门交办的任务。社区居民委员会的双重身份，使其成为连接居民与街道各部门的桥梁。这种关系建立在各社区成员之间的平等关系的基础之上，每个社区成员既是管理主体，又是管理对象；既有管理别人的权利，又有接受别人管理的义务。这种社区管理模式是社区成员共同参与的平等、互利、互助式的自我组织、自我服务、自我管理的模式。解决社区的矛盾和困难所采取的方法只能是社区成员的互助行动。

4．复杂性特征

随着城市化进程的加快，社区居民的成分日益复杂化，这使社区管理具有复杂性特征，具体表现在以下几个方面。

（1）社区人口密度大，社区成员身份日益复杂。

（2）社区成员的异质化程度高。① 随着人口结构的变化，老年人的比例不断上升。② 从事职业及收入水平的分化程度提高，学历高、有技术和能力的年轻人就职于新兴高科技行业的比例高，其收入相应也高；大多数单位的领导和骨干也是有经验、有特长、年富力强的中年人，但中年人中下岗、待岗人员也不少。③ 由于住房制度的改革和房屋租赁政策的出台，有的社区居民将住房作为投资，赚取房租，导致大量借居者及外来人口进入社区，进一步加剧了异质化程度。社区成员的异质化程度越高，其需求就越多样化。因此，要通过社区管理来满足日益多样化的需求就比较困难。

（3）社区成员之间缺乏沟通、认同和互助。这其中的原因是多方面的。① 社区成员的成分日益复杂，关系陌生。② 现代社会竞争压力大，工作已不仅仅限于上班时间，以致影响沟通和交流。③ 生活条件的改善，特别是居住条件的改善，使居民大多住上了独立成套的住房，这同时也淡化了人们的交往意识，增加了交往的难度。④ 通信工具的发展，如电话、传真、网络的出现，使居民能够跨越空间的阻隔进行远距离的交流，甚至可以在虚拟空间中和虚拟的人物进行交流，而这一切都降低了他们对在社区内进行面对面交流的需求程度。居民之间连基本的沟通和交流都比较缺乏，就更谈不上认同和互助了。

社区管理要协调和发动这些数量众多、异质性强、人际关系淡漠的社区成员来参与社区管理，为自己与他人服务，这当然不是一件轻松的事。

5．综合性特征

综合性特征体现在以下三个方面。① 社区成员的数量多，成分复杂，差异性强，所以他们各自的资源优势和需求也各不相同。社区管理就是要充分利用社区的各种资源，满足多样化的需求。② 社区管理的主体不是单一的，而是各方面力量的共同参与，社区管理要注意综合利用这些力量。③ 社区的功能也不是单一的，社区管理要综合利用社区的各种功能。

6．动态性特征

不同社区管理主体有着不同的目标、需求和利益。例如，政府的派出机构——街道办事处，它既要指导社区自治，又要考虑和稳定由于物质、人力资源的不足对这种自治产生的限制；不仅更大范围的制度因素会对街道这一级机构行为的意识、取向及规则产生决定性的影响，同时，街道办事处领导和工作人员的素质也决定了他们的社区管理水平。社区单位情况更加复杂，管理部门可能会具有置身事外的行为特点，企业可能更多地考虑经济利益，而社会团体则更多地考虑各种活动的开展，但他们的活动也许会产生与政府意向不完全一致的效果。至于居民，出于对自身利益的关注，他们对自治的兴趣和愿望往往很强烈，但在民主水平和技能方面有较大欠缺；同时，异质化也可能会使居民对社区参与产生不同的态度。当前物业管理与居民自治还处于分离状况，所以矛盾也会经常产生。由此，我们可以感受到社区管理是一种过程，它不仅在不同城市和社区的起点不同，而且路径也不一定一致，同时它的动态性及过程性特别突出。总之，社区管理还不是一个稳定的、成型的管理形态，而是一个进行中的状态，是一个完善中的状态。从总体上看，我国城市的社区管理正处于一个变革时期，虽然其目标和任务已经确定，但成型和完善还有待时日。

学习活动 2

××省××市××区某物业公司擅自提高物业管理费，引起业主的不满。而当时的业主委员会主任根本就不管事，大部分业主都不知道他是如何走马上任的。广大业主强烈要求按照业主委员会的产生办法重新选举业主委员会，并希望社区居民委员会能够出面帮助协调各方关系，使选举顺利进行。但社区居民委员会工作人员却说选举业主委员会是业主自己的权利，社区居民委员会不便参与，同时社区居民委员会管不了物业公司，无法从中协调。随后，小区出现管理混乱、大门无人看守、治安状况混乱、卫生无人打扫、垃圾无人清理等现象。物业公司收不到物业管理费，就采取了捆绑收费的方式，因为水、电费是由物业公司代收的。

其他城市也经常出现物业公司停水、停电，强制业主交纳物业管理费的现象；或不满物业公司服务，业主委员会发动居民停交物业管理费，而物业公司以停水、停电相要挟的情形。我们经常看到新闻媒体有类似的报道。

面对此类事情的发生，作为居民自治组织的社区居民委员会对业主委员会和物业公司没有明确的监督作用，很难在双方之间起到调节作用。很多人希望最好能明文规定物业管理机构只能根据广大业主的委托管理好小区的物业，不能将其功能延伸到行政管理和居民自治领域；而社区居民委员会有监督的权利和配合物业公司工作的义务。

？ 思考

(1) 从该案例来看，在社区这个层次，与居民打交道的是哪些管理主体？

(2) 谈谈如何协调好各管理主体的关系。

1.1.3 社区管理的基本原则

1. 全体利益原则

全体利益原则强调社区管理的目标，就是社区管理必须以社区内的全体居民、组织、团体、单位的共性需要和利益为根本目标，一切手段、做法都必须紧紧围绕这个根本目标。它是衡量社区管理有效与否的最直接的标准。按照这一原则，以社区成员的需求为工作目标，以社区服务为突破口，以创建文明社区为方向，协调社区各方面的力量，充分利用社区的各种资源和优势，全面推进社区的服务、治安、文化、教育、环境、卫生等各方面的工作，改善社区软硬件设施，以满足社区成员多样化、高质量的生活需求和全面发展的需要。

2. 自治和自助原则

自治和自助原则强调的是满足社区成员各类需求的根本途径。这是现代社区管理和传统的社区管理的根本区别。在街道层次，社区管理主要是通过政府向街道放权和授权，通过各职能部门向街道延伸的机构，通过社区居民和单位的共同参与，明确社区各管理主体的地位和权责利，从而能够创造在街道地域范围内的一个良好的治理状态。在社区居民委员会这个层次，居民的自我组织、自我管理、自我服务是社区发展的根本方向。只有这样，才能调动社区成员参与社区管理的主动性、积极性和创造性，充分利用社区的人力和物力资源，实现社区建设的各项目标，达到社区管理的诸多目标。任何社区管理的变通做法和策略选择，只有在不违背社区自治的前提下才是可行的。

3. 组织和教育原则

组织原则是以科学的方法和艰苦的工作，统一各种社区管理主体的认识与看法，使他们认清共同的需要，以形成一致的行动，解决社区内的共同问题，达到推动社区发展的目标。不仅居民需要组织，社团需要组织，其他社区管理主体也都需要很好的组织。从某种意义上说，如果没有良好、有效的组织工作，社区建设这一时代任务根本无法推进和取得成功，其原因就在于前述社区管理的复杂性与综合性。可以说，社区管理是一项系统工程。我们知道，一个好的系统的功能很强大，但决定因素在于其构成是否合理。尽管每个具体构成要素可能不是最优的，但它们组合与构成得好，也会产生 1+1＞2 的效果。

教育原则着重强调实现社区管理目的的方法。社区管理的最终目的是社区的发展，以及社区居民生活质量和综合素质的提高。居民的综合素质包括身体素质、文化素质和品德修养等，主要有生活态度、价值观、行为准则、文化程度、艺术修养、品格品行、健康状况等方面的内容，其中有相当一部分可以通过教育来改善和提高。社区教育是一种全方位的、新式的终身教育，从少年儿童到退休老人都是社区教育的对象，其内容和方式则根据任务的需要及对象的具体情况进行确定。教育不仅是社区自治必要的基础性工作，也是推动社区发展和协调关系的长期性任务。

4．协调性原则

协调性原则有两个方面的含义。一方面，社区管理不能仅仅局限于社区这个小区域，同时要注重社区与整个外部大环境的协调；另一方面，注重社区内组织与功能的协调，以保证管理的及时、有效、无遗漏。

社区与外部大环境协调的必然性是不言而喻的，社区虽有地域性特征，但绝不是封闭的，社区和外界之间有着千丝万缕的联系。就城市整体而言，社区只是其中的一个局部，社区的发展必须要符合城市的整体规划，要服从整体的要求，而不能自行其是，搞独立王国。社区的事务和外部有联系，居民的所有需求仅靠社区不可能全部解决。所以，社区必须和外在的大环境协调，与整个城市和国家的发展规划协调一致。

社区内组织与功能的协调对社区管理的效率和效果至关重要。社区内组织机构的设置和功能的定位如果不协调，就会造成有些机构不去做自己该做的事情，而有些机构却不得不做不该做和做不好的事情。在街道管理的模式下，如果片面重视职能部门而忽视地域机构，就会造成人、财、物等资源的配置都向职能部门倾斜，街道所掌握的资源很少的局面。这种状况与当前社区建设及社区管理的形势当然是不一致的，而这种局面在相当大范围还是存在的。

显而易见，社区管理的协调性原则，其关键不在于街道这个层次，而在于区党委和区政府向街道放权和授权，使街道真正成为一个社区管理的权力中心。有权力才能协调，无权力只能求人。从这里我们也可以看出，社区管理是一个牵一发而动全身的系统工程，它的真正推进需要更高层次的政治推动。

5．前瞻性原则

前瞻性原则强调了社区管理过程中要注重预见性，要有长远的目标，要充分考虑社区管理的根本出路问题，考虑社区管理发展中可能出现的或已经出现的各种因素对以后的管理将会带来的不利影响，并在社区管理的过程中努力将这些因素消除在萌芽状态，使它对社区管理的影响降到最低限度。另外，社区管理的各个环节，如管理方案的拟订和实施、管理方法和手段的改进等，都要遵循前瞻性原则，防止日后出现大的变动，造成大的损失。

例如，社区管理中，目前一个突出的矛盾是物业管理。解决物业管理的问题为什么这么困难？这主要是利益的因素，头疼医头、脚疼医脚的办法无济于事，根本的出路在于落实业主的各项权利。如果我们能从这个高度认识和解决问题，不仅可以促进社区发展的民主意识，促进社区自治，甚至可以创造出新的社区建设模式。

6．可持续发展原则

坚持社区可持续发展，一切着眼于人，着眼于人的全面发展和人居环境的可持续发展，让普通市民享受高层次文明及高质量的生活，提高老百姓的生活质量和城市文明程度，提高市民素质，实现社会效益与经济效益共同发展，促使自然环境与人文环境协调发展。

学习活动 3

万年桥社区召开"三改一拆"旧住宅区改造民主听证会

2013 年 10 月 22 日下午，杭州市余杭区良渚街道万年桥社区召开"三改一拆"旧住宅区改造民主听证会。参加会议的有各相关小区住户代表、单位代表、良渚街道城建环保科、社区班子成员等。此次万年桥社区旧住宅区改造涉及 6 个小区，共计 2 万多平方米。由于建设时间较早，小区内基础设施比较落后，屋顶漏水、墙体老化、下水道堵塞等情况时有发生。会上，代表们提出了各自的意见和建议，社区对大家提到的问题一一做了解答，并把相关问题及时向街道进行了反映。此次听证会既让大家了解了改造的大致情况，也听取了大家的意见来完善方案，收到了较好的效果。接下去，待方案最终确定，社区将第一时间向居民公示，为改造工程打好基础。

？ 思考

该案例符合社区管理的哪些原则？

1.2 社区管理体制与运行机制

1.2.1 社区管理体制与运行机制的基本内涵

1．社区管理体制

社区管理体制是指社区管理的组织体系及运行机制，它是进行社区建设和社区管理的基础和制度性保障之一。社区管理体制要以社区管理的基本内容为基础，与社会外在环境和社区发展的方向相适应，是实施管理的组织结构、职能权限划分和管理方式、工作方法的总和。

2．我国现有的社区管理体制框架

在社区建设实践中，我国城市基本形成了"两级政府、三级管理、四级落实"的管理体制。"两级政府"是指市、区两级政府；"三级管理"是指市、区、街道的管理；"四级落实"是指市、区、街道、社区居民委员会四级的组织落实。"二三四"管理体制的重点在于加强街道和社区居民委员会的建设，关键在于市、区两级政府要逐步放权给街道，建立责权利统一、条块结合、以块为主的管理体制。

从中国目前城市社区管理的体制框架看，大体上都遵循以下模式。

（1）市一级设立社区建设领导机构。由市委、市政府领导牵头，有关部门和单位参与，主要负责制定、审核全市范围的社区建设、规划和工作计划；研究制定社区建设的方针、政策和重大措施，督促、检查全市内社区建设的先进经验，协助市委、市政府推进基层行政管理体制的改革，理顺基层条块关系；努力解决社区建设中的政策保证和财力保障等问题；协调解决有关部门和单位之间的关系，为全市开展社区建设创造条件。

（2）市辖区一级建立社区建设指导机构或协调组织。由区委、区政府领导牵头，有关部门负责人和驻区大单位代表参加，负责制定全区性社区建设的规划及措施；协调有关部门和辖区内的各种社会力量积极参与社区建设活动；理顺街道条块关系，充分调动街道办事处开展社区建设工作的积极性；主持开展社区建设的"示范工程"。

（3）街道一级建立健全社区协调组织。由街道办事处党政主要负责人牵头，辖区内有关部门、企事业单位、社会中介组织和居民代表参加，主要职责是贯彻落实上级党委、政府有关社区建设的决定、决议和工作部署；研究、制定街道范围内社区建设规划和工作计划，并付诸实施；发动、组织辖区各种社会力量积极参与社区建设工作，探索实现社区共建的新机制；指导社区居民委员会和社会中介组织开展灵活多样的社区建设活动。

（4）社区居民委员会积极探索社区自治与社区内单位有机结合的新途径。社区居民委员会这一层次的情况有很大差异，先进地区基本实现了居民自治和民主管理，并依法形成了相应的组织架构，如居民代表大会、社区委员会等。但是，落后地区还基本上是任命制的社区居民委员会，工作机构也不健全。社区自治组织建设根本原则是扩大民主，通过有效的组织形式将群众对社区公共事务和公益事业的知情权、参与权、监督权、决定权交给社区，把基层民主参与机制建立起来。

为了有效地实现社区民主自治，社区各类组织包括党的组织必须精干高效，避免行政化色彩；要采取委员会分工负责制，不应设立过多的机构和层次；党组织和社区居民委员会在人员配置上可互有交叉，党组织负责人参加社区居民委员会选举。

社区管理体制的关键在于区分管理层次，明确工作重点。"两级政府、三级管理、四级落实"的城市管理体制改革主要有两个方面的内涵。第一，划清市与区两级政府的职能界限，使市政府的管理重点放在制定战略规划和政策法规，监督检查及引导、调控等宏观层面上；区政府的管理主要体现在直接管理上。第二，加强街道这个管理层级，使其在作为区委、区政府派出机构的性质不变的前提下，依据法律、法规、规章和区政府授权，成为一级准政府。城市管理体制的改革最终要落实到社区建设上来，因为只有落实到社区建设，才能真正实现政府职能的转变，实现"小政府、大社会"，实现现代城市管理模式。三级管理的办事机构一般设在民政部门。

在社区管理的过程中，有的地方探索新型社区管理新路子，建立楼宇自治委员会（简称"楼委会"）。它是以楼宇为单位，在社区居民委员会的具体指导下，发挥协商、议事、互助作用，具有"四自"功能的群众性组织，是新型社区管理体制的基本单元。

学习活动 4

杭州市下城区长庆街道探索新型社区自我管理新路子

1. 搭建工作平台，明确职责任务

长庆街道社区楼宇自治会是在社区党委和社区居民委员会的统一领导部署下，以楼道党支部为核心，通过广泛宣传、发动，由居民自愿参与、自主组织、自我管理的社区自治组织。一个楼宇自治会覆盖 3~5 幢楼房、100 户左右居民，设立 1 名会长和 3~5 名委员。会长一般选择楼宇中年龄适中、热心社区工作的居民担任，并通过所在楼宇所有居民选举产生，负责日常居民事务的联络、服务工作。委员则由楼道单元长担任。目前，该街道已完成所有社区的组建选举工作，共成立楼宇自治会 75 个，选举产生楼宇自治会会长 75 人。通过楼宇自治会的建立，"二级政府、三级管理、四级服务、五级联络"的组织格局已在该街道初步形成。

长庆街道制定了楼宇自治章程，对社区楼宇自治会的工作任务、基本权利、组织机构、经费开支等问题做了进一步的明确和规范。楼宇自治会积极主动参与社区计划生育、环境卫生、治安等社会事务管理，并利用"客厅里的民情恳谈会"、"楼道里的实话实说"等形式，使社区建设的"四会"制度即"听证会、协调会、议事会、民情恳谈会"在第一阵地得到了实施。

2. 发挥"五员"作用，拓展自治空间

一是政策时事宣传员。宣传员的职责是负责把市、区、街道的一些文件精神及时传达给每位居民。因大部分楼宇会长都是该楼宇中威望高的居民代表，很多居民愿意把自己不理解的或有争议的问题拿来与会长们探讨。楼宇自治会还有一项不成文的规定，凡重大政策及与居民群众息息相关的政策出台，他们中的志愿者都会对本楼宇内的特殊人群实施一次走访，和部分行动不便的老弱病残人员一起学习新的政策和时事。例如，在"四小车"整治中，王马社区、柳营社区的楼宇自治会成员积极主动地为残疾人家庭送政策，做好政策宣传和解释工作；6 名有过激思想的营运三轮车主，通过楼宇自治会成员和邻里群众的说服教育，最终掌握了政策，及时更换了车辆，推动了"四小车"整治的顺利开展。

二是社区建设议事员。社区很多工作在实施前都要请楼宇自治会成员参与出谋划策，通过广开言路、集思广益、博采众长，以最小的投入实现最大的收益。例如，各社区在整体规划社区用房及设计中，都听取和采纳了楼宇自治会的意见和建议，特别是王马社区的社区用房与居民休闲小公园的设计，充分体现了"民本、人文"的原则。楼宇自治会的议事形式也别具一格，有纳凉议事、登山议事、喝茶议事等，大家各抒己见，各尽所能地为社区的自治与发展献计献策。

三是为民办事服务员。楼宇自治会的自治作用体现最充分的方面在于为居民办事解困上。在会长、单元长的带领下，每个楼道内都有居民与本楼道的独孤老人和70岁以上的老人签订邻里照看协议书。据不完全统计，街道登记在册的需要邻里照顾的老人共515户，23个楼宇自治会的志愿者共签订协议书195份，一年来共有300多人次接受了邻里服务。

四是文体活动组织员。文体团队的建设在丰富和活跃居民生活的同时，也是居民自治的一个有效手段。长庆地区目前共有业余文体团队32支，而文体团队中有部分队长是楼宇自治会会长，他们是团队的建设者和组织者，常年活跃在这些队伍中，自愿为新加入的队员提供无偿服务，为团队的建设和发展潜心经营。

五是社会管理信息员。对居民群众家庭、爱好、需求、思想动态等情况的掌握，是搞好社区自治和社会事务管理的重要前提。例如，在有序用电的监督管理中，在帮扶解困的动态管理中，在企业退休人员社会化管理服务工作中，在城市管理属地包干制中，在社区干部直选工作中，楼宇自治会都较好地发挥了信息员的作用，为社会事务管理的有序推进提供了宝贵的第一手资料，为各项工作的开展和社区民主自治提供了有力支持。

3．规范制度建设，提高自治能力

一是建立楼宇自治会会长联席会制度。原则上每月召开一次会议，有特殊情况时可随时召开；由社区居民委员会主任或受主任委托的副主任负责召集会议，各楼宇自治会长参加。会议议题有近期工作任务，涉及社区建设、楼宇建设的重大事项，日常工作交流，突发公共事件等。

二是建立楼道党支部、楼宇自治会联席会制度。由楼道党支部书记、楼宇自治会会长负责召集会议，每月召开一次；各楼道党支部委员、楼宇自治会会长、副会长参加。会议主要研究近期重点工作等。

三是建立楼宇自治会工作联席会制度。由楼宇自治会会长负责召集会议，各楼宇自治会委员参加，时间根据需要而定。

四是建立楼宇自治会工作通报会。原则上每半年举行一次会议，由本楼道党支部负责召集会议，本楼宇居民代表参加。会议的主要议题为楼宇自治会会长代表本自治会向本楼宇全体居民汇报工作，听取居民意见。

五是建立楼宇自治会民情日记制度。按照一事一记的原则，落实专人（一般为副会长或会长）负责做好本楼宇的民情日记工作。每月整理汇总一次，由街道、社区分别定期组织交流。民情日记记录反映事关居民日常工作、生活的需协调、在协调、已协调的事；楼宇中的好事、新事、要事；楼宇中特殊群体结对情况及动态。

六是建立楼道党支部、楼宇自治会双向兼职制度。为了进一步发挥楼道党支部、楼宇自治会的整体合力，鼓励楼道党支部、楼宇自治会双向兼职。楼宇自治会会长可由楼道党支部委员、副书记或书记兼任。楼宇自治会在楼道党支部的领导下，有序、规范地开展工作。楼宇自治会会长、副会长可进入社区议事班子，深入调查研究，虚心听取群众意见，向群众介绍社区建设的发展情况，为社区建设献计献策。

七是建立楼宇自治会星级评估制度。活动每年开展一次，由社区党委、社区居民委员会负责组织实施，以楼宇自治会自我评估、楼道党支部自我评价为主，综合社区议事委员会、社区成员代表会议的意见，确定评估分值。95 分以上（含 95 分）评为五星级楼宇自治会，90~94 分评为四星级楼宇自治会，85~89 分（含 85 分）评为三星级楼宇自治会。对在楼宇自治会工作中表现突出，能切实履行楼宇会长职责的优秀会长、会员进行表彰。

4．引导群众参与，成效初步显现

在楼道党支部的领导下，以居民自治、志愿服务、邻里互助、健康卫生、公德教育、婚育新风"六进楼道"为主要内容，开展楼宇自治工作。

一是自我管理，不断提高。在推进社区民主自治的过程中，街道完成了"要其自治"到"我要自治"的过渡。楼宇自治会成立后，充分发挥自身作用，激发居民参与热情，培育居民认同感。例如，该区在 2008 年 3 月开展的城市属地化管理工作中，各楼宇自治会分别召开楼道小组长会议，宣传开展这项工作的目的、意义、形式，以及楼宇自治会及每个居民应负的责任和义务。各楼宇自治会会长还当起义务监督员，带头落实这项工作。

二是自我服务，不断完善。① 不断开拓为民服务新思路，开展邻里照看活动。例如，柳营社区共排摸出近 100 户需要照看的家庭，在居住的楼道中确定 2~3 户退休党员及白天有人的住户与他们进行结对，实行每日 2 次上门看护，推动了邻里和睦和社区平安。② 成立携手志愿者小分队。例如，成立银发医疗队，自备理疗器具，定期为居民免费提供针灸、理疗、按摩、健康咨询等服务，至今已为 2 000 余名居民群众进行了服务。③ 参与流动人员管理工作。会长们充分承担了社情民意询访者的职责，通过楼宇自治会，对流动人口特别是流动党员建立了"三清三必访"制度，即流动党员的组织关系清、家庭成员清、户籍情况清及流动党员迁入必访、离家必访、出差必访。

三是自我教育，不断深化。社区居民委员会定期组织楼宇自治会会长、副会长开展内容丰富、形式生动的教育培训活动。楼宇自治会制定了学习制度，并充分发挥街道社区市民学校作用，依托共驻共建，建立楼宇自治会成员教育培训基地。例如，十五家园社区彩霞楼楼宇自治会主动发起并成立了登山队，经常组织居民登山活动，许多原来搓麻将的居民纷纷加入了登山的行列；有的还成立了老年越剧队、舞蹈队，经常组织文娱活动，丰富了社区居民的文化生活。

四是自我监督，不断强化。楼宇自治会成立以来，商讨的是与每家每户密切相关的议题，行使的是全体居民赋予的权利，履行的是维护绝大多数居民利益的职能。楼宇自治会定期接受楼宇居民及辖区单位的评议，在每月15日的居民群众接待日上，由各楼宇自治会会长和有关单元长轮流接待本社区的居民，听取他们对社区建议各方面工作的意见和建议，促使其不断改进工作。在居民群众的测评中，社区成员满意率低于70%的楼宇自治会会长，应及时查找原因并改进工作；工做出现严重失误或经群众评议为不称职的，可召开楼宇成员代表会议，按照程序进行罢免或撤换。

五是自治基础，不断夯实。① 壮大了自治力量。通过楼宇自治会的成立，自治队伍不断壮大，活动更加频繁，自治水平不断提高。② 自治基础更加坚实。通过活动能力的加强、政策支撑力的加大及设施和经费的投入，自治基础得到进一步夯实。③ 拓宽了自治领域。楼宇自治会除对本社区居民进行服务和管理外，还加强了对本社区治安、卫生、扶贫帮困、失业人员再就业、离退休人员管理、计划生育、青少年教育等方面的工作，并取得了明显效果。

？ 思考

如何看待楼宇自治委员会这一新事物？

3．社区运行机制

社区建设是一个系统工程，如果说要建立一种工作机制，那必然是一个调动方方面面力量、上下左右协调联动的机制。概括起来就是中办发[2000]23号文指出的"党委政府领导、民政部门牵头、有关部门配合、社区居民委员会主办、社区力量支持、群众广泛参与"的机制。具体地说，它应该包括以下几个方面。

（1）党和政府的主导机制。从我国国情出发，加强社区建设离不开党和政府的作用。没有党和政府的领导和推动，社区建设既不能发育和发展，也缺乏政治保证。在社区建设的初始阶段，党和政府的主导机制要体现在正确的政治方向的把握上，体现在社区工作队伍培养、教育和管理上，体现在财力支持、政策扶持、法规保障上，推动社区建设健康发展。

（2）社会化发展机制。社区建设是在党和政府领导下，依靠社区力量、利用社区资源、强化社区功能、解决社区问题、促进社会协调发展的过程。社会化是其本质特征。因此，社区建设必然具有一个充分的社会化的参与机制。提高社区建设工作的社会化参与程度，一方面要有完善的政策扶持，通过制定优惠政策，合理配置社区资源，积极兴办多种所有制形式的社区服务组织和机构，动员社会力量发展社区事业；另一方面要培育和发展中介组织，作为政府、企业和居民之间的中介机构，协调整合社区关系，促进社区事业的发展。

（3）市场化运作机制。在市场经济条件下发展社区服务，必须走市场化的路子。例如，社区生活服务问题、劳动就业问题、社区工作者的管理问题、社区服务中心的经营和管理问题等，凡是能够进行市场化运作的问题，都要引入市场机制来解决和发展。

（4）互助合作机制。社区的关系应该是一种我为人人、人人为我、互助合作的新型关系。所有社区成员都要树立互助和奉献精神，培养对社区的归属感，通过邻里互助、志愿者服务，营造人际和谐的社区关系。

（5）民主自治机制。要坚持扩大民主、居民自治的原则，在社区内广泛实行民主选举、民主决策、民主管理、民主监督，逐步实现社区居民自我管理、自我教育、自我服务、自我监督。

1.2.2　我国社区管理体制与运行机制存在的问题

1. 社区居民委员会设置运行中行政化倾向仍比较严重，社区管理错位现象仍较为普遍

在社区管理中，政府该以什么样的角色进入社区管理，在社区管理中该承担哪些职能，是社区能否健康顺利发展的关键。随着政府工作重心下移，很多政府部门的工作争相进入社区，在社区挂牌子、派任务、建组织。"上面千条线，下面一根针"，由于各部门对社区职能定位认识不清，出现了部门对社区分派任务多、下放权力少、回报投入少的现象，社区居民委员会俨然成了政府的"腿"，这在一定程度上影响了社区居民群众自治组织自治功能的有效发挥，削弱了社区居民委员会自治组织的管理职能。我们在社区调研时发现，目前，社区居民委员会承担着 150 多项具体工作，而真正属于社区自治范畴的只有很少一部分，社区居民委员会大部分时间和精力放在完成上级交办的各项行政性事务工作上，无暇顾及社区居民自治工作。虽然现在很多社区成立了公共服务站，实行了居站分离，但是实际上是工作人员两边兼顾。行政部门与社区的条块管理关系不明晰，一方面很多事务性的具体工作要求社区进行落实；另一方面存在社区有责无权的现象。同时，很多新建居民小区物业管理公司、业主委员会与社区居民委员会的关系尚未完全理顺，社区居民委员会与物业管理公司在小区的管理和服务上，如计划生育、环境卫生工作等，存在推诿扯皮现象，社区居民委员会难以发挥其对物业管理公司的指导、管理和监督的权力。

2. 居民参与度不足，未形成有效的社区参与机制

在各地的社区管理创新工作中，虽然开始有了一些调动居民参与的意识，但还远远不够，居民参与度不足，且社区参与机制缺乏便捷有效性。其表现在以下三个方面。

（1）居民参与力度、深度、广度不够。居民虽然生活在社区，但大部分社区居民没有意识到自己是社区建设与发展的主体，没有意识到自己对社区应尽的责任与义务，甚至认为社区建设与发展是政府行为。居民参与热情低，参与程度不够深，参与的广泛性差，参

与多表现为被动式执行性参与；参与的动员性、行政化色彩明显；参与的实效性差，社会效益低。

（2）社区参与机制还没有从实质上将居民行为完全纳入进来，居民从一定意义上讲仍然游离于这一机制之外，资源共享、责任共担的责权利未形成统一。

（3）社区内很多职能被驻区单位所取代，社会权力变成"虚拟"。首先，社区内的每个单位都是一个"小社会"。各个单位虽然都依托于同一个社区，但其管理权限却都隶属于本行业和本系统，同一街区的单位之间大多处于"鸡犬之声相闻，老死不相往来"的局面。除了交点卫生费或治安费之外，单位与社区很少联系，这既造成了社区参与机制的梗阻，又挤压了参与机制的运行空间。

其次，社区社会组织发育不全且有待规范。社区社会组织在发挥促进社会和谐和进步作用的同时，还存在很多问题和障碍，需要我们正视。一是在管理和培育、支持社会组织发展的过程中，政府部门缺乏正确的观念，在这个问题上，政府处于"两难境地"。一方面，政府希望各类社会自治组织能快速发展，以解决"市场失灵"和"政府失灵"而导致的组织性"真空"；但另一方面，却担心将原来由国家行使的权力交还给社会自治组织，政府权力被削弱后，会动摇国家政权的基础。这种错误认识和做法造成我国公民社会组织发育迟缓，社会问题不能得以有效解决且积累过多，使得社会群体性事件频繁发生，危及社会稳定。二是社区社会组织的自主性不强。目前相当一部分社区社会组织过度依赖社区居民委员会，依赖街道。例如，在活动场地、经费支持、组织协调等方面，社会组织自主开展活动的能力薄弱。

3．社区财力有限，缺乏稳定可靠的资金筹集机制

国外社区活动的经费来源大致有三种渠道。① 政府拨款。社区内部公共设施的日常经费由政府提供。② 捐款与税收。社会募捐是社区资金来源的一个重要渠道，宗教组织和慈善机构也会给予资助。③ 自筹经费。

目前，我国城市社区建设与发展资金主要来源于政府，政府虽然加大了支持的力度，但政府财力有限。由于社区经费不足，给社区的工作开展造成了许多困难。一是社区工作人员的工资和福利待遇偏低，难以调动其工作积极性；二是社区承诺的为居民解决热点难点问题的实事工程难以落实，尤其一些老小区，硬件设施建设水平较低，配套设施得不到有效维护。社区经费的不足造成了社区居民委员会活力不强，职能不能实现，目标难以达到。

4．管理理念模糊，管理模式有待转换

从理念上来说，社区管理应面向全体居民，以居民为主，以人为本，变管理为服务。社区管理强调人文关怀，关注与居民生活息息相关的日常事务，而实际情况是社区工作人员的观念与以前相比有了很大的转变，但还没有从根本上确立"以服务为核心"的管理理念，在服务范围、服务方式和服务手段上基本上还停留在一种低水准的初级模式上。

由于新的管理理念尚未确立，目前社区在管理模式上还保留着许多计划经济时代的痕迹。从市、区政府到街道再到社区居民委员会，行政功能非常突出，层级色彩浓厚，而社区管理也更多地强调行政控制而不是强调居民参与、社区自治。因此，社区管理必须适应社会发展的要求，探索新的人性化管理的模式，进一步完善我国社区管理体制改革和运行机制。

5．社区工作人员配置困难，结构尚不合理

社区工作人员配置仍有较大困难。社区工作人员偏少，工作负荷太大，相应的管理和服务工作跟不上。社区工作人员专业素质、年龄结构等方面，都与社区管理的需求存在一定的差距。《中华人民共和国城市居民委员会组织法》（以下简称《居民委员会组织法》）规定，社区居民委员会由5~9人组成，但是随着社区居民委员会管理幅度增大，服务人口增多，工作量增大，居民委员会人手严重不足，精力有限，很难有时间入户了解民情、收集民意，拉大了与居民群众之间的距离，居民群众对居民委员会的认知度在降低。

1.2.3 我国社区管理体制改革和完善运行机制的具体措施

我国社区管理体制改革的最终目标是实现社区居民自治，这既是我国政府职能向公共服务型转变的要求，也是我国建设政治文明的重要途径。我国社区管理体制改革和完善运行机制的具体措施主要体现在以下四个方面。

1．政府主导，理顺政府与社区及社区内部的体制关系

（1）理顺体制关系。机制创新的核心是理顺体制关系，也就是要理顺政府与社区的关系，理顺社区与驻区单位的关系，理顺党支部与居民委员会的关系，理顺社区与居民的关系，理顺社区与物业的关系等，为社区建设的顺利推进创造一个良好的环境和条件。

（2）政府必须为社区建设提供政策、法律保障。社区建设要健康持续地推进，必须要有政府的政策和法律做保障。

（3）构建新型的组织体系。构建新型的组织体系的核心是社区组织创新，包括党组织、社区居民委员会，还有中介组织。在全国城市社区建设的试点中，逐步创立了上海模式、江汉模式和沈阳模式等新型的社区组织模式，其中沈阳模式代表着构建社区自治主导型的方向。

沈阳模式将社区定位于小于街道而大于居民委员会辖区的范围上，在社区内创造性地设立了社区成员代表会议、社区（管理）委员会和社区协商议事会三个社区自治的主体组织。这套制度设计在全国产生了广泛的影响，其具体内容分述如下。

1）社区成员代表会议。社区成员代表会议是社区的民主决策机构。除居民代表外，其成员还应包括人大代表、政协委员、社会知名人士、外来人口单位代表，尽可能地体现社区成员的广泛性。社区成员代表会议的主要职责是，一方面对社区事务行使协商议事职能，形成决议；另一方面选举产生社区（管理）委员会来管理社区事务，落实和执行社区成员代表会议议定的决议。

2）社区（管理）委员会。社区（管理）委员会是社区事务的执行层，依法选举产生，代表社区成员管理社区内的公共事务。采取"公开招贤、定岗竞争、择优入围、依法选举"的办法，选配充实专职干部，建立社区工作者机制，并通过进行社会工作培训、考试等形式，逐步实现社区工作者的专业化。

3）社区协商议事会。社区协商议事会由社区知名人士、居民代表和辖区单位代表组成，主要负责协调各种社会力量参与社区建设，解决社区居民委员会自身不好协调和解决的问题。

（4）理顺体制关系的关键是权随责走、费随事转。要重点研究和总结一些地方推行政务公开、实行"一门式办公"的经验，进一步推动政府部门转变职能，理顺与社区的关系。要推进单位制向社区制、"单位人"向"社区人"转变的步伐，赋予社区一定的社区管理自治权，逐步完成城市基层社会管理体制由行政管理体制向法制保障下的社区居民自治体制的转变。通俗地说，就是明确社区自治权和社区监督权；转给社区协管权，确切地讲应该叫社区的协管义务。在这里，要明确社区的民主选举权、社区决策权、日常管理权、财务自主权、摊派拒绝权及社区内外部的监督权。

这一点可以借鉴武汉市和沈阳市的成功经验。两市在社区制的实践中，真正实现了"权随责走、费随事转"，具体包括两种情况。一是区街政府部门需要社区居民委员会协助处理"与居民利益有关的"工作时，经有关部门批准，并征得社区组织同意后，区街政府部门必须同时为社区组织提供协助所需的权力和必要的经费；二是区街政府部门做不好也做不了的社会服务性职能向社区转移时，必须同时转移权力和工作经费，做到"谁办事、谁用钱、谁负责、谁有权"，从而保证社区在协助工作时或在承接社会性服务职能时，做到"有职、有权、有钱"。

2. 市场化运作，建立多渠道筹集社区建设资金的财政保障机制

（1）财政支持。各级政府要将社区建设的经费纳入财政预算，保证一定的投入。政府财政投入主要用于社区建设的基础性投入，主要是人头经费、办公经费、基础设施投入。按照《居民委员会组织法》的规定，由市（区、县）镇（乡）两级政府足额拨付社区居民委员会的工作经费、生活贴费，统筹解决居民委员会的办公用房。

（2）费随事转。政府或有关单位在交给社区工作任务的同时，也应将此项工作的经费交给社区。

（3）有偿服务。社区内提供服务时，在开展福利服务的同时，要拓展有偿和低偿服务。

（4）政策优惠。对社区内开展的服务项目，各地要积极争取优惠政策，给予扶持。

（5）社会赞助。鼓励辖区单位和个人捐款支持社区活动，这不仅可以增加资金投入，还可以弘扬爱心，增强社区凝聚力。

3．以为民服务为宗旨，完善社区服务的管理体制和协调机制

社区建设的出发点和落脚点是为居民服务，提高广大居民群众的生活质量。服务是社区建设的主题，是社区建设的生命力所在。在推进社区建设的实践中，要把服务社区居民、提高社区居民生活水平和生活质量放在首位。

（1）逐步推进社区服务的社会化、产业化、网络化、实体化。辽宁省沈阳市发展社区服务，采取"重点培育、逐步剥离、建立基金、以强扶弱"的政策，取得了很好的效果，可以为我们所借鉴。

所谓"重点培育、逐步剥离"，就是对那些以提高居民生活质量为内容的服务项目，如托老托幼服务、家政中介服务等，引入市场机制，独立核算、独立经营，逐步实现实体化，使其从民政部门或"社区服务中心"直接经营管理下剥离，成为社区服务业中的支柱性分支产业。

所谓"建立基金、以强扶弱"，就是建立不同层次的"社区服务发展基金"，以经济手段和市场机制推动各种社区服务项目逐渐向产业化发展。对于那些既有市场需求，又有发展潜力的服务项目，重点给予资金和政策扶持，使其逐步实现产业化，逐步返还扶持资金并对其他服务项目有所帮助；对于那些纯粹公益性、福利性的服务项目，则通过基金补贴方式维持其正常运转；对于特困群体，则通过基金转移支付，即"政府购买服务"的方式，保证他们能享受到应有的服务，如对于辖区内的"三无"老人，既可以在社区服务中心内集中举办养老项目，由"社区服务发展基金"统一拨付费用，也可以将他们分散到已独立核算、市场化经营的老年公寓中，所需费用由"社区服务发展基金"按该老年公寓的标准支付。"社区服务发展基金"的资金来源是各级政府用于发展社区服务业的预算资金、民政事业费中的部分福利费、已成为分支产业的社区服务项目上交的管理费、社会福利有奖募捐收入中的部分资金及其他社会捐赠。

（2）社区服务逐步向公共服务转变。社区服务已经发展到以公共服务为主的新阶段，政府的政策，包括投入政策、组织政策、服务措施，也必须从便民利民服务阶段向公共服务阶段转变，形成新的协调的服务管理体制。

国际通行的社会服务概念一般由福利服务、公共服务和具有社会导向的公民个人服务或称社会化的私人服务三部分组成。其中，福利服务的内涵一般是指以服务形态提供的社会福利；公共服务一般是指依托社会公共设施或公共部门、公共资源的服务；具有社会导向的公民个人服务是指为满足公民个人带有普遍性需求的且可能以社会化方式提供的服务，如心理治疗、职业咨询、家务服务、身心保健等。福利服务和社会化的私人服务的服务对象都是个人，而公共服务的对象则是有着公共需求或共同偏好的消费者群体。不过，由于弱势群体的生存状态直接影响着整个社会的公共利益，所以以社会弱势群体为对象的福利服务常常也可纳入非严格限定的公共服务中。至于为全体公民提供的共同福利的福利服务，其具体内容常常与公共服务有交叉，也可以说，这类服务已经构成公共服务的一部分，如社会养老保险、全民健康服务，都是依托社会公共部门的带有社会公共性质的服务。所以，福利服务也可纳入非严格限定的广义的公共服务，从而使社会服务可重组为公共服务和具有社会导向的公民个人服务。

社区公共服务的发展，对现行的社区建设思路提出了挑战。社区建设到底是继续沿着强化社区行政组织的道路前进，还是转到以满足社区公共服务需求为核心内容的组织、制度、体系和社区公共意识培育的道路上来，这显然是完全不同的两种思路。社区建设实质上是一个社区成员参与和共享的社区发展过程，其发展的要素不仅有社区成员（居民与驻区单位）、各类组织（分布在社区内外）、社区公共设施、公共项目等物质性因素，还包括社区投入体制、社区运行机制、社区管理体系、社区公共意识和社区认同意识等上层建筑和意识形态因素。而能将这些因素整合起来，通过共同行为增强社区凝聚力的社区工作，就是公共服务。

4．以民主自治为目标，健全运转灵活的民主管理机制和便捷有效的居民参与机制

民主是社区建设的灵魂，自治是社区建设的方向。要通过社区建设，扩大基层民主，探索一条具有中国特色的基层民主的道路，重点需要解决以下两个问题。

（1）市、区、街几级要切实转变职能，变行政命令为指导职能，支持、帮助社区居民委员会独立地开展工作。

（2）社区要逐步完善自治功能。完善自治功能关键要培育社区意识，重点培育社区居民和驻区单位的自治意识和参与意识。① 推进社区居民委员会的直接选举。② 加强社区民主管理和民主监督工作，完善事务公开、民主评议和社区居民代表会议等制度，使社区居民有更多的渠道参与社区民主决策和民主管理。③ 进一步推动社区共建工程，把驻区单位参与社区建设提到实现社区民主自治的高度来认识。④ 建立介于政府组织和营利性组织之外的第三种组织——非政府组织。非政府组织（Non-Government Organization，NGO）作为沟通政府与市民的中介机构和第三部门，与政府组织、营利性组织（企业）一起构成社会机制的三大板块。在社区建设逐渐向纵深发展的今天，NGO 的重要地位日益凸显。

NGO 为居民参与社区社会生活提供了一条畅通渠道。居民参与度是社区建设的根本所在，而居民参与社区的一个重要形式就是参与社区民间组织，如各类志愿者协会、业主委员会、治安巡逻队、秧歌队、老年书画协会等，这些组织在居民自治、社区互助、精神文明建设中发挥着重要作用。作为政府与百姓的桥梁和纽带，NGO 可以表达民众的利益和愿望，居民可以通过 NGO 参与社区与政府的交流、对话与决策，为社区创造良好的环境和条件。

学习活动 5

走访你所在城市的社区，用具体的事实谈谈社区管理体制和运行机制中存在的问题，并思考如何解决这些问题。

1.3　社区管理模式

1.3.1　社区管理模式概述

社区管理模式是指为了达到社区管理的目的而采取的各种管理体制、机制、手段、方法的有机结合体。根据目前社区管理的现状，从社区管理活动的主体差异出发，可将社区管理模式分为政府导向型、半行政半自治型、市场导向型、社会导向型四种类型。

1．政府导向型管理模式

政府导向型管理模式又称行政主导型的社区管理模式。这种管理模式是以加强党委、政府的统一领导为核心，以强化民政部门的主管职能为重点，以增强各部门的协调和社会各界的参与为基础的行政主导型模式。其实质是为强化基层政府的行政职能，通过对政治、社会资源的控制实现自上而下的社会整合；其社区管理范围一般为原街道行政区域。这种模式的优点在于，凭借坚实的政治、经济资源，条块结合、以块为主的行政管理网络在社区建设中发挥主导作用，政府包揽所有社会管理职能，有利于城市管理的整体推进；缺点在于，这种政府办社区的方式，由于有"全能政府"、社区"单位化"之嫌，抑制了民间的活力，从而降低了政府的工作效率，增加了政府的财政负担，政府机构有再度膨胀的趋势（社区基层机构"吃皇粮"的人越来越多）。从长远来看，对一些经济基础相对较弱的城市而言，这种模式的开展也心有余而力不足。

2．半行政半自治型管理模式

半行政半自治型管理模式又称混合型的社区管理模式，即把政府行政性的管理与居民自治性的管理结合起来，"政府依法行政、社区依法自治"，政府在社区管理中既不"缺位"，又不"越位"，遵照"权责统一、事费统一"的原则行事。这种模式便于实施，也易于接受，然而政府与居民委员会之间"指导与服务、协助与监督"的关系却不易把握好"度"。

3．市场导向型管理模式

市场导向型管理模式又叫企业主导型模式。实现社区管理从行政化管理为主向市场化经营为主的转变，既发挥了企业在市场发育日益充分的条件下运用市场配置社会资源的优势，又克服了政府负担社区管理经费的缺陷，但这种市场化运作的管理模式毕竟不能覆盖小区中的社会管理和行政管理，所以还不能说是一种完全意义上的社区管理，其地域的范围一般只为封闭性的小区。

4．社会导向型管理模式

社会导向型管理模式可称为社区居民自治模式，主要是指以社区居民为核心，联合社区内各种主体组织、机构，共同参与社区事务的管理，实行真正的民主自治管理的一种模式。这种模式以沈阳市社区体制创新——自治型模式为代表，其优点是能够调动社区内居民广泛参与社区事务的积极性，使社区居民真正成为社区的主人，管理自己的事务，有利于社区居民对社区的认同感、归属感的形成，有利于形成良好的社会风尚，避免了"全能政府"的难以为继和市场的间或"失效"。此外，从经济的角度看，社区居民自治还是一种管理成本较低的管理模式；从政治的角度看，社区居民自治有利于推进基层的民主建设，有利于公民的政治参与，有利于造就新一代的公民。其不足之处在于，从现阶段社区管理实践看，离开政府的引导，离开法律的规范，社区自治有"流于形式、纸上谈兵"之嫌。

上述几种模式的界定只是相对的，相互之间存在交叉。目前，城市基层的政权结构、社会结构都处于动态的演变过程中，各种社区管理模式的形成与发展都是我国正处于社会转型期这一特定条件下的产物，归根结底不能脱离不同地区、不同社区的具体条件和客观实际。

| 学习活动 6

案例 1：哈尔滨市南岗区社区组织管理体制从纵向分为区、街道、居民委员会三级，其改革重点放在区一级。在区一级，成立了南岗区社区建设指导委员会，区委书记任委员会主任。委员会是社区建设的领导机构，全面负责南岗区社区建设的统筹规划、统一部署、综合协调和督促检查。委员会下设"社区建设办公室"和"社区建设指导中心"，前者为协调机构，协调社区建设指导中心的工作和其他相关工作；后者为日常工作机构，由民政局局长兼任中心领导。在指导中心内部，根据社区建设的内容，由相关的委、办、局组成 7 个工作指导部，它们均为实质性工作机构，其业务工作、人员编制和工作经费分别由相关的政府部门负责，同时这一管理工作系统自上而下延伸到居民委员会一级，以实现民政部门对社区工作强有力的领导和管理。

案例 2：武汉市百步亭花园社区地处汉口江岸区，位于湖北省武汉市城市总体规划中最大的后湖居住新区南端。规划用地 3 700 亩，建成后可入住 13 万人；现已建住宅 100 万平方米，入住近 3 万人。

该社区在不断实践中探索出了具有自身特色的社区管理模式。

（1）探索一种可持续发展社区建设的新模式。为了探索适应我国社会主义市场经济条件下现代文明社区建设的新路子，百步亭花园社区在建设之初就成立了社区服务中心，派人到上海、深圳等地参观学习，还远渡重洋到欧洲考察。通过考察学习，社区服务中心认识到新时期社区建设责任重大，中国的社区必须走自己的特色之路，并提出注重"四个结合"，即结合国内外先进经验、结合中国特色的传统文化、结合世界高新技术的发展、结合本地区的实际情况，就此制定了"4321"的指导思想。"4"即满足 4 个需要：企业发展的需要、提高居民生活质量的需要、社会稳定的需要、国家的需要。"3"即达到 3 个回报：回报企业、回报社会、回报国家。"2"即形成 2 个促进：以开发建设的物质文明促进社区管理精神文明，再以文明社区的可持续发展促进大规模建设。"1"即实现 1 个目标：让人民群众安居乐业。具体操作主要有以下两个途径。

第一，社区依法自治，建立"三位一体"的管理模式，形成工作合力。百步亭花园社区开拓创新，建立了"建设、管理、服务"三位一体的社区管理模式。社区服务中心是在区政府的指导下，履行政府各部门职能，为社区居民提供政策性服务的机构；物业公司是全方位承担社区服务的主体；社区居民委员会按照"自我完善、自我教育、自我服务、自我监督"的原则，经居民民主选举产生，创建了全国第一个没有街道办事处的社区居民委员会。它按照社会主义市场经济的方式运作，整个社区管理经费不要政府负担，由社区利用业主交纳的物业管理费用自行解决，探索出了一条社区自治管理的新思路。

第二，发动社区居民参与社区的可持续建设。百步亭花园社区可持续社区建设以社区成员最广泛的参与为根本，以把人的积极性、创造性最大限度地发挥出来，实现人的全方面发展为最终目标。为了全方位调动居民投身可持续社区建设的积极性，社区成立了工会、妇联、共青团、业委会等组织，形成庞大的网络体系，充分调动不同年龄、不同层次、不同活动范围的居民参与社区建设的积极性。社区建设中涌现出了一批社区志愿者队伍，许多老人不顾年迈体弱，每天清晨到中心公园浇树浇草，引起了全社区护绿爱家的共鸣，形成了共创文明社区、共建美好家园、自我管理的良好局面。

(2) 以人为本，促进社区环境建设。重点要做好三项工作：一是抓好先进适用环保技术的推广使用；二是加大投入，做好社区绿化工作；三是动员和依靠社区公众，自觉保护人居环境。

(3) 强化社区管理，维护社区生活秩序。随着城市基层社会结构的变化，越来越多的"单位人"变成了"社会人"。为了切实解决好与人民群众生活密切相关的具体问题，百步亭花园社区在社区内建立了一套全方位的服务网络体系。

第一，自 1996 年以来实现了"九个没有"，包括没有一户居民家中被盗、没有一辆自行车被盗、没有发生一起刑事案件、没有一次交通事故、没有一桩大的邻里纠纷、没有一处黄赌毒、没有易燃易爆物品、没有发生一起火灾等。居民对社区的安全从心底里放心，安全感增强。

第二，提高社区人口综合素质。为了提高社区人口的文化素质，百步亭花园社区花巨资引进了武汉名牌小学——育才一小，让普通居民的孩子享受高素质的名牌教育。同时，社区还设立了市民学校、老年大学、家庭教育学校，面向不同年龄和需求，全方位开展社区教育，帮助居民学科学、学文化、树理想、讲道德。为了鼓励青少年求学上进，社区教育援助会做出决定，凡社区考上大学的孩子，全部给予500元奖励；若在四年大学期间拿到"三好学生"证书，社区给予一次性奖励。关怀下一代的成长已经成为全社区共同的事业。

百步亭花园社区以社区卫生中心为依托，建立社区居民健康档案，对社区内60岁以上的老人及10岁以下的孩子进行免费体检；定期举办老人健康知识讲座，提供健康咨询。

第三，实施"爱心工程"，建立社区社会保障体系。针对目前社区居民中下岗人员多、生活困难的问题，百步亭花园社区积极采取多种措施，一方面将社区内的保洁、服务岗位腾退出来给他们安排工作，将商业门点低价出租供他们经营；另一方面组织家政服务，成立巾帼家政服务中心，为居民提供钟点工、做家宴、保姆等服务。到目前为止，社区已安排了1 100多名下岗人员再就业；接待信访上千次，回访率100%，没有一个住户到政府上访，没有任何人围攻闹事，社区内秩序井然，人民生活安宁。

抓社区弱势群体的"爱心工程"。安居公司捐款200万元作为基金，在社区内成立武汉安居教育援助会、武汉安居慈善援助会；一方面为家庭困难的孩子上学、升学提供帮助；另一方面为社区内老弱病残等社会弱势群体给予救助。每年春节，援助会拿出上万元的资金，准备新鲜的鱼、肉、大米及慰问金，对特困户上门慰问。同时，在社区内开展结对子、富帮穷的活动，解决特困户的生活问题，并建立了社区特困户情况档案，进行跟踪服务，形成社区保障体系。

第四，开展"五好家庭"创建活动。社区的组织细胞是家庭，文明社区组织网络的落脚点也在家庭。百步亭花园社区的家庭主妇都能积极参加社区活动，同时将争创"五好文明家庭"融于"增强家庭亲情、关怀家中亲人"的活动之中，形成了家庭邻里互帮互助、和睦相处的良好氛围，社区居民的素质也得到了提高。

在可持续社区建设工作上，武汉市百步亭花园社区经过不懈努力和成功探索，取得了明显的成效，得到了国家和省市的充分肯定，先后被评为湖北省安全文明小区、全国文明社区示范点、全国著名品牌、全国著名社区、全国无毒社区、全国城市物业管理优秀小区示范点，并获"首届中国人居环境范例奖"。

？ 思考

(1) 案例1中的哈尔滨市南岗区实行的是哪一种社区管理模式？有哪些优势和不足？

(2) 案例2中的武汉市百步亭花园社区实行的是哪一种社区管理模式？有哪些优势和不足？

1.3.2　社区管理模式创新

我国城市基层社区管理模式的创新是时代发展的必然趋势。党的十六届六中全会通过的《中共中央关于构建社会主义和谐社会若干重大问题的决定》指出："全面开展城市社区建设，积极推进农村社区建设，健全新型社区管理和服务体制，把社区建设成管理有序、服务完善、文明祥和的社会生活共同体。完善居（村）民自治，支持居（村）民委员会协助政府做好公共服务和社会管理工作，发挥驻区单位、社区民间组织、物业管理机构、专业合作经济组织在社区建设中的积极作用，实现政府行政管理和社区自我管理有效衔接、政府依法行政和居民依法自治良性互动。加强流动人口服务和管理，促进流动人口同当地居民和睦相处。完善社区公共服务，开展社区群众性自助和互助服务，发展社区服务业。"构建社会主义和谐社会是一项系统工程，社区是社会的细胞和"缩影"，社区的和谐便成为社会和谐的基础。只有每个基层社区都是和谐的，整个社会的和谐才能实现。因此，应当把创建社会主义和谐社区作为构建社会主义和谐社会的重要切入点，而社区管理体制创新是构建和谐社区的一个重要条件。

1. 城市社区管理模式创新的基本思路

目前我国城市社区建设的指导方针已基本明确，即改革城市基层管理体制，强化社区的功能，以社区居民委员会为依托，以社区自治组织建设为重点，以发展社区服务为龙头，以提高居民整体素质和生活质量为宗旨，扩大基层民主，维护社会稳定，建设环境优美、治安良好、生活便利、人际关系和谐的新型社区，促进城市经济和社会协调发展。

城市社区管理体制改革最终要形成的管理体制管理格局是，以居住地为基础，以居民的认同感和归属感为纽带，以提高社区文明程度和居民生活质量为目的，以社区成员的自我教育、自我服务、自我管理、自我监督为手段，在由党领导和政府指导、社会各方参与、群众自治管理的区域性小社会，形成共居一地、共同管理、共促繁荣、共保平安、共建文明、共求发展的社会化自治管理体制和运行机制。

城市社区管理体制的基本模式选择是适时由政府导向型模式向社会导向型模式转型。社会导向型模式是社区发展的方向，政府应选择有利时机，采取相应措施，实现城市社区管理体制由政府导向型模式向社会导向型模式成功转型。

│学习活动 7

深圳盐田社区管理模式的创新

1999 年，深圳市盐田区利用全省居民委员会选举的机会，把居民委员会从集体股份制公司中剥离，居民委员会成员不再兼任集体股份合作公司的职务，理清了居民委员会与股份公司的权责关系；2002 年，按照"议行分设"理念，在社区居民委员会下面设立社区工作站、社区服务站，形成了"一会两站"的社区管理模式；2005 年，该区再次进行基层组织改革，将社区工作站从社区居民委员会中剥离出来，形成"会站分离"模式。"盐田模式"曾荣获第三届"中国地方政府创新奖"。

盐田的创新过程暗含了一个共性的目标，即社区管理从"政府本位"向"社会本位"过渡。这种过渡代表着在公共管理社会化背景下，居民享有更多参与、合作、服务与互动的机会。盐田区基层组织建设的"会站分离"等管理模式，代表了我国政治体制改革和基层民主建设的方向，在社会管理创新、基层民主建设和构建和谐社会等方面起到了样板示范作用。

❓ 思考

盐田社区管理模式有哪些特点？为什么值得推广？

2. 以"公共需求"为核心的社区管理新模式

（1）社区"公共需求"管理概念。社区"公共需求"不同于"公众需求"。它是公众需求中一般的、普遍的需求，这种需求蕴含着某一社区公众对未来需求的一种共同追求。"公共需求管理"则是从社区管理主体和管理客体双重视角出发对社区进行管理，即一方面关注社区公共部门或民间组织如何才能对社区公共事务进行有效的管理，另一方面更要关注社区居民怎样才能从政府（社区管理部门及社区内各种社区中介组织）那里得到他们所需要的东西。

（2）以"公共需求"为核心的社区管理新模式与原社区管理模式的比较。

1）管理的立足点不同。公共需求管理是一种以人为本，以满足居民群体不同时期的不同需要为出发点和立足点的管理模式；原社区管理，如以政府管理、物业为主导的社区管理模式，其立足点是对社区事务的管理，难免陷入各种事务堆之中。

2）管理的对象不同。公共需求管理以社区个人、群体在城市建设中正在产生和未来的各种需求为对象，以需求的满足为标准；原社区管理的对象则是各种社会事务，政府往往因各种社会事务而增加社会管理的成本。

3）管理的范围不同。公共需求管理不仅管理人的需求，还着眼于社区单位各种资源的发掘及优化配置，以满足社区整体发展的需求；原社区管理模式虽然也讲社区资源共享，但离开了资源的需求导向和需求的互利互惠，资源共享是很难实现的。

4）管理的效果不同。公共需求管理将成为调动个人、家庭与社区单位积极参与文明社区建设的杠杆，而原社区管理模式的最大缺憾就是居民、社区和单位都把社区管理看作街道党工委、街道办事处的事，因而参与社区管理的积极性不高。

由此可见，社区管理的主体必须适时掌握社区客体需求的变化，真正做到未雨绸缪，力争公共需求与管理同步发展，建立公共需求管理的反馈机制，防止需求疏忽。

3. 社区管理模式深化的实现途径——社区自治组织的导入

随着"单位人"向"社区人"转移的不断推进，只有生活在社区或小区中的社区自治组织方能有效地把握并及时地了解人们的需求。此外，由于社区特别是小区的地域特点，能够从道德觉悟上有效地排除"搭便车"的行为，从而能够激发更多的居民自治组织参与到自我服务、自我管理的社区活动中来。因此,社区第三部门的充分发展意味着无法覆盖更多社会领域的国家力量的退出,而社区或小区自治组织力量的加强将是社区居民得到准公共物品(社区俱乐部产品和社区共有资源)的有效途径。显然,社区有效需求和有效社区供给一旦达到动态平衡状态,就能实现社区多方共赢的局面,使得社区福祉最大化,而社区公共管理的目标也就能够顺利达到。

4. 城市社区管理创新体系的基本框架

(1)按照机构层次分明、职责明确的原则,健全市、区、街纵向社区建设管理组织体系。

(2)建立具有权威性的市级社区建设领导机构。配合地方政府机构的调整和改革,尽快落实市级社区建设的组织领导机构。新建社区建设领导机构应以全国社区指导纲要为依据,结合本市国民经济和社会发展规划,制定本地区的社区建设中、长期规划并指导实施。政府有责任通过政策扶持、教育培训和资金引导等多种途径,把握社区发展方向,引导社区建设的健康发展,同时按照工作职能要求做好相应的督察和组织协调工作。

(3)发挥区级政府资源整合优势,为社区建设提供财力支持。区级社区管理组织的最大优势在于其各成员所具有的不同权力和影响力。区级政府作为基层政权组织,具有街、居组织不具备的区域行政管理和创造财政收入的职能。要充分发挥区政府对辖区各级、各类单位实施行政管理的组织优势,做好协调工作,实现区域内部的资源共享工作,并创造条件,改善投资环境,鼓励吸引企业服务社区,以扩大税源、增加税收,为社区建设奠定物质基础。

(4)实行街道办事处与社区管理委员会"双轨并行"的管理组织模式。街道办事处作为区政府的派出机关,除了继续做好政府赋予的地区行政管理工作之外,还应该积极支持与配合社区管理委员会探索社区自治管理的有效途径。街道办事处应与社区管理委员会保持密切的合作伙伴关系,定期召开联席工作会议,就社区发展的重大问题通报情况,听取意见,确定长期和当前的工作计划,商讨、协调社区建设和社区服务事宜等。街道办事处的社区工作职能主要体现在两个方面:一方面对居民委员会主要发挥指导职能;另一方面对政府有关部门则主要发挥统筹协调监督职能。

5. 组建真正意义上的横向社区居民自治管理网络

(1)建立和完善社区居民代表大会制度。

(2)按照议事层与执行层相分离的原则,对居民委员会组织进行改造。应该重新确认居民委员会在社区建设中的议事地位,将其办事职能从中分离出去,交由社区工作者承担。改造后的居民委员会成员应由辖区内的人大代表、政协委员、知名人士、社会工作者、政府高级管理人员、企事业单位和社会团体代表、业主委员会代表及居民中有声望并热心社区公益事业的人员等经社区居民代表大会民主选举产生。居民委员会委员除了主任外,其他成员工作以社会兼职为主,在自愿的基础上,义务为居民服务。考虑到居民委员会几十年的工作惯例，其转换还不能一步到位，可以在现有社区服务管理委员会、居民议事会或顾问团的基础上，逐步实现过渡，即暂时实行居民委员会与上述组织的"双轨运行"机制，待社区工作者队伍成熟或运行机制完善之后，再将议事组织通过选举转换为符合法律程序规定的居民委员会，现有居民委员会组织则转换为社区工作办公室，由专业的社区工作者承担具体的工作任务。

（3）建立社区工作办公室或社区工作站。这是居民委员会试行议事层和执行层分离后，专门由居民委员会委派、承担社区具体工作职能的办事机构。社区办公室的工作人员由社区工作者组成，他们必须符合招聘条件，通过竞聘方式，由居民委员会根据工作需要聘任。社区工作者作为一种职业，其收入所得一方面包括政府购买服务，即通过与政府签订契约合同，由政府支付劳务报酬；另一方面还包括社会捐赠和服务收费。目前很多地方已经成立了社区工作站，但对社区工作站人员的岗位设置和薪酬方案还有待研究。

除了上述综合性社区管理组织外，还要在社区建立党支部，实行党员登记制度，以便充分发挥包括在职党员在内的全体党员在社区中的先锋模范作用。共青团、妇联、少先队等组织也要积极探索组织管理与属地化管理相结合的新办法，通过不同角度、不同形式对其成员实行民主化管理。

（4）重视基层群众组织和社会组织等民间组织的培育和发展。社区社会组织的出现是社会发展到一定程度的产物，迫切需要我国政府转变职能，加强引导，及时将其纳入规范管理的范畴，为其提供财政资助，创设有利环境，将其当作一支建设中国特色社会主义和谐社会的积极力量来加以支持和引导。要转变观念，切实重视社区社会组织发展。要明确重点，加快推进社区社会组织发展。要完善政策，建立社区社会组织发展的长效机制。要建立政府购买服务机制，出台专门的政府购买社区社会组织服务的政策文件，将政府购买服务项目纳入公共财政框架，坚持"费随事转"的原则，明确政府购买服务的项目确定、资金来源、运作模式、运作方式、成效评估以及资金拨付等一系列操作规则。要健全扶持政策，包括税收优惠、开通登记绿色通道、减免费用、建立奖励机制。要提供人力资源保障，出台配套政策，吸引更多高素质人才投身社区工作；倡导"助人自助"的观念，以社区为"平台"，以社区社会组织为"载体"，鼓励公务员、共产党员、共青团员、青年学生及社会工作者等积极参与社区建设与社区服务，增强社区凝聚力。

改革后的社区居民自治管理组织，由于合理地划分了职能权限，将不同的责任按照其事务性质交由不同的组织和部门承担，可以从根本上改变传统居民委员会的行政工作模式，有利于推进基层民主建设的进程。新的社区居民自治管理组织组建之后，将形成以社区党支部为领导核心，居民代表大会决议，居民委员会议事，社区工作者办事，社区企事业单位、社会中介组织、居民群众广泛参与，各司其职、恪尽职守的社区管理格局。

学习活动 8

全国和谐社区建设示范社区指导标准（试行）

项目 名称	具体 分类	指标内容
组织 机构 规范	社区党 组织	1. 社区党组织健全，设置合理，按期换届
		2. 社区党组织指导社区内具备条件的新经济组织和新社会组织、商务楼宇、专业市场建立党组织，开展组织生活
	社区居 民委员 会	3. 社区居民委员会及其下属工作委员会健全，职责明确，人员配置到位
		4. 社区居民委员会按期换届，换届选举工作规范有序，有条件的社区推行直接选举，无违法违章撤换、罢免社区居民委员会成员现象；每年进行 1 次以上居民民主评议，居民满意率达 80% 以上
	社区群 团及民 间组织	5. 在社区党组织的领导下，按时成立社区居民代表大会和社区议事协商会等群众自治组织，并依照法律和各自的章程积极开展工作
		6. 社区工会、共青团、妇联、科协、残联等群团组织健全，配合做好相关工作
		7. 业主委员会接受社区党组织的领导和社区居民委员会的指导与监督，依法履行职责，维护业主权利；物业服务企业具备相应资质，依法经营、诚心服务，无重大物业纠纷事件，业主满意率达到 80% 以上
		8. 社区民间组织培育与发展工作取得成效，在承接社会事务，开展居民生活服务、慈善互助、科普教育、文体娱乐等方面作用发挥明显
队伍 作用 明显	党员干 部队伍	1. 社区党组织书记模范带头作用强，综合素质高，提倡社区党组织书记通过民主推荐、依法选举兼任社区居民委员会主任
		2. 发挥社区党员先锋模范作用，加强退休党员、下岗失业党员、流动党员的管理与服务，创新社区党员、在职党员参与社区建设、服务居民群众的措施和载体，并取得显著成效
		3. 对社区党组织、党组织班子成员和社区党员干部每年进行 1 次以上居民民主评议，居民满意率不低于 80%
	社区工 作者队 伍	4. 社区工作者为民服务意识强，政治觉悟高，团队协作精神明显，无违法乱纪现象，注重加强自身学习，认真参加各类业务培训和居民民主评议
		5. 积极探索开发社区社会工作岗位；社区有助理社会工作师或社会工作师职业资格的社会工作者，开展社会工作专业服务

续表

项目 名称	具体 分类	指标内容
队伍 作用 明显	志愿者 队伍	6. 引导好、保护好由党员积极分子、居民小组长、楼道长组成的社区骨干队伍的积极性，充分发挥他们群众威望高、热心公益事业的优势，成为社区工作的一支重要力量
		7. 有一支结构合理、素质优良的社区志愿者队伍，开展经常性的志愿服务活动，注册社区志愿者人数不少于社区居民总数的10%
规章 制度 健全	共驻共 建制度	1. 建立社区党组织牵头、辖区单位党组织共同参与的社区党建工作联席会议制度，定期研究协调社区党建工作
		2. 共驻共建机制完善；社区党组织和社区居民委员会努力为辖区单位做好服务工作；辖区单位参与社区共建积极性高，签订共建协议；可开放的单位服务设施普遍向居民开放
	社区工 作制度	3. 社区居民委员会各项制度健全，自治功能完善，内部管理规范化，服务流程程序化；有走访居民制度，"民情日记"记录清楚
		4. 社区安全管理制度健全；各项防范措施得到落实，对各类不稳定因素能做到早发现、早报告，在职责范围内的能早控制、早解决，维护基层稳定
	民主自 治制度	5. 有社区居民自治章程或居民公约，社区成员自觉遵守，无违章、违约现象
		6. 有社区议事协商机制；涉及成员利益的事项及时召开民情恳谈会、矛盾协调会、事务听证会、成效评议会等，并做好相关会议记录；解决社区热点、难点问题成效明显
		7. 社区实行政务、事务、财务、服务"四公开"制度，确保居民的知情权与监督权
阵地 设施 完备	硬件 配套	1. 社区硬件设施齐全，管理规范，运转正常；每百户不低于20平方米的社区工作和公益性服务用房配备到位；建有多功能、综合性的社区服务站，提供劳动保障、帮扶救助等服务项目，功能完善、服务高效
		2. 设有社区党员议事和活动场所，有必备的党员电化教育设施，党建工作经费保障到位
	服务 设施	3. 社区服务设施健全，网络完善，服务优良，有各种形式的商业服务圈、生活服务圈、文体娱乐服务圈，社区居民多层次、多样化需求基本得到满足
		4. 社区卫生服务中心（站）管理规范，服务到位；社区居民健康档案建档率不低于居民总数的60%；社区健康教育宣传栏每月更新，每月至少举办一次健康教育讲座

续表

项目名称	具体分类	指标内容
阵地设施完备	服务设施	5．社区警务室配备完善，建立人防、物防、技防、消防四位一体的社区防控网络，安防系统安装率达到 90%，监控系统覆盖社区公共部位
		6．社区按要求建有能满足社区老年人需求的日间照料、居家养老等为老服务设施
	宣传阵地	7．建有居务公开栏、宣传橱窗、体育健身点及室内外文化活动场所，社区图书阅览室拥有图书 1 000 册以上，报刊杂志 5 种以上
工作成效显著	管理有序	1．社区党建扎实开展；社区党员组织生活开展正常，党员经常参与社区志愿服务活动，参与人数占党员总数的 80% 以上
		2．社区治安防范体系健全，无重大刑事案件，无重大群体性事件，无集体上访和越级上访；居民有安全感，对社区治安满意率达 95% 以上
		3．社区民主法治工作有效开展，民事纠纷调解率达 100%，调解成功率达 95% 以上，经常开展普法宣传活动，社区居民能够依法维护自己的合法权益
	服务完善	4．与社区居民切身利益相关的社区就业、医疗、低保、救助等公共服务工作得到落实，居民满意率达到 80% 以上
		5．为社区老年人、残疾人、未成年人、优抚对象、流动人口等提供专项服务项目，在少数民族、归侨侨眷聚居的社区有特色服务项目，服务效果明显
		6．社区卫生服务机构布局合理，提供预防、保健、康复和计划生育技术等服务，针对社区常住人口的社区预防保健主要指标处于良好水平
	文明祥和	7．居民生活方式健康科学、文明向上，社区内家庭和睦，邻里关系融洽，群众性文体活动广泛开展，居民参与率较高，并有活动记录；文明社区、学习型社区、和谐楼院、五好家庭等多种形式的群众性精神文明创建活动成效突出
		8．社区内环境优美，无严重破、损、残建筑物和违章搭建，无乱堆乱放、乱设摊点现象，机动车、非机动车停放有序，垃圾清运定点及时，无卫生死角、暴露垃圾、污水、乱扔废弃物现象；社区居民无违法、违章饲养宠物和家禽、犬（宠）、鸽（鸟类）等现象，社区内无宠物伤人事件；居民具有较高的环保意识和良好的环境行为，基本卫生知识知晓率 ≥70%，居民健康行为形成率 ≥60%
		9．新建住宅社区绿化覆盖率达 30% 以上，老旧住宅社区绿化覆盖率达 25% 以上；社区内花草树木修剪整齐，无毁绿、占绿地等现象

❓ 思考

你如何看待和谐社区标准？

学习活动 9

开福区创新社会管理机制，走出社区管理特色之路

《长沙市开福区"十二五"规划草案》提出："未来 5 年，将在全区全面推行社区管理社会化，采取政府购买、以奖代投等方式，加大对老年人服务、残疾人服务、青少年健康成长、农民工融入城市等社会化管理服务项目的投入，扶持发展各类社会组织，培育、引进一批专业公司和非营利性组织。"

通过一年多的实践，开福区走出了一条"社会管理社区化，社区管理社会化"的社区服务新路子。

（1）更具开放性、包容性的方式方法，使社区管理更高效、更到位。社区管理社会化的基本内容为"八化"，即党建工作区域化、居民自治制度化、社会组织多样化、社工队伍专业化、社区服务精细化、服务项目市场化、投入机制多元化、社区事务信息化。

（2）"以人为本"的社区管理理念使居民所享受的服务更专业、更彻底。开福区尝试社区管理项目交由市场运作。除居家养老、居家养残外，还包括智障人士职业训练中心、社区矫正、婴幼儿早教中心、社区物业化管理等。同时，关于居民就业、养老、上学、看病等民生问题，采用多元化的模式，有民办公助、政府购买服务、政府投入和公办民营等运行模式。

（3）"小政府、大社会"的特点使社区管理更瘦身、更本位。开福区将社区公共事务做细致的分析，在此基础上准确定位政府的责任，让其从直接提供公共服务转变为间接提供公共服务，从靠设立机构提供公共服务到靠政策工具提供服务；从给钱、给物、给机构到培育各类民间组织，让民间组织承担起政府下放的职能，从而使政府的职能归位，社区的自治力量增长。社区的工作重点转为营造社区氛围，利用公信力进行协调，充分发挥社区管理作用。

（4）实施居民自治和矛盾集中调解，使居民感到更自主、更和谐。居民自己订立公约，自己遵守，如有违反就按公约处罚，减少和淡化了行政干预。例如，水风井社区的《麻将馆自治公约》、中山路社区的《饲养宠物公约》、营盘街社区的《餐馆文明经营公约》、北正街社区的《房屋装修公约》。

从政府包揽到"多元共治"，长沙市开福区创新社会管理机制，促进了社会和谐。

？ 思考

结合案例分析长沙市开福区的做法对我们有哪些启示。

课后练习

一、填空题

1. 社区管理包括_____、_____、_____、_____、_____、_____等具体内容。

2. 社区管理有_____、_____、_____、_____、_____、_____的特征。

3. 在社区建设实践中，我国城市基本形成了"两级政府、三级管理、四级落实"的社区管理体制框架。"两级政府"是指_____、_____两级政府；"三级管理"是指_____、_____、_____的管理；"四级落实"是指_____、_____、_____、_____四级的组织落实。

二、名词解释

1. 社区管理

2. 社区管理模式

三、简答题

1. 社区管理的基本原则是什么？

2. 简述我国社区管理体制和运行机制存在的问题。

第 2 章　社区组织管理

引言

社区组织管理是社区管理的重要环节。在本章，我们将学习社区中的主要组织，以及它们之间的相互关系。社区党组织是党在城市的基层组织，是居民区各类组织和各项工作的领导核心，也是做好街道、社区党建工作的基础。居民委员会是居民自我管理、自我教育、自我服务、自我监督的基层群众性自治组织。业主委员会是物业管理区域内代表全体业主对物业实施自治管理的组织。另外，社区中还存在很多其他组织。

学习目标

1. 了解当前社区管理中的主要社区组织及它们之间的关系。
2. 了解社区党组织、居民委员会、业主委员会和物业服务企业在社区管理中的职能和联系。
3. 掌握如何加强社区党组织和居民委员会建设。
4. 掌握处理上述组织之间的关系和矛盾的方法。
5. 理解其他社区组织对社区建设的重要意义。

学习导航

社区党组织建设 ──┬── 社区党组织概述
　　　　　　　　　└── 如何加强社区党组织建设工作

社区自治组织建设 ──┬── 居民委员会的性质和组织结构
　　　　　　　　　　├── 居民委员会的工作内容
　　　　　　　　　　├── 如何加强居民自治组织建设工作
　　　　　　　　　　├── 社区党组织与居民委员会的关系
　　　　　　　　　　└── 居民委员会与地方政府的关系

社区民间组织 ──┬── 社区民间组织的积极作用
　　　　　　　　├── 社区民间组织发展存在的问题
　　　　　　　　└── 社区民间组织发展的建议和对策

物业服务企业和业主委员会 ──┬── 物业服务企业概述
　　　　　　　　　　　　　　├── 业主大会和业主委员会
　　　　　　　　　　　　　　├── 业主委员会与居民委员会的关系
　　　　　　　　　　　　　　├── 居民委员会与物业服务企业的关系
　　　　　　　　　　　　　　├── 业主委员会与物业服务企业的关系
　　　　　　　　　　　　　　└── 改善居民委员会、业主委员会与物业服务企业之间的关系

（以上各分支均属于「社区组织管理」）

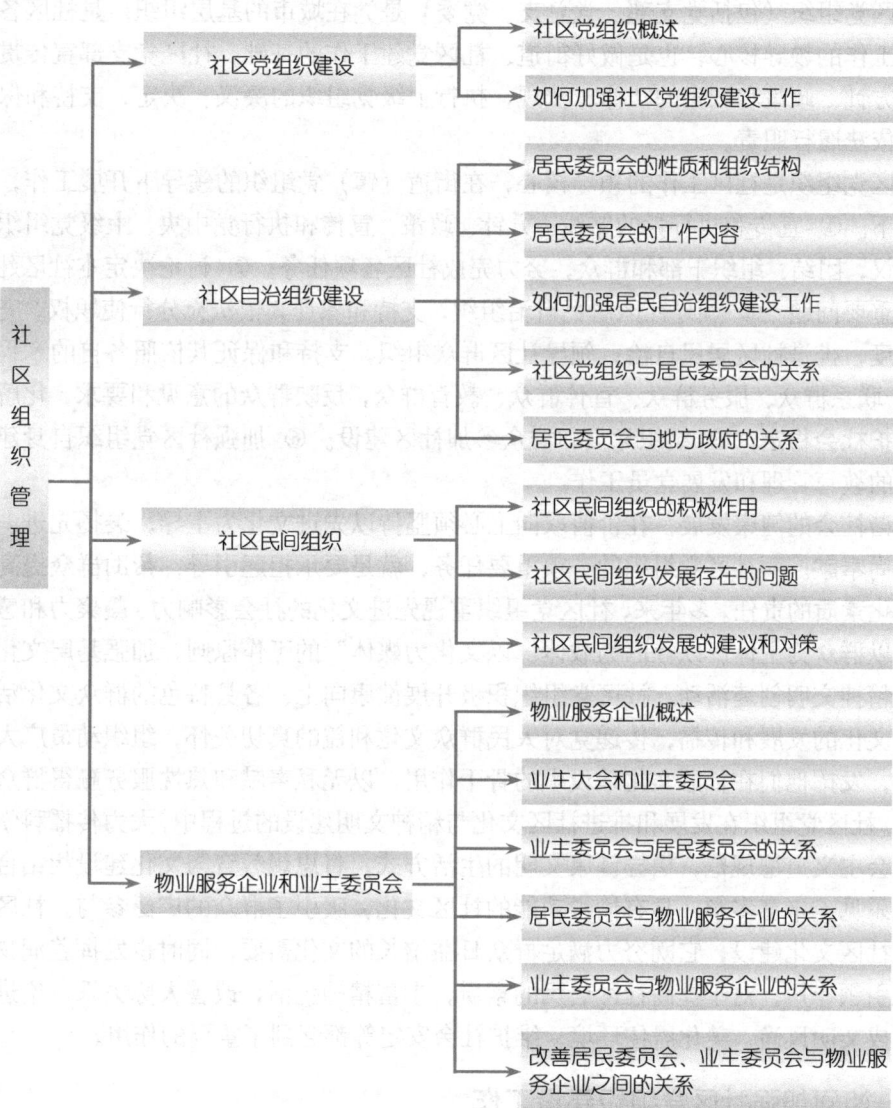

2.1　社区党组织建设

在社区管理中，党组织是各类组织和各项工作的领导核心。所以，学习社区组织管理，

我们先要从了解社区党组织建设开始。

2.1.1　社区党组织概述

社区党组织（包括党支部、党总支、党委）是党在城市的基层组织，是社区各类组织和各项工作的领导核心，也是做好街道、社区党建工作的基础。社区党支部宣传贯彻党的路线、方针、政策和国家的法律、法规，执行上级党组织的决议、决定，支持和保证居民委员会依法履行职责。

社区党组织是社区工作的领导核心，在街道（镇）党组织的领导下开展工作，其主要职责如下。① 宣传和执行党的路线、方针、政策，宣传和执行党中央、上级党组织和本组织的决议，团结、组织干部和群众，努力完成社区各项任务。② 讨论决定本社区建设、管理中的重要问题。③ 领导社区居民自治组织，支持和保证其依法充分行使职权，完善公开办事制度，推进社区居民自治；领导社区群众组织，支持和保证其依照各自的章程开展工作。④ 联系群众、服务群众、宣传群众、教育群众，反映群众的意见和要求，化解社会矛盾，维护社会稳定。⑤ 组织党员和群众参加社区建设。⑥ 加强社区党组织自身建设，做好党员的教育管理和发展党员工作。

和谐社会的健康发展，在价值取向上必须坚持以先进文化为主导，褒扬先进、鼓励崇高、崇尚奉献。而社区党组织的一项重要任务，就是要承担起引导、帮助群众提高思想道德和文化素质的责任。多年来，社区党组织重视先进文化的社会影响力、凝聚力和感召力，贯彻"以群众为主体、以社区为载体、以文化为媒体"的工作原则，加强基层文化建设和群众性精神文明创建活动。社区党组织积极开展健康向上、各具特色的群众文化活动，推动先进文化的发展和传播，传递党对人民群众文化利益的真切关怀，组织动员广大党员积极参与，发挥他们在社区文化建设中的骨干作用，以无私奉献和热忱服务赢得群众的信任和尊重。社区党组织在发展和推进社区文化与精神文明建设的过程中，大力传播科学知识，弘扬社会主义道德规范，倡导健康文明的生活方式，将思想教育与文化建设相结合。而群众喜闻乐见、丰富多彩、具有愉悦功能的社区文化，吸引了群众的广泛参与。社区党组织促进了社区文化建设，它既努力满足群众日益增长的文化需要，同时也发挥着润物细无声的文化引领作用，对于提高社区居民的素质，丰富精神生活，改善人际关系，增进邻里团结，养成文明风尚，美化居住环境，维护社会安定等都起到了重要的作用。

2.1.2　如何加强社区党组织建设工作

加强社区党组织建设工作（以下简称党建工作）是加强和改善党的领导，巩固党的执政地位，增强党的凝聚力的迫切需要。从切实加强社区党组织建设入手，着力夯实社区党建工作的基础，是构建社区和谐发展的组织保证。那么，应该如何进一步加强和改进街道、社区的党建工作呢？

1. 充分认识新形势下加强和改进社区党建工作的重要性和紧迫性

社区党建工作是党的基层组织建设工作的重要组成部分。我国城镇化进程不断加快，城市综合实力不断增强，城市基层管理体制改革不断深化，社区在城市工作中的地位越来越重要，社区党组织承担的任务日益繁重。满足社区群众的多层次、多样化需求及提高社区群众民主参与意识，都需要增强社区党组织的领导、协调和服务功能。

2. 正确把握社区党建工作的指导思想和目标要求

社区党建工作的指导思想是以邓小平理论和"三个代表"重要思想为指导，紧紧围绕城市改革发展稳定的大局，紧密结合城市社区建设的实际，以保持党同人民群众的血肉联系为核心，以服务群众为重点，构建城市社区党建工作新格局，提高街道、社区党组织的创造力、凝聚力和战斗力，扩大党在城市工作的覆盖面，为创建管理有序、服务完善、环境优美、文明祥和的新型社区和促进城市现代化建设提供坚强的组织保证。

社区党建工作要努力实现以下"五个好"的目标要求。① 领导班子好。领导班子及其成员能够认真执行党的路线方针政策，密切联系群众，团结协作。② 党员干部队伍好。共产党员能够发挥先锋模范作用。③ 工作机制好。党组织工作制度健全，运行规范，社区党建工作协调机制完善。④ 工作业绩好。社区各项事业协调发展，基层民主政治建设和精神文明建设成效明显，社区治安良好。⑤ 群众反映好。社区群众和驻区单位对社区党组织的工作满意。

3. 进一步明确社区党组织的主要职责

社区党组织要发挥社区各种组织和各项工作的领导核心作用，就必须坚定地履行和承担社区党组织的六项主要职责。

4. 坚持把服务群众作为街道、社区党组织的重要任务

要坚持党的群众路线，牢固树立群众观点，不断增强服务意识，坚持把服务群众作为社区党建工作的重要任务，切记社区党组织的工作重点不是创收，而是社区管理和服务。要建立、健全社区服务体系，广泛开展社区服务活动，有效推动群众参与与自治。

5. 不断扩大党在城市工作的覆盖面

要及时调整、健全社区党组织。凡有 3 名以上正式党员的社区，都要单独建立社区党组织。调整社区设置时，要同步调整、健全社区党组织。社区党组织要指导、协调和支持驻区经济与社会组织建立党组织，认真做好退休人员、下岗失业人员和流动人员中党员组织关系的接转工作，要发挥在职党员在社区建设中的模范带头作用，做到哪里有群众，哪里就有党的工作，哪里有党员，哪里就有党的组织，哪里有党的组织，哪里就有健全的组织生活和坚强的战斗力。

6. 建立和完善社区党建工作协调机制

按照条块结合、资源共享、优势互补、共驻共建的原则，建立由社区党组织牵头，驻区有关单位基层党组织参加的社区党建工作协调议事机构，围绕辖区内的社会性、群众性、公益性工作，沟通情况，交流经验，研究、协调社区党建和社区建设工作中的重要问题。

总之，只要深刻认识社区在构建和谐社会中的基础地位，认真总结社区党建的基本经验，大力加强和全面推进社区党建工作新格局，把加强社区基层党组织建设体现在提高党引领凝聚社会的执政能力中，管理有序、服务完善、环境优美、文明祥和的和谐社区的目标就一定能够早日实现。

学习活动 1

走进贵阳市南明区尚武社区，街道干净整洁，两条生机盎然的绿化带在眼前伸展。葡萄架下，几位正在下棋的老人怡然自得。

"才 3 年时间，我们社区面貌一新，社区党支部做了大好事。"老人们说。社区入口的宣传栏的橱窗里陈列的照片部分摄于 3 年前。照片上是一堆杂乱的简易棚，并不开阔的楼房间隙停满了汽车。

群众交口称赞的绿化工程被尚武社区党支部称为"社区党建第一仗"。2000 年，尚武社区由原大南办事处第四、第五居民委员会整合而成。社区内布局杂乱，道路差，违章建筑林立。由于居住环境差，一些居民打算搬走。

社区党支部认为，下大力气解决群众关心的问题是凝聚民心的第一步。党支部在多方筹集资金，请专业机构设计方案的同时，向全体居民发出了公开信，并召开居民大会，公布绿化效果图，征求群众意见。

公开信和效果图在居民中赢得了欢呼和掌声，但也遭到激烈反对，因为按照环境整治要求，所有违章建筑都必须拆除。一户 7 口人挤在 20 多平方米房屋内的居民在楼顶加盖了房屋，户主说："谁要拆我的房子，我就抱谁跳楼。"

社区党支部率先拆除了属于社区的临时门面房和社区入口处的停车场，社区内所有党员带头自行拆除自家的违章建筑。同时，党支部积极向上级反映情况，为住房确实困难的群众争取廉租房。

党支部和党员率先垂范，为解决群众困难积极奔走，终于得到了居民的理解和拥护。经过 3 个月的努力，社区拆除违章建筑 2 400 多平方米，绿化公共场所 1 500 多平方米，硬化道路 1 000 多平方米，栽种了广玉兰、樱花、紫薇等 20 多个品种的花卉树木，新建了垃圾收集点，添置了果皮箱，设置了健身路径，使社区环境发生了巨大变化。

公共绿地建成之初，如何养护又成了难题。在社区党支部会议上，大家提出党员认养绿地的办法。7 名党员和积极分子自愿认养绿地，自己购买了工具，定期除草施肥、修枝剪叶。渐渐地，自愿认养绿地的群众越来越多。除了维护原有植物，他们还自己掏钱购置许多花花草草栽种其间。居民符功培花 5 000 多元买了不少盆景和一些景观植物，孙贵华在社区修建的池子里放养鱼苗，还花了 1 000 多元为鱼池安装了水循环设备。

现在，参与认养绿地的居民已有 33 位，每块绿地均有认养人、管护人，居民们享受绿地，也爱惜绿地，他们亲切地叫它"百草园"。

漂亮的"第一仗"让社区居民信服，密切了社区党群关系。此后，社区党支部通过建立党员联系卡、党员活动记录卡等方式强化对社区内大量在职、离退休及下岗流动党员的管理，在党员中发起成立志愿服务队、义务治安巡逻队，服务社区居民。同时，社区建立了党建工作联络站例会制度和党员值日接待群众来访制度，了解群众需求和困难，及时协调并帮助群众解决这些困难。

？ 思考

(1) 尚武社区党组织在社区发展中履行了哪些职责？

(2) 尚武社区党组织在社区党建中是如何落实密切联系群众路线的？

2.2　社区自治组织建设

社会工作者应当相信，居民参与对解决社会问题和促进和谐社会的建设具有重要的意义。要建设民主和谐的社区环境，普通居民需担负的责任十分重大。而社区管理对于一般居民而言，仅凭个人之力是无法做到的，所以就要通过将居民组织起来的办法来实现这个目标。在我国城市社区中，居民委员会就是这个地域性群体的自治组织。

2.2.1　居民委员会的性质和组织结构

1. 居民委员会的性质

从居民委员会发展的历程来看，它是随着新中国的成立和发展而发展的，是我国城市社区组织中历史最长，作用也最为独特的居民自治组织。

早在 1949 年年底和 1950 年年初，我国的一些城市中就出现了不少由群众自己组织起来的防护队、防盗队、居民组及居民委员会等名称各异的自治性组织。这些组织的基本任务是学习、宣传党和政府的方针、政策和法规，反映居民的意见和要求，组织群众防抢、防空、防火、防灾、防盗，办理救济及一些公益事项。此后，这些组织的名称逐步统一为居民委员会，1954 年，《居民委员会组织条例》第一次以法律的形式宣布居民委员会是"群众自治性的居民组织"。1990 年开始施行的《居民委员会组织法》再次明确了城市居民委员会的性质是居民"自我管理、自我教育、自我服务"的基层群众性自治组织，后在实践中又加上"自我监督"的属性，俗称"四个自我"，但《居民委员会组织法》并未修正。

2. 居民委员会的组织结构

合理设置的居民委员会机构及人员是居民委员会发挥作用的必要条件。居民委员会组织结构的设置既要遵守《居民委员会组织法》的规定，也要因地制宜，结合当地的实际情况。

根据《居民委员会组织法》的规定，居民委员会的主任、副主任和委员由居民选举产生；居民委员会根据居民居住状况，按照便于居民自治的原则，一般在 100～700 户[①]的范围内设立。居民委员会主任、副主任和委员由本居住地区全体有选举权的居民或由每户派代表选举产生；根据居民意见，也可以由每个居民小组选举代表 2～3 人选举产生。居民委员会每届任期 3 年，其成员可以连选连任。年满 18 周岁的本居住地区居民，不分民族、种族、性别、职业、家庭出身、宗教信仰、教育程度、财产状况、居住期限，都有选举权和被选举权；但是，依照法律被剥夺政治权利的人除外。

从目前的工作实际来看，居民委员多由选举产生，主任则大多采用选用和普选相结合的方式产生。街道办事处推荐居民委员候选人，并召开居民会议由群众选举产生。同时，居民委员会的工作人员除了选举产生的委员外，还包括不少聘用人员，主要是一些专职工作人员，如社区低保专干和社保专干。

居民委员会设人民调解、治安保卫、公共卫生等委员会，办理本居住地区的公共事务和公益事业，调解民间纠纷，协助维护社会治安，并且向人民政府反映群众的意见、要求和提出建议。综合各地的工作经验，目前在居民委员会内部设置的专门委员会大概有以下几种。

（1）人民调解委员会。人民调解委员会在政府司法行政部门的业务指导下开展工作。其主要职责是依照《人民调解委员会组织条例》开展工作，认真贯彻执行"调防结合、以防为主"的方针，及时公正地调解民间纠纷；对社区居民经常进行社会主义法制宣传教育，使居民群众知法、懂法、守法，提高依法保护自己合法权益的能力；最大限度地把矛盾消化在基层，防止矛盾激化；配合有关部门搞好失足青少年的帮教工作，做好刑满释放人员和解除劳教人员的帮教就业工作，防止其重新犯罪。

（2）福利委员会（社区服务委员会）。福利委员会的主要职责是组织建立专兼职社区服务队伍，针对不同对象，实行无偿、低偿、有偿等不同形式的服务，最大限度地满足居民群众需求；认真配合民政部门及残联做好优抚、社会救济、拥军优属及社区服务工作；定期不定期走访民政对象，健全烈属、孤老残疾、精神病包户组，帮助解决实际问题；积极开展面向老年人、儿童、残疾人、社会贫困户和下岗失业人员的社会福利服务；移风易俗，

---

① 2000 年，中共中央办公厅和国务院办公厅转发《民政部关于在全国推进城市社区建设的意见》后，全国普遍对规模过小的居民委员会进行合并调整，合并后的居民委员会的辖区居民户数普遍达到 2 000～3 000 户，有些甚至达到 5 000 户以上，已经远远超过原来的这个规定。

搞好殡葬改革工作；帮助办理有关优抚社会救助申报、审批等工作手续；搞好退休人员、"农转居"人员的服务管理工作。

（3）治安保卫工作委员会。治安保卫工作委员会在政府公安、综合治理部门的业务指导下开展工作。其主要职责是宣传教育群众增强法制观念，增强防盗、防火、防破坏等安全防范意识；配合公安部门做好综合治理工作；组织居民群众开展治安巡逻、看门护院等群防群治工作；健全治保网络，建立例会制度，掌握地区居民情况，配合有关部门做好外来人口管理工作；发动、组织社区居民检举犯罪行为，发现犯罪活动和被通缉的在逃犯即时报告。

（4）计划生育委员会。计划生育委员会在政府计划生育部门的业务指导下开展工作。其主要职责是宣传党和政府有关计划生育工作的方针、政策，积极宣传晚婚、晚育、优生、优育知识；建立健全计划生育网络，准确了解和掌握本辖区育龄夫妇和未婚青年的情况；搞好本辖区年度生育指标的申请、审批、调整、核对工作；严格控制计划外二胎；开展计划生育优质服务，建立计划生育统计台账，领取、发放避孕药具，开展避孕节育"知情选择"生殖保健等宣传服务；出具管理对象中与计划生育有关的证明；加强对流动人口的计划生育管理。

（5）文教、科技、卫生工作委员会。文教科技卫生工作委员会在政府文教、卫生业务部门指导下开展工作。其主要职责是不断完善公益性群众文化设施；大力开展社会主义、爱国主义思想教育，开展丰富多彩、健康有益的文化、体育、科普、教育等活动，营造健康向上的文化氛围，倡导科学、文明、健康的生活方式；发动群众做好爱国卫生运动，采取积极措施，搞好绿化、美化环境工作，搞好环境整治，培养社区成员的环境意识和公德意识；组织建立社区医疗卫生服务站，满足社区居民医疗保健需求。

（6）社区妇女代表会（妇代会）。社区妇女代表会的主要职责是教育妇女自尊、自信、自立、自强，崇尚科学，反对迷信；正确处理婚姻家庭问题，开展"五好文明家庭"创建、拥军优属等活动；大力提倡尊老爱幼、邻里团结的文明新风；维护妇女、儿童合法权益，帮助困难妇女、儿童解决实际问题。

（7）青少年教育委员会。青少年教育委员会的主要职责是办好校外教育活动，组织青少年开展有益的文娱、体育活动和社会活动；积极宣传未成年人保护法，配合学校及家长对学生进行爱党、爱国、爱社区教育；组织青少年参与社区公益活动，使他们德、智、体、美、劳全面发展，成为"四有新人"。

（8）老龄工作委员会。老龄工作委员会的主要职责是积极宣传、贯彻《中华人民共和国老年人权益保障法》，掌握和了解本辖区老年人的基本情况；对各个年龄阶段的老年人分层次管理，积极开展尊老、敬老文明社区活动；发挥老年人的技术专长和才智，组织发动老年人参加社会公益和综合服务活动。

（9）社区残疾人协会。社区残疾人协会的主要职责是保障残疾人基本生活；关心残疾儿童和残疾人子女的教育问题，对家庭生活困难的给予支持和帮助；创造无障碍的社区环境，方便残疾人出行；制定、落实社区对残疾人的优惠扶持措施，提高残疾人和社区群众的法律意识；为残疾人提供优先、优惠、优质、高效的法律服务和援助，切实维护残疾人合法权益；采取志愿者助残等多种形式，解决残疾人生活中的实际困难。

（10）协商议事工作委员会。协商议事工作委员会是社区的议事协调机构，其成员由社区内人大代表、政协委员、居民代表、单位代表、知名人士等组成，经社区居民代表大会聘请产生。其主要职责是讨论社区内的重大事件，并在社区居民代表会议授权下，对其进行解决；协助和监督社区居民委员会实施年度工作计划，对社区居民委员会工作进行监督和评议，提出意见和建议；对事关社区公共利益的重大事项进行表决，并向社区居民代表大会制度报告；代表社区居民提出搞好社区建设的意见和建议；对不称职的社区居民委员会干部提出罢免、撤换的建议。

（11）社区居民小组。居民委员会内可以分设若干社区居民小组，小组长由居民小组推选。社区居民小组组长的职责是组织本小组居民学习国家政治时事，遵守国家政策法规，宣传党的各项方针政策；贯彻街道办事处、社区居民委员会布置的各项工作任务，执行并督促本小组居民完成上级下达的各项任务；主持召开居民小组会议，推荐选举本小组的社区居民代表；报告社区成员代表会议的决定；听取、反映本小组居民的合理化建议和意见。

2.2.2 居民委员会的工作内容

居民委员会的工作内容在历史上不断经历着变化，以适应国家经济和社会发展的需要。根据《居民委员会组织法》第三条的规定，目前城市居民委员会的工作任务包括以下六项。

（1）宣传宪法、法律、法规和国家的政策，维护居民的合法权益，教育居民依法履行应尽的义务，爱护公共财产，开展多种形式的社会主义精神文明建设活动。居民委员会要维护居民的合法权益，教育居民遵纪守法，如服兵役、计划生育、遵守法律、赡养父母、抚养子女等。开展精神文明活动是居民委员会一项经常性的重要工作，其主要内容包括以下三点。① 采取各种方式对居民进行理想和道德教育，教育居民成为有理想、有文化、守纪律的文明市民。② 在居民中开展创建"安全文明小区"、"文明楼栋"、"五好家庭"、"遵纪守法户"、"文明市民"等评比活动，采用居民公约等方式，使邻里关系变得和睦融洽。③ 开展健康文明的文化体育活动，讲文明、树新风。

（2）办理本居住地区居民的公共事务和公益事业，包括管理本居民委员会的财产，根据自愿原则筹集本居住地区居民的公共事务和公益事业所需要费用。在一些没有聘请物业服务企业的社区中，如一些老居民区，居民委员会有责任对社区物业进行管理，同时还要为社区中的老人、儿童、下岗工人等特殊群体实现兴办福利服务。

（3）调解民间纠纷。居民委员会是最接近群众的组织，其工作人员最熟悉社区居民。由居民委员会负责对民间纠纷进行调解，规劝相关人员消除分歧、重归于好，是一项快速且有效的方式。调解工作的成败，甚至直接影响社区的形象，影响居民对社区的向心力。

（4）协助维护社会治安。深化平安建设，构建和谐社会，建设"发案少、秩序好、社会稳定、群众满意"的和谐社区，需要依靠全社区的力量。创造良好的社会秩序和社区环境是社区居民委员会工作的重要任务。为了创造平安和谐的社区，居民委员会应当在社区中宣传法律知识，帮助安置失足青年和"两劳"人员，组织治安巡逻，抓好治安防范工作和社会综合治理，落实群防群治的措施，配合司法部门严厉打击各种刑事犯罪活动和非法传销等社会不稳定因素，维护社区的安定。

（5）协助人民政府或其派出机关做好与居民利益有关的公共卫生、计划生育、优抚救济、青少年教育等各项工作。城市基层政权对居民委员会的工作具有指导性，居民委员会需要对城市基层政权的工作予以支持和配合，这些工作包括公共卫生、计划生育、优抚救济、青少年教育、安全防火等。这不仅符合国家的整体利益，也符合全体居民的利益，是居民委员会的重要工作职责。

（6）向人民政府或其派出机关反映居民的意见、要求并提出建议。居民委员会是连接群众和政府的重要纽带，是实现群众参与的重要途径，也是政府了解民众声音的重要窗口。为充分体现以人为本的执政理念，提高办事效率，搞好廉政作风建设，提高居民的参政议政能力，提高全社会的管理水平，居民委员会应当充分发挥自身作用，将居民的意见、建议和要求向上级政府进行反映，实现政府与群众的良好互动。

法律还规定居民委员会应当开展便民、利民的社区服务活动，可以兴办有关的服务事业。所以，居民委员会应因地制宜地兴办生产、生活服务业，开展多种形式的社区服务活动，吸纳社区居民就业。

2.2.3 如何加强居民自治组织建设工作

明确了居民委员会在社区管理中的地位与应有的作用后，接下来的问题就是如何把这一作用充分发挥出来。应当说，这是一项系统工程，涉及内、外部一系列环境的创造。

从外部环境看，一方面，要弱化行政主导型社区管理的惯性，努力实现政府行政管理与社区自我管理的有效对接及政府依法行政与社区依法自治的良性互动，实现"政社分开"与"政社协调"的统一，使社区真正从国家领域中分离出来，回归到社会领域，逐步进入自我管理、自我教育、自我服务、自我监督的有序状态，成为基层社会治理的重要一员，这取决于整个社会治理的架构安排和合理化变革的进程。另一方面，要推进非政府组织的成长，尤其是各类组织目标、职能的相互区分和多样化。从一定意义上说，我国 30 多年来的改革开放进程的实质，就是包括政府、企业、事业单位和其他组织的目标、职能不断区分和多元化的过程，如果没有这方面的成果，我国经济社会等领域的改革就不可能取得如此大的进步。同理，目前经济社会领域改革所遇到的深层次矛盾也恰恰是各类组织的目标、职能区分与多元化不足所造成的。相对于经济领域的组织而言，社会发展领域内组织目标分化与职能多元化不足的问题更为严重。在这样的背景下，居民委员会角色不清与角色冲突在所难免。所以，重视和推进各类组织目标分化与多样性的总体氛围如何，将直接影响居民委员会角色回归和在社区服务中功能的专门化进程。

从内部环境看，就是要推进居民委员会的规范化建设，使居民委员会有精力、有能力、有条件、有保障地全身心投入并做好职责范围内的社区服务工作。① 规范居民委员会职能事务。围绕角色定位，推进居民委员会职能事务改革，对政府部门委派或转移到居民委员会身上的行政性工作，按照分工原则，由政府部门调整；对专业性较强的社会事务，如青少年行为矫正、精神病康复者回归社会的过渡期工作及再就业培训和心理咨询等，交由职业化和专业化的社会工作机构、社区服务组织来承担；对于政府进社区的工作，原则上都要交于相应的民间组织，而不是交给居民委员会。所以，当前要大力培育社区民间组织和社区工作者队伍，提高社区民间组织的承载能力。② 规范阵地建设，统一社区居民委员会办公、服务设施的建设标准，优化功能、布局，保证必要的硬件设备和服务条件。③ 规范规章制度，做到基本制度健全、程序流程清楚。④ 规范队伍管理，做到居民委员会干部依法选举产生，社区工作者职业化管理，强化技能培训。⑤ 规范保障措施，确保社区工作经费落实，建立并落实福利待遇的自然增长机制，逐步将一些热心社区公益工作、威望高、素质高的人吸引到居民委员会当中来，提高社区居民委员会在推进社区服务工作中的能力与水平。

外部环境说到底是社会改革、发展的总态势，但是，这个环境向着良好方向发展的趋势十分明确，我们应当抓住这一有利时机，大力推进居民委员会规范化建设。接下来应进一步完善、推进此项工作，更好地发挥居民委员会作用，推进社区服务，促进和谐社区建设，为构建和谐社会贡献力量。

2.2.4 社区党组织与居民委员会的关系

社区党组织是社区建设的领导核心。党组织要把党的领导贯穿于居民自治的全过程，理顺社区中的各种关系，形成社区建设的合力。

1. 党组织为社区事务"把关"

党组织要对社区事务决策把关，对居民区工作起到组织保证作用。社区居民委员会主要负责办理居民的公共事务，开展多种形式的精神文明建设活动，调解居民纠纷，及时化解社会矛盾，维护居民利益，维护社会稳定等。对于居民委员会汇报、协商的事项，党组织要及时予以答复，并提出建议和要求；如果双方在工作意见上有分歧，就进一步调研协商，思想认识统一后，再由居民委员会予以实施。

2．党组织对社区工作不能包办代替

居民委员会是居民自治的主体，党组织要为居民委员会依法履行法定职责提供保障，但不能包办代替。社区党组织应该给居民委员会提供必要的支持和帮助，但不是替代居民委员会进行工作。

3．确保党员在社区组织中的比例

社区党组织要成为资源整合的主角，就要确保党员在社区各类组织中占有一定比例。同时，通过学习宣传教育、谈心指导等多种形式的思想引导，采取分片负责、上门家访的形式密切党群关系，让居民了解社区各种工作动态，进一步发动居民参与自治。

4．党组织监督居民委员会工作

一方面，党组织要注重居民委员会干部的工作作风和自律教育，采用干部自我对照、居民监督评议和党组织戒勉等方法，以提高居民委员会干部素质；另一方面，党组织要充分发挥监督的作用，对居民委员会的工作提出意见和建议。

2.2.5　居民委员会与地方政府的关系

1．法理上的居民委员会与地方政府的关系

居民委员会与地方政府关系的法律依据是《居民委员会组织法》第二条的规定，即"不设区的市、市辖区的人民政府或者它的派出机关对居民委员会的工作给予指导、支持和帮助。居民委员会协助不设区的市、市辖区的人民政府或者它的派出机关开展工作"。

由该法条内容可见，居民委员会是城市社区管理工作的主体实施者，不设区的市、市辖区的人民政府或者它的派出机关则指导、支持和帮助居民委员会更好地实现对社区的管理，两者在法理上不具备领导和被领导的关系，也不是上级和下级的关系，居民委员会更不是不设区的市、市辖区的人民政府或者它的派出机关的下级单位。

2．居民委员会与地方政府的实际关系

我国目前的《居民委员会组织法》把居民委员会定性为自我管理、自我教育、自我服务（"三自"）的自治组织。然而，长期以来，居民委员会名义上是居民自治组织，却普遍依赖地方政府，吃政府的饭，办政府的事，难以摆脱政府"腿"的角色，自治功能形同虚设，仅居民委员会换届时必须经居民或居民代表选举产生。《居民委员会组织法》把街道办事处与居民委员会的关系确定为指导与被指导的关系，而实际操作中却基本上与领导和被领导的关系没有多大区别。街道办事处布置的各项工作（政府的事），居民委员会必须去完成；对于有的工作，街道办事处（代表政府）还要与居民委员会（自治组织）签订责任状。

对于工作能力不强、不能胜任工作或工作积极性不高的居民委员会干部，从严格依法办事的角度来说，街道办事处难以对其调整或辞退，如果要通过居民或居民代表大会对其进行罢免，则操作比较繁杂，可能还达不到预期的效果。对于工作能力强、能胜任工作的居民委员会干部，如果本人不愿意再从事居民委员会工作，可以随时提出辞职，街道办事处也没有好的办法留住他们。不论上述哪种情况，都会对社区建设带来不利的影响。

我们再来分析一下目前的社区居民委员会。中华人民共和国民政部《关于在全国推进城市社区建设的意见》中把社区居民委员会定性为"自我管理、自我教育、自我服务、自我监督"（"四自"）的自治组织，但是同样存在着上述矛盾和问题。

除此之外，社区组织中还设立了"议事委员会"。按照社区组织建设中的定位，社区议事委员会是社区议事组织，是社区的决策层，社区居民委员会是执行层。而在实际操作中，社区居民委员会还是在执行街道办事处（政府）的决定，完成街道办事处下达的任务。社区议事委员会既议不了多少事，也难真正行使议事、决策的权力，从而使议事委员会几乎形同虚设。

另外，随着政府机构的改革，一些政府职能也在逐步下放并延伸到社区，如目前已配备的计划生育专干、社保专管员等都是随着职能的下放而配备的。这些人员是政府（职能部门）聘用的人员，承担政府部门的专项工作，但他们却在社区工作，必须由社区居民委员会来领导和管理。他们与政府职能部门、街道办事处、社区居民委员会的关系不明晰，界定不清，一旦工作上出现问题，责任到底属于政府职能部门，还是街道办事处，还是社区居民委员会？

基本上，要彻底解决这些问题，需要从法律上根本性地对各个组织的职能进行规范。

学习活动 2

某县西园路居民委员会以"六进社区"活动为载体，开展形式多样的群众文体活动。活动中，他们重点开展了"五好家庭"、"文明户"、"好婆婆"、"好媳妇"等评比活动，积极引导广大党员和群众参与文明社区建设，培养居民健康向上的精神面貌，涌现出文明楼栋 5 个、五好家庭 14 户、好媳妇 7 个、好婆婆 8 个；党支部组织党员干部深入居民小区、楼栋大院，开展以"倡导文明新风，告别不文明行为"为主题的宣传活动；在职党员纷纷走进居民委员会大街小巷，参加环境卫生整治；党支部组织无职党员到居民区参加周末文化活动，给居民带来了全新的文化气息。另外，居民委员会还在居民区组织了以宣传十八大精神为主题，歌颂伟大祖国和中国共产党等弘扬主旋律的文化活动，祝愿伟大的祖国繁荣昌盛。

❓ 思考

(1) 居民委员会的性质是什么？在社区管理中它主要承担什么任务和职能？

(2) 该案例表明居民委员会在行使哪项职能？

2.3　社区民间组织

　　社区管理是有待于进一步开拓的领域，一大批专职、专业相适应的社区民间组织是具体承担由于实施政事分离、政社分离而转移出来的职能的有效载体，能够在社区建设和发展的过程中适应居民不同类型、不同层次的多方面需求。

2.3.1　社区民间组织的积极作用

　　社区民间组织对社区管理具有哪些积极的作用？我们的社会工作者又应该如何工作，以期这些积极作用可以最大限度地发挥出来呢？大体而言，社区民间组织具有以下三个方面的作用。

1．根据需求，培育发展社区各类社会组织，为市民参与文明城区创建提供载体

　　社区民间组织发展快，涉及行业、系统面广量多。社会工作者要注重培育和发展符合各类需求的民间组织，形成政府、市场、社会、居民各方共同参与社区建设和社区管理的新格局。

　　（1）要根据社会发展需求，建立公益型、志愿型、慈善型等社区群众组织。近年来，各街道、镇从社区生活和需求多样化的客观趋势出发，把焦点聚集到社区的各类民间组织的培育发展上，培育和发展了一批自助性、公益性、服务性的社会化组织来满足社区和社会的各项需求，如志愿者队伍、调解工作室等都给居民参与社区服务提供了平台。

　　（2）要根据社区居民生活、精神、心理需求建立多元化、广范围的社区组织。围绕社区精神文明需求和构建和谐社会的要求，鼓励发展内涵丰富、居民喜闻乐见、参与率高的多样化社区民间组织，为建设社区、服务居民提供载体，以形成社区居民自我教育、自我管理、自我服务的良好氛围，满足居民的生活和精神需求。例如，针对社区老年群体需求建立的老年协会，针对癌症病人需求建立的癌症康复俱乐部，针对居民在社区中服务和被服务的需求建立的各类志愿者协会等。

　　（3）要根据社会管理需求建立各类政府购买服务的社会组织。随着体制转轨、社会转型，政府部分职能需要转移，要改变"强政府、弱社会"的社会管理模式，民间组织则是最好的承接载体。"小政府，大社会"格局的建立，和谐社会的构建，都要求政府向公共服务型政府转变，并逐步把一些社会管理职能交给民间组织，发挥民间组织的作用。例如，社区事务工作站承接了政府行政性事务，还居民委员会以居民自治的本来面貌。

2．建立街道、镇社区民间组织服务中心，为社区组织的发展和市民参与文明城区创建提供服务

　　社区建设需要各类社会组织从中起到推动作用，但目前这类组织在数量上严重缺乏，在发育程度上比较滞后。更让人担忧的是，由于法律、法规的不健全，社区民间组织，尤其群众团队的建立带有随意性，缺乏规范性。因此，要在街道、镇层面通过建立社区民间组织服务中心，发挥好"服务、管理、协调、预警"的功能，为民间组织提供活动场地、活动资金等方面的服务和便利。

（1）要根据居民生活需求，整体规划社区组织与群众团队。民间组织服务中心比政府部门更贴近社区和居民群众，对辖区内社会组织的情况更加清楚。因此，民间组织服务中心更加了解群众的心理及社区组织培育的空白点，可以以此对社区组织培育整体布局做出规划。目前，除了针对一批特殊群体需求建立社区组织外，还要针对社区居民的共同爱好、生活需求相应地建立社区组织，以得到居民的认同，这样才能激发群众参与社区组织的兴趣和参与社区建设的积极性，从而形成自我管理、自我监督、民主自治的良好氛围。

（2）要加强服务管理，使居民广泛参与社区组织。民间组织服务中心除了有管理、监督、指导等职能外，最重要的一项职能是服务，服务于社区组织、社区居民。街道民间组织服务中心建立后，通过备案登记，可将一些不规范和松散的群众团队整合起来，对其进行业务指导和监督管理，使社区民间组织通过会员之间的沟通与协作，提高社区和谐度和凝聚力；社区的人力资源也可得到充分利用，社区建设的主力军队伍也能得到发展。例如，上海市临汾路街道教工委就是从未经正式备案登记到由民间组织指导、成立、备案，还为其他团队与人员牵线搭桥，为自身扩大了会员队伍，使之成为一个健康、发展良好的群众团队。

（3）要整合资源，最大化地发挥社区组织的作用。民间组织服务中心一定要建立在街道、镇层面，这正是因为它需要协调街、镇各职能科室在社区组织培育中遇到的矛盾，帮助解决社区组织在发展中遇到的困难等。因此，民间组织服务中心能充分整合社区各类资源，将社区民间组织在文明城区创建中的作用发挥到最大。

3．开展民间组织进社区活动，为社会组织参与文明城区创建提供平台

要充分利用好民间组织的人才资源、专业技术资源、信息资源，积极引导民间组织参与文明城区的创建。

做好民间组织进社区工作，深入社区，开展为老、助老服务和其他公益性活动，树立民间组织的公益形象。通过社区群众团队开展形式多样的文化活动，满足居民精神文化需求，提高居民的思想道德素质和文化修养。号召民间组织为所辖社区"尽一份心、做一点事、出一点力"，为文明城区的创建献计献策。例如，共同开展"社团与您共建温馨家园"的大型为民服务活动；成人教育协会可为社区进行创建学习型城区提供培训；民间组织可开展为下岗职工再就业咨询服务活动等。

2.3.2 社区民间组织发展存在的问题

尽管现在社会各方面对社区民间组织的培育和发展的重要性有了一定的认识，但目前具体的机构运作仍然面临一系列问题。此外，对社区民间组织的地位和作用缺乏足够的认识，以及在管理社区民间组织上缺乏可操作性的法律法规依据等现状，都严重阻碍了社区民间组织的发展。所以，虽然社区民间组织为创建和谐社区发挥着积极的功能，但不可否认的是，今天它们在发展上还存在一些问题，这些问题包括如下几个方面。

（1）社区民间组织力量薄弱，参与面狭窄。目前，社区民间组织仅限于针对一些特殊群体的特殊需求而建立，而且这些特殊群体绝大多数是社会的弱势群体，因此造成了社区民间组织力量薄弱，能使更广泛群众参与的社区民间组织比较少。

（2）缺少资金和阵地。政府职能转移缓慢，在转变职能问题上，不能做到费随事转；缺少活动资金和活动场地也是许多社区民间组织没有生命力，甚至最后无法继续生存的重要因素。

（3）缺乏政策支持。社区民间组织、民办非企业单位缺乏税收优惠政策、房租等公用事业费的减免政策；政府购买服务无专项经费，也未列入公共财政范畴。

2.3.3 社区民间组织发展的建议和对策

1. 按照居民的需求，广泛培育和发展社区民间组织

建立的社区民间组织要达到民主管理和充分发挥主观能动性的目的，不仅能为居民需求服务，更能为居民参与社区建设和承接社会服务提供载体。例如，老年协会把社区内老年人组织进来，通过形式多样、老年人喜闻乐见的活动，积极参与社区建设，承接社区公共服务。又如，拳操队、腰鼓队、老年合唱队等社区群众团队的建立，以喜闻乐见的形式，广泛开展文化、艺术、体育活动，激发社区居民参与的热情。多彩的文化、体育、娱乐活动极大地丰富了社区文化生活。

2. 转变政府部门的管理方式，发挥自身优势，培育发展各类群众组织

目前，社区民间组织所涉及的业务主管单位多达三四十家职能部门和乡镇街道地方政府，但它们对于社区民间组织的管理仅限于行政审核和业务管理，在工作指导、培育发展上还有所欠缺。各职能部门、各级政府也应根据各类社会需求，利用自身的资源优势，积极、广泛地培育自身领域的社会组织，转变政府职能，为市民自愿参与到社区及社会各类组织中提供更多的机会。例如，街、镇的社区事务工作站，通过政府购买服务，大大降低了社区行政事务性工作成本，政府部门支持、关心、参与社区建设的意识、办事效率和服务基层的手段也进一步得到提高。

3．加大政策扶持力度，为社区民间组织的发展提供保证

当前，政府对社区民间组织的资金投入还比较少。社区民间组织服务公益事业需要政府强有力的政策、财政、税收、资源等一系列制度作为保障。政府应通过购买服务、资金补贴、资助等多种手段扶持和促进社区民间组织的发展，更广泛地动员社会力量和社会资源开展各种公益服务，促进社会的文明与进步。例如，教育系统的校舍，街、镇的活动中心在闲置时可向社区居民开放，为群众团队的活动提供方便。

▌学习活动 3

龙湾首家社区老年人协会成立

2013 年 7 月 19 日，龙湾状元街道状元桥社区老年人协会成立，137 名会员通过选举产生了协会的"草根领袖"。由此，龙湾首家登记在案的社区老年人协会正式诞生。

近年来，农村老年人协会在农村经济和社会发展中的作用越来越大，但老年人协会不规范管理所暴露出的问题也越来越多。过去，老年人协会有名无实，虽普遍存在，却并不规范。由于无法开立非公企业账户，集体财产只能存放在会长个人名下，个人腐败问题和民事纠纷普遍存在。因此，如何规范化管理老年人协会工作显得尤为重要。为此，龙湾区在状元桥社区试点，率先成立社区层面的有社团法人资格的基层老年人组织，并登记在册。与以往行政村自主筹建的老年人协会不同，这个老年人协会具有独立的民事主体资格，可开立银行账户。

这是龙湾区首家以社会团体形式登记在案的社区层面的老年人协会。为进一步推开老年人协会工作，龙湾区计划 2013 年年内在全区社区实现老年人协会 30% 的覆盖，逐步探索经营方式，深入规范老年人工作。

根据老年人协会章程，协会的业务范围包括办理老年证、协助社区管理居家养老服务中心，以及为老年人提供咨询和维权帮助等工作。同时，明确组织机构和负责人产生、罢免，资产管理、使用原则，以及章程的修改程序等，并出台《状元桥社区老年人协会会费收缴标准和管理办法》。在财务方面，建立严格的财务管理制度，配备具有专业资格的会计人员，并规定要将资金使用情况每年向会员公布一次，实现财务透明化管理。

"老年人协会成立之后，有了独立的法人和银行账户，就便于我们一些专项的经费辅助的下拨，更有利于推动社区老年人事业的发展。"区老龄委办公室主任董红梅介绍，专项补助经费可用于老年设施建设、老年人慰问、老年大学等工作的开展，同时，该银行账户还可接收社会热心人士的捐款。

如今许多村居社区中，成年男性大多在外工作，老人多留守家里，老年人协会组织的重要性得以显现。龙湾区还将让老年人协会协助管理社区居家养老照料中心，这是一种创

新的自我管理、自我服务模式，让他们参与社区居家养老照料中心的管理工作，真正地实现老人的老有所乐、老有所为、老有所养[①]。

？思考

（1）以该案例中的社区老年人协会为例，说说社区民间组织对于社区发展具有什么意义。

（2）社会工作者应当如何进行社区民间组织建设？

2.4　物业服务企业和业主委员会

在现代城市管理中，物业服务企业与市民的关系越来越密切。1981 年 3 月，深圳市物业服务企业成立，成为我国第一家物业管理公司。2003 年 9 月，《物业管理条例》正式施行，标志着我国的物业管理事业更加规范。2007 年 10 月，修订后的《物业管理条例》施行，原来的"物业管理企业"改称为"物业服务企业"。称呼上的改变，意味着新的《物业管理条例》更强调业主自治管理和物业服务。

2.4.1　物业服务企业概述

1．物业服务企业的含义

物业服务企业通常是指符合法律规定，依法向业主提供服务，为业主和租户提供综合服务和管理的独立核算、自负盈亏的经济实体（市场主体），包括物业服务企业及向业主提供服务的其他组织（保安、保洁企业等）。具体来讲，物业服务企业是指依法设立，具有独立法人资格，从事物业管理服务活动的企业。

2．物业服务企业的特点

（1）物业服务企业是独立的企业法人。它拥有一定的资金和设备，具有法人地位，能够独立完成物业的管理与服务工作，自主经营、独立核算，以自己的名义享有民事权利、承担民事责任等。物业服务企业要遵循企业法人讲究质量、信誉、效益等市场竞争法则。

（2）物业服务企业属于服务性企业。物业服务企业的主要职能是通过对物业的管理和提供的维修养护、清洁卫生服务，以及直接为业主和租户提供服务等，为业主和租户创造一个舒适、方便、安全、幽雅的工作和居住环境，从而实现企业发展的工作目标。物业服务企业的"产品"就是提供的服务，所以物业服务属于第三产业。

（3）物业服务企业在某种程度上承担着某些行政管理的特殊职能，因此它是现阶段城市现代化建设的重要组成部分。由于中国城市建设管理体制正处于改革发展中，某些管理的职能和职权并没有完全转轨和明确，所以物业服务企业在向业主和租户提供服务的同时，

---

① 资料来源：龙湾新闻网（网络版），http://xs.66wz.com/lwxww/system/2013/07/23/011332765.shtml。

也承担了部分政府有关部门对城市管理的职能，如大厦的质量安全和住宅小区内的市政设施维护等。

（4）物业服务企业提供的服务是专业的物业管理服务。我国对从事物业管理活动的企业实行资质管理制度①。从事物业管理的人员应当按照国家有关规定，取得职业资格证书。

物业服务企业受产权人和使用人的委托，对其物业实施管理，为产权人和使用人提供各种服务。物业服务企业与产权人、使用人的关系是委托与受托、服务与被服务的关系。物业服务企业由业主大会选聘，并与业主委员会订立书面的物业服务合同，按照物业服务合同的约定，提供相应的服务。

为确保物业服务的良好开展，一个物业管理区域由一个物业服务企业实施物业管理。

3．物业服务企业的职能

物业服务企业按照与业主委员会约定的物业服务合同提供相应的服务。由物业服务企业提供的委托管理事项包括以下各项。① 房屋建筑本体共用部位（楼盖、屋顶、梁、柱、内外墙体和基础等承重结构部位、外墙面、楼梯间、走廊通道、门厅、设备机房）的维修、养护和管理。② 房屋建筑本体共用设施设备（共用的上下水管道、落水管、垃圾道、烟囱、共用照明、天线、中央空调、暖气干线、供暖锅炉房、加压供水设备、配电系统、楼内消防设施设备、电梯、中水系统等）的维修、养护、管理和运行服务。③ 所管理物业规划红线内属物业管理范围的市政公用设施（道路、室外上下水管道、化粪池、沟渠、池、井、绿化、室外泵房、路灯、自行车房棚、停车场）的维修、养护和管理。④ 所管理物业规划红线内的属配套服务设施（网球场、游泳池、商业网点）的维修、养护和管理。⑤ 公共环境（包括公共场地、房屋建筑物共用部位）的清洁卫生及垃圾的收集、清运。⑥ 交通、车辆行驶及停泊。⑦ 配合和协助当地公安机关进行安全监控和巡视等保安工作（不含人身、财产保险保管责任）。⑧ 社区文化娱乐活动。⑨ 物业及物业管理档案、资料。⑩ 法规和政策规定由物业管理公司管理的其他事项。

4．物业服务企业的权利和义务

物业服务企业在提供服务的过程中享受下面的权利和履行下面的义务。

（1）根据有关法律、法规政策及合同的规定，制定物业的各项管理办法、规章制度、实施细则，自主开展各项管理经营活动，但不得损害大多数业主的合法权益及获取不当

---

① 物业服务企业资质等级分为一、二、三级。国务院建设主管部门负责一级物业服务企业资质证书的颁发和管理。省、自治区人民政府建设主管部门负责二级物业服务企业资质证书的颁发和管理。直辖市人民政府房地产主管部门负责二级和三级物业服务企业资质证书的颁发和管理，并接受国务院建设主管部门的指导和监督。设区的市的人民政府房地产主管部门负责三级物业服务企业资质证书的颁发和管理，并接受省、自治区人民政府建设主管部门的指导和监督。各资质等级物业服务企业认定的条件与企业的注册资本、专业人员数量和结构及管理的物业的类型有关。

利益。

（2）遵照国家、地方物业管理服务收费规定，按照物业管理的服务项目、服务内容、服务深度，测算物业管理服务收费标准，并向业主提供测算依据，严格按照物业合同规定的收费标准明码收取，不得擅自加价，不得只收费不服务或多收费少服务。

（3）负责编制房屋及附属设施、设备年度维修养护计划和大、中修方案，经与业主委员会议定后由物业服务企业组织实施；未经业主大会同意，物业服务企业不得改变物业管理用房的用途。

（4）有权依照法规政策、物业服务合同和业主公约的规定，对违反业主公约和物业管理法规政策的行为进行处理。

（5）有权选聘专营公司承担物业的专项管理业务并支付费用，但不得将整体管理责任及利益转让给其他人或单位，不得将重要专项业务承包给个人。

（6）接受物业管理主管部门及有关政府部门的监督、指导，并接受业主委员会和业主的监督。

（7）至少每 3 个月向全体业主张榜公布一次管理费用收支账。

（8）对物业的公用设施不得擅自占用和改变使用功能，如需在物业内改、扩建、完善配套项目，须报业主委员会和有关部门批准后方可实施。

（9）建立物业的物业管理档案并负责及时记载有关变更情况。

（10）开展有效的社区文化活动和便民服务工作。

（11）与业主委员会的合同终止时，必须向业主委员会移交原委托管理的全部物业及各类管理档案、财务等资料；移交物业的公共财产，包括用管理费、公共收入积累形成的资产；对物业的管理财务状况进行财务审计，须接受由业主委员会指定的专业审计机构审计。

（12）除有额外合同约定外，物业服务企业不承担对业主及非业主使用人的人身、财产的保管保险义务。

物业服务企业如未能履行物业服务合同的约定，导致业主人身、财产安全受到损害的，要依法承担相应的法律责任。

2.4.2　业主大会和业主委员会

业主是房屋的所有权人。同一个物业管理区域内的业主，应当在物业所在地的区、县人民政府房地产行政主管部门或者街道办事处、乡镇人民政府的指导下成立业主大会，并选举产生业主委员会。但是，只有一个业主的，或者业主人数较少且经全体业主一致同意，决定不成立业主大会的，由业主共同履行业主大会、业主委员会职责。

1. 业主大会

业主大会代表和维护物业管理区域内全体业主在物业管理活动中的合法权益。下列事项由业主共同决定。① 制定和修改业主大会议事规则。② 制定和修改管理规约。③ 选举业主委员会成员或更换业主委员会成员。④ 选聘和解聘物业服务企业。⑤ 筹集和使用专项维修资金。⑥ 改建、重建建筑物及其附属设施。⑦有关共有和共同管理权利的其他重大事项。

业主大会会议可以采用集体讨论的形式，也可以采用书面征求意见的形式。但是，两者都应当有物业管理区域内专有部分占建筑物总面积过半数的业主且占总人数过半数的业主参加。业主可以委托代理人参加业主大会会议。业主大会决定上述第⑤项和第⑥项规定的事项时，应当经专有部分占建筑物总面积2/3以上的业主且占总人数2/3以上的业主同意；决定规定的其他五项事项时，应当经专有部分占建筑物总面积过半数的业主且占总人数过半数的业主同意。

业主大会议事规则应当就业主大会的议事方式、表决程序、业主委员会的组成和成员任期等事项做出约定。

业主大会或业主委员会的决定对业主具有约束力，但是业主大会或业主委员会做出的决定侵害业主合法权益的，受侵害的业主可以请求人民法院予以撤销。

业主大会会议分为定期会议和临时会议。定期会议应当按照业主大会议事规则的规定召开。经 20%以上的业主提议，业主委员会应当组织召开业主大会临时会议。召开业主大会会议，应当于会议召开 15 日以前通知全体业主。住宅小区的业主大会会议，应当同时告知相关的居民委员会。业主委员会应当做好业主大会的会议记录。

2．业主委员会

（1）业主委员会的性质。业主委员会是业主大会的常设机构，它的性质是本物业管理区域内代表全体业主对物业实施自治管理的组织。其权力来源于业主大会的授权，主要义务是执行业主大会的决议，宗旨是代表和维护全体业主的合法权益，保障物业的合理、安全使用，维护本物业管理区域内的公共秩序，创造整洁、优美、安全、舒适、文明的工作与居住环境。

（2）业主委员会的产生。业主委员会的委员从全体业主中选举产生，由热心公益事业、责任心强、具有一定组织能力的业主担任。业主委员会主任、副主任在业主委员会成员中推选产生。

业主委员会委员应该具备以下条件。① 遵守物业管理有关法规、规章和规范性文件。② 履行业主委员会职责。③ 品行端正，无劣迹。④ 热心公益事业。⑤ 有一定的组织协调能力，在业主中有较高的威信。

有下列情形的人员不得担任业主委员会委员；已担任的须停任，并由下届业主大会确认。① 已不是业主的。② 无故缺席会议连续三次以上的。③ 以书面形式向业主委员会提出辞呈的。④ 因身体或精神上的疾病而丧失履行职责能力的。⑤ 被司法部门认定有违法犯罪行为并正在接受调查的。⑥ 其他原因不适宜担任业主委员会委员的。

委员停任时，必须在停任后半月内将其管理、保存的属于业主委员会所有的资料、财物等移交给业主委员会。

业主委员会自选举产生之日起 30 日内，应向物业所在地的区、县人民政府房地产行政主管部门和街道办事处、乡镇人民政府备案。

各地方对业主委员会备案的流程有些不同，但大都有专门的业主委员会备案表，表中内容包括业主会议或业主代表会议召开的情况和业主委员会所在住宅区的物业类型、规模、设施及相关情况等。同时备案还须提供相关资料，包括业主委员会章程、管理规约（业主公约）和经业主大会会议表决产生的业主委员会成员的基本情况。

业主委员会章程是业主委员会的行为准则，是其正常开展工作、维护业主权益、实现自治管理的保障。章程不得与我国法律和法规相抵触，并充分体现各业主的意思。

业主委员会章程一般包括如下内容。① 本会名称、地址、所辖区域范围、性质、主管部门及宗旨。② 组织和职责。③ 会议制度及工作安排。④ 委员的条件、选举办法及权利与义务等。⑤ 经费来源、经费账目管理。⑥ 办公用房。⑦ 章程生效、修改、补充等有关事宜。

业主委员会的管理规约是对有关物业的使用、维护、管理，业主的共同利益，业主应当履行的义务，以及违反管理规约应当承担的责任等事项依法所做出的约定。管理规约应当尊重社会公德，不得违反法律、法规或损害社会公共利益。管理规约对全体业主具有约束力。

（3）业主委员会的权利和责任。业主委员会委员拥有的权利包括以下几项。① 有权参加本会组织的有关活动。② 有权参与本会有关事项的决策。③ 拥有对本会的建议和批评权。

业主委员会委员须履行下述义务。① 遵守本会章程。② 执行本会的决议，完成本会交办的工作。③ 参加本会组织的会议、活动和公益事业。④ 对本会的工作提供有关资料和建议。

业主委员会履行下列职责。① 召集业主大会会议，报告物业管理的实施情况。② 代表业主与业主大会选聘的物业服务企业签订物业服务合同。③ 及时了解业主、物业使用人的意见和建议，监督和协助物业服务企业履行物业服务合同。④ 监督管理规约的实施。⑤ 业主大会赋予的其他职责。

业主大会、业主委员会应当依法履行职责，不得做出与物业管理无关的决定，不得从事与物业管理无关的活动。业主大会、业主委员会做出的决定违反法律、法规的，物业所在地的区、县人民政府房地产行政主管部门或街道办事处、乡镇人民政府应当责令限期改正或撤销其决定，并通告全体业主。

业主大会、业主委员会应当配合公安机关，与居民委员会相互协作，共同做好维护物业管理区域内的社会治安等相关工作。在物业管理区域内，业主大会、业主委员会应当积极配合相关居民委员会依法履行自治管理职责，支持居民委员会开展工作，并接受其指导和监督。住宅小区的业主大会、业主委员会做出的决定，应当告知相关的居民委员会，并认真听取居民委员会的建议。

2.4.3 业主委员会与居民委员会的关系

根据两个主体的不同功用和定位，业主委员会的目标服务群体是住宅小区的业主，维护着小区业主的利益；而居民委员会的服务对象是全体社区居民（含业主），保障全体社区居民的利益。两者都围绕构建和谐社会、推进城市建设、创建优美居住环境、塑造文明社区、提高居民生活质量开展工作，均是居民（业主）利益的代表，维护着居民的合法权益。

1. 居民委员会与业主委员会的区别

（1）两者的权利基础不同。居民委员会是居民自我管理、自我教育、自我服务的基层群众性自治组织。业主委员会自治的基础是物业所有权，其委员由业主大会选举产生；业主委员会的设立、撤销等由业主大会决定，并报有关部门备案。

（2）两者的性质不同。居民委员会有明确的法律地位，实质上是一种半行政性的基层自治组织，社区建设是基层政权建设的有效途径。业主委员会在法律上地位不明确，有时连诉讼主体的资格都没有，是一种特殊的基层自治组织。

（3）两者的经费来源不同。居民委员会的经费由政府财政拨款；业主委员会的经费取决于业主大会的决定，由业主自行解决。

（4）两者对组织成员的要求不同。居民委员会的工作人员不管由居民选举产生，还是由上级地方政府指派，多数都是专职的，上为政府分忧，下为百姓解愁；业主委员会的成员大部分是兼职的，他们对业主负责，基本上都可以认为是有爱心的志愿者。

（5）两者工作的侧重点不同。居民委员会的工作包括宣传教育、社会福利、治安保卫、文教卫生、调解民间纠纷、就业等多项工作，侧重于社会政治稳定；业主委员会的工作范围仅限于五大类公共服务项目，即公共卫生和公共秩序管理，绿化管理，车辆交通管理，公共部位、公共设备设施的管理和其他居住环境管理，侧重于业主的经济利益。

（6）两者的办公用房不同。居民委员会的办公用房由当地人民政府统筹解决，不一定在物业管理区域内，有的是好几个小区才共同设立一个居民委员会；业主委员会的办公用房应设在物业管理区域内，由建设单位和公房出售单位免费提供。

2. 居民委员会与业主委员会的联系

（1）居民委员会和业主委员会都属于社区管理的范畴，都是基层的自治组织。在社区组织中，居民委员会和业主委员会是居民和业主的自治组织，和业主的利益是一致的，它们理应维护居民和业主的合法权益。

（2）大多数居民同时也是业主，而业主多数也是居民。居民委员会和业主委员会的工作各有其侧重点，但也有相互重复的地方，它们在很多领域有着共同的合作空间，况且两者有很多相同的服务对象。所以，它们应该开展广泛的合作。

（3）居民委员会和业主委员会在民事关系上是一种平等的关系。居民委员会和业主委员会都是依法组建的基层群众性自治组织，理应是平等的关系，居民委员会要支持业主委员会维护业主权益的工作，业主委员会也要积极配合居民委员会开展社区自治工作。

（4）居民委员会对业主委员会有指导和监督的义务，业主委员会在讨论小区重大事务及组织召开业主大会时应该通知居民委员会参加。中华人民共和国住房和城乡建设部关于印发《业主大会规程》的通知规定，业主大会、业主委员会应当配合公安机关，与居民委员会相互协作，共同做好维护物业管理区域内的社会治安等相关工作。在物业管理区域内，业主大会、业主委员会应当积极配合相关居民委员会依法履行自治管理职责，支持居民委员会开展工作，并接受其指导和监督。住宅小区的业主大会、业主委员会做出的决定，应当告知相关的居民委员会，并听取居民委员会的建议。

3．居民委员会与业主委员会的矛盾

在实际操作中，由于缺乏具体的责任分工，业主委员会与居民委员会在许多职能上存在重合之处，这在无形中为业主委员会的独立发展设置了障碍。

当业主与物业服务公司发生矛盾时，从职能上区分，业主委员会与居民委员会都有权介入协调，这就容易出现以下三种情况。

第一，双方均推托不予承担这项责任，出现推诿现象，导致社区事务陷入拖沓处理阶段。

第二，双方都介入其中，但未能把握好各自工作的侧重点，缺乏交流，进而产生内耗，浪费资源，却事倍功半。

第三，双方均介入其中，但是对问题的解决效果存在差异。居民委员会和业主委员会中的一方在处理这一问题上具备较高的能力，另一方则处于弱势，久而久之，业主便会较为信任强势方而忽视弱势方。绩效的差异，容易导致双方产生矛盾。

尤其当居民委员会承接了许多街道办下派的任务，较难为业主的利益奔波往来时，业主委员会与居民（业主）之间的关系紧密度就会优于居民委员会，业主委员会便能够获取较多的社会资本。一旦业主委员会成员强势武断，在一些问题上与居民委员会意见不统一时，他们便能依靠业主的支持赢得更多的话语权，给居民委员会施加一定程度的压力。这类业主委员会与居民委员会之间的关系便与法律所赋予居民委员会的优先权有所冲突。

此外，当业主委员会与物业服务企业出现摩擦时，居民委员会应当协调双方关系，化解矛盾，努力促成两者达成共识。但是，如果在居民委员会的协调下仍然无法促使业主委

员会与物业服务企业达成和解，则居民委员会在社区治理中将处于较为尴尬的状态。

2.4.4 居民委员会与物业服务企业的关系

居民委员会和物业服务企业是城市建设管理的最基层单位，是城市管理工作的重要组成部分，它们既是住宅小区居民日常生活迫切需要、不可离开的服务部门，又是政府联系群众的桥梁和纽带，在相当程度上影响着整个城市三个文明建设工作的顺利开展。因此，理顺居民委员会和物业服务企业的关系，也是当前社区建设的一个重要研究课题。

1. 居民委员会和物业服务企业的矛盾

目前，居民委员会和物业服务企业在小区日常管理中存在不同程度的矛盾。

（1）有的物业服务企业与居民委员会因职责分工不明确，出现了经济利益之争、工作职责之争、服务设施之争，导致关系不够协调。有的小区还出现"有利的事抢着做，麻烦之事无人做，遇见责任'踢皮球'"的现象，使小区的管理职责得不到有效的落实，引发各种各样的问题和矛盾。

目前，法律法规对居民委员会的服务内容还不够明确，两者服务管理的内容存在交叉、重叠。一般而言，居民委员会承担着社区服务、卫生、教育、文化、治安、环境等管理工作，而物业服务企业管理服务的内容也包括保安、交通、绿化、卫生和物业（指小区建筑及公共设施设备）的使用管理、维护、更新，以及按照使用人要求，及时提供全方位服务。由于两者管理服务的内容大致相同，职责交叉，在管理上"撞车"与"真空"现象并存，容易造成工作不落实和工作相互推诿扯皮现象。

（2）各职能部门从自身需要出发，把工作任务和要求下达给街道办事处，而街道办事处只好把各项任务层层分解给居民委员会去完成，居民委员会变成了街道办事处的"派出机构"和上级政府的"腿"，造成居民委员会"上面千条线，下面一根针"、"横不到边、纵不到底"的状况。有的政府部门的行政性收费落到居民委员会头上，据不完全统计，仅上级下达由居民委员会负责征收的税费就有 11 项，如民兵预备役训练统筹费、环境卫生有偿服务费、群防群治服务费、义务植树代植费、劳动就业调节费、暂住人口费、计划生育审验费、房产租赁税、自行车使用税、除"四害"药品费、垃圾袋等费用。居民委员会为了达到上级部门收费之目的，就不得不要求物业服务企业予以配合，而根据企业法和委托合同，物业服务企业没有此职责，有的不予配合，两者之间就容易产生矛盾。

（3）居民委员会虽然是群众性自治组织，却是以户数多少为主划分组建的，涉及多种物业管理模式和多家物业服务企业；小区住户人员繁杂，往往一幢楼或一个楼梯属于不同的单位，人员来自五湖四海；"各人自扫门前雪，莫管他人瓦上霜"，社区建设缺乏地缘、人缘基础，居民之间缺乏心理、利益上的认同感和归宿感，很难调动居民群众共同参与社区建设的积极性。这成为居民委员会和物业服务企业理顺关系的盲点。

（4）建设单位或开发商遗留问题。居民委员会和物业服务企业关系不够协调，这与住宅小区各项配套设施不完善及功能残缺有很大的关系。20 世纪 90 年代以前开发和建设的住宅小区，基本上没有考虑给小区居民委员会和物业服务企业建设办公用房，其他的服务配套用房就更不用说了，而且国家的法律法规也没有这方面的条文，这就给日后居民委员会和小区物业服务企业关系不协调留下了"后遗症"。另外，居民委员会和物业服务企业关系不够协调，这也与有的居民委员会和物业服务企业人员素质较低、工作方法简单、处理双方关系时缺乏综合协调能力有一定的关系。

2．如何处理居民委员会与物业服务企业的关系

处理好居民委员会与物业服务企业的关系，必须着重解决好以下几个问题。

（1）明确职责分工。要用法律法规来明确居民委员会和物业服务企业的职责，指导和规范其工作。这是避免两者产生矛盾的前提条件。

（2）规范社区运作。依据小区具体情况整合社区，组建社区党支部，实行社区居民委员会、物业服务企业、业主委员会"三位一体"的新型管理机制。

（3）加强沟通协调。居民委员会和物业服务企业要加强沟通，通过来访、召开座谈会、经验交流会等形式联络感情，联手举办丰富多彩的社区文化、娱乐和联谊活动，促使广大居民支持和配合自己开展社区工作。

（4）把住规划源头。新批准建设的住宅小区，从规划源头上严格把关，按照要求留足各种配套设施，如社区物业管理和社区居民委员会办公用房、会议室、老人活动室、文化室、医疗服务和适当的用于兴办社区服务业的经营用房等，由开发建设单位无偿提供，并给予办理产权，为日后社区居民委员会和物业服务企业实施管理创造良好条件。建设管理部门在进行住宅小区竣工综合验收时，要按照社区建设要求把好关，确保各种配套设施的完善。

2.4.5　业主委员会与物业服务企业的关系

（1）两者均属于物业管理机构，实行专业化管理与业主自治相结合的管理体制，共同管理一定范围内的物业。物业服务企业由业主大会选聘，与业主委员会订立书面的物业服务合同，对业主提供相应的服务。

物权法赋予业主对物业管理方式的选择权，确立了业主在物业管理活动中的主导地位。也就是说，业主是物业的主人，物业服务企业及其工作人员是为业主服务的，业主与物业服务企业之间是一种合同关系。常说的"物业管理公司"中的"管"不是管业主，而是受业主的委托，管理好该小区的物业，当好管家，使物业的使用寿命延长，并保值升值。

（2）从法律上看，业主委员会与物业服务企业的关系是委托和受托的关系，是聘用和受聘用的关系。业主委员会有委托聘用或不委托不聘用的权利，物业服务企业也有接受或不接受该委托聘用的权利，两者是平等的关系，不具有隶属或领导的关系。

物业服务企业承接物业时，应当与业主委员会办理物业验收手续。业主委员会应当向物业服务企业移交下列资料。① 竣工总平面图，单体建筑、结构、设备竣工图，配套设施、地下管网工程竣工图等竣工验收资料。② 设施设备的安装、使用和维护保养等技术资料。③ 物业质量保修文件和物业使用说明文件。④ 物业管理所必需的其他资料。当物业服务合同终止时，物业服务企业应将这些资料交还给业主委员会。

在服务费用上，根据双方合同的约定，遵循合理、公开及费用与服务水平相适应的原则，区别不同物业的性质和特点，由业主和物业服务企业按照国务院价格主管部门会同国务院建设行政主管部门制定的物业服务收费办法，由物业服务企业向业主按月收取物业管理费用。业主有义务根据物业服务合同的约定交纳物业服务费用。

（3）存在的问题。在实际生活中，千差万别的社区自身条件使业主对物业服务具有不同的需求度和满意度，同时业主委员会与物业服务企业的各自行为逻辑也为这两个主体的有效配合造成一定的障碍。这主要表现在以下几个方面。

1）现实情况中，物业服务企业很少由业主委员会选聘，这使得物业合同有时很难有效约束物业服务企业，削弱了业主委员会的监督效力。法律规定，在业主、业主大会选聘物业服务企业之前，房地产开发建设单位可以选聘物业服务企业并与其签订书面的前期物业服务合同，称为前期物业管理。而前期物业服务企业基本上都会直接转化为正式的物业服务企业，在这种情况下，业主委员会常常对物业服务企业形成不了约束力。

2）当物业服务难以满足业主需求时，业主委员会便陷入两难窘境。当物业服务质量欠佳时，业主委员会有权解聘物业服务企业，解聘之后，原物业服务企业无须继续为物业治理区域提供服务。所以，在业主委员会寻找新的物业服务企业期间，社区会出现一段物业治理真空期，业主的物业需求完全被搁置，造成比原物业服务企业负责提供服务时更糟糕的状态，这就迫使业主委员会对物业服务企业做出妥协与让步。

3）个别业主委员会过分挑剔物业服务企业。一些业主委员会成员对物业服务提出了过高的要求，令市场化运营的物业服务企业承受较重的经济负担，导致两者难以有效合作。

4）业主委员会与物业服务企业串谋，侵吞物业维修基金。业主委员会与物业服务企业由个体组成，经济人趋利避害的本性会驱使一些成员合谋骗取物业维修基金，损害业主权益。

造成这些问题的很大一部分原因来自我国对业主委员会和物业服务企业及其关系的法律定位有所欠缺。例如，业主委员会虽被认为是业主自治组织，但因为它在法律上的法人主体地位不明确，一旦发生纠纷，便很难实现其代表和维护物业管理区域内全体业主在物业管理活动中的合法权益。解决这些问题，需要我国进一步对物业管理条例进行完善，既切实保障广大业主的合法权益，又充分保护物业服务企业的合法权益，促进小区和谐发展。

2.4.6　改善居民委员会、业主委员会与物业服务企业之间的关系

为了改进居民委员会、业主委员会与物业服务企业三者之间的关系，应该寻找一种合作共治的社区组织关系，建立基于制度式伙伴关系的社区共治。

1．以业主委员会为核心，建立治理主体间的协商会议制度

西方学者在 20 世纪 80 年代提出了协商民主的概念，其核心在于理性的公共协商，即利用公共理性，通过讨论、对话和沟通，从而实现立法和决策的共识。我国在协商民主方面有着丰厚的实践基础，在社区工作方面也是如此。因此，建立在协商民主基础上的协商会议制度在我国当前的社区管理中具有优良的传统和纯熟的条件，只要架构精良、运行有序，这一治理方式就可以发挥巨大的能量。

在业主委员会与居民委员会之间，当业主针对包含物业治理内容的事宜向居民委员会提出投诉时，居民委员会可以与业主委员会进行协商，将物业治理的投诉交由业主委员会加以处理；当业主委员会与居民委员会在工作上出现重叠和矛盾时，两者可以通过协商，明确各自的分工和责任，有序而高效地开展社区共治。

业主委员会与物业服务企业之间应当定期举行协商会议，或者在特殊时期加开协商会议。在会议上，业主委员会可以根据合同条款或业主的需求对物业服务企业提出要求，物业服务企业应当提供物业维修预算及维修基金的运作情况，并且向业主委员会提出一定的要求。如果协商会议无法促使业主委员会与物业服务企业达成共识，则可以召开业主大会交由全体业主表决。

业主委员会与业主之间除了定期召开业主大会之外，业主委员会委员应充分了解业主对物业服务的反馈信息，明确业主的新需求，公示维修基金的阶段性运作情况，接受业主的监督。

2．培养并加强业主的民主意识

根据社区共治和业主委员会稳健运行的要求，业主必须强化选举意识，明确选举的程序和方式，提高业主委员会成员的代表性；业主须在各类协商中有序地表述自身需求，遵守民主的规则；业主应当具备民主决策意识，在业主大会或者业主委员会发起的其他需要表决的会议中，给予少部分人发言的机会，与之协商，尽量避免对少部分业主造成伤害；业主应当具备民主监督的意识，遵循监督程序规范，肩负起监督使命；业主应当主动缴纳物业管理费用，履行自身义务。

对业主民主素养的培养与提升是全社会共同的责任，需要动员各类社会力量加以培植。素质的提升固然离不开正统的教化和实践，社区内经常性和持续性的强化训练对此也具有极大的推动力。在社区范围内，根据五大主体的功能界定，可以由居民委员会和业主委员会开展日常活动，以强化业主民主素养。

3．提升业主委员会成员自身的管理能力

业主委员会成员的自身能力是当前限制业主委员会发展的一大瓶颈，因此，提高业主委员会成员的管理能力刻不容缓。① 业主委员会成员应当明确工作定位和具体内容，能够按照规章制度办事。② 业主委员会成员应当具备经济法理念和知识，能够与物业服务企业签订合同，细化合同的具体条款，监督物业服务企业的履行情况。③ 业主委员会成员应当具备经济财会知识与技能，能够审议物业服务企业的预算报表，审核维修基金的使用情况。④ 业主委员会成员应当树立公共精神，强化民主管理能力，能够站在公共利益的视角看待社区问题，与其他主体有效协作，完善组织内部的资源管理，真正做到为业主负责，切实维护广大业主的合法权益，构建社区建设新格局。

学习活动 4

居民委员会牵头业主选聘物业计划破产

2007年11月1日，北京市海淀区西三旗街道永泰园新地标社区小区第三任物业——博宇嘉物业正式撤离小区后，小区一直由临时物业——北京海房物业管理中心负责。根据当时海房物业进入小区时的约定，其应在2008年3月15日撤出小区。届时，小区将第三次面临物业真空的局面。

而当时小区的境况对新物业的选聘极为不利，原业主委员会成员辞职，2007年12月末举行的业主委员会换届时仅一人参选，致使换届流产。小区没有业主委员会，谁来牵头召开业主大会就成为难题。

根据西三旗街道办和海淀区居住小区管理办公室的指导意见，决定由居民委员会牵头召开临时业主大会。召开大会的时间为2008年2月18日至3月3日，形式是书面征询意见，向1 200余户居民发放"是否同意或弃权授权居民委员会以协议方式选聘物业公司并签订物业合同"的问题。大会的目的是由临时业主大会授权居民委员会，以协议方式选聘物业服务企业并签订物业服务合同。

一时间，此事成了社区的热议话题，小区居民委员会成员也因此受到困扰。然而，在没有业主委员会及业主参与不积极的情况下，他们只能每天挨家挨户征询授权意见。

2008年3月3日下午，临时业主大会计票结果公布，其中只有588张选票同意居民委员会选聘物业，未能达到小区1 221户的半数。北京首例拟由居民委员会牵头业主选聘物业的计划破产。

不过，小区临时物业海房物业的负责人刘效辰此前曾多次表示，若3月15日前仍未选

聘出新物业，海房物业暂时不会撤离①。

？ 思考

（1）该案例中，街道办事处、居民委员会、业主委员会和物业服务企业四者之间的关系是什么？

（2）结合居民委员会、业主大会和业主委员会的职责，谈谈你对上述居民委员会在半数以上业主授权下代表业主选聘物业事件的看法。

（3）假如你是某社区居民委员会的负责人，你所管辖的社区内出现此类事件时，你将会如何处理？

📁 课后练习

一、填空题

1．居民委员会是居民自我_____、自我_____、自我_____、自我_____的基层群众性自治组织。

2．_____是房屋的所有权人。同一个物业管理区域内的业主，应当在物业所在地的区、县人民政府_____行政主管部门或者街道办事处、乡镇人民政府的指导下成立业主大会，并选举产生_____。

二、名词解释

1．居民委员会

2．业主委员会

3．物业服务企业

三、简答题

1．社区党组织在社区管理中的主要职责是什么？

2．居民委员会的性质是什么？在社区管理中它主要承担什么任务和职能？

3．居民委员会与业主委员会的区别有哪些？

---

① 资料来源：综合《新京报》2008 年 2 月 22 日《居民委员会拟牵头业主选聘物业》和 3 月 7 日《北京：居民委员会选聘永泰园物业计划破产》两则报道整理编写。

第 3 章 社区文化与教育管理

引言

随着我国经济社会的发展和改革的深化，越来越多的"单位人"变成了"社会人"，人们以多种多样的身份从不同的社会空间进入社区，把不同的思想、需求和问题带到了社区，使社区成为各种社会问题和思想问题比较集中的地方。因此，加强社区建设，既要加强社区环境、社区管理制度和机构的建设，更要加强社区文化建设。而社区教育可以适应社区居民不断发展的多样化的教育需求，可以通过多种教育形式，提高社区居民的科学文化素质、思想道德素质，密切党群关系，促进社区内的物质文明和精神文明建设。

学习目标

1. 理解社区文化的含义。
2. 了解社区文化的内容与功能。
3. 掌握社区文化活动的组织和管理。
4. 理解社区教育的含义。
5. 了解社区教育模式。
6. 掌握社区教育管理的相关内容。

学习导航

```
                          ┌─────────────── 社区文化的含义
                          │
               社区文化概述 ├─────────────── 社区文化的特征及发展趋势
                          │
                          ├─────────────── 社区文化的内容与功能
                          │
                          └─────────────── 社区文化活动的组织与创意

               社区文化管理 ┌─────────────── 社区文化管理的职责与内容
                          │
  社区文化与教育管理          └─────────────── 社区文化管理机制

                          ┌─────────────── 社区教育的产生与发展
                          │
               社区教育概述 ├─────────────── 社区教育的含义、内容与任务
                          │
                          ├─────────────── 社区教育模式
                          │
                          └─────────────── 我国社区教育存在的问题及对策

                          ┌─────────────── 社区教育管理的含义
                          │
               社区教育管理 ├─────────────── 社区教育管理的理念
                          │
                          └─────────────── 社区教育管理的内容
```

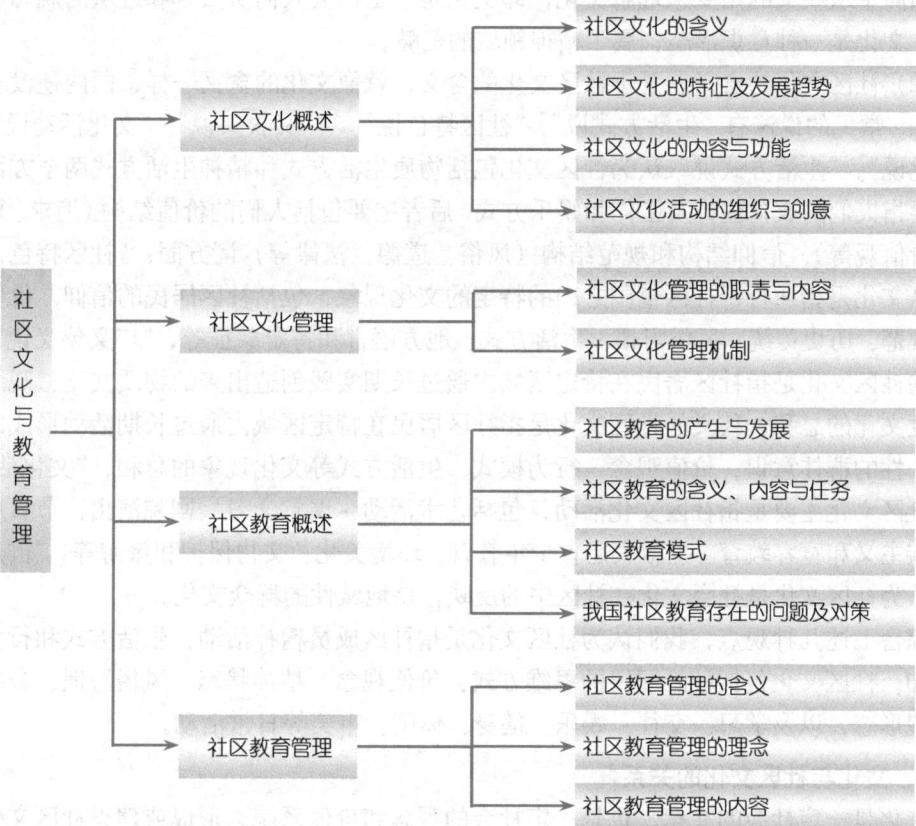

3.1　社区文化概述

社区文化是社区建设体系的重要组成部分，搞好社区文化建设对于繁荣基层文化生活和加强社会主义精神文明建设具有十分重要的意义。

3.1.1　社区文化的含义

解析社区文化范畴，先得理解文化的本质属性。只有先弄清楚文化究竟为何物，才能在此基础上界定社区文化，否则会造成对社区文化认识的模糊。

1. 文化与社区文化

（1）文化的含义。关于文化的解释，可谓众说纷纭，莫衷一是。我们通常从广义和狭

义两个角度来理解文化。广义的文化是指人类创造的一切物质产品和精神产品的总和。狭义的文化是指包括语言、文学、艺术及一切意识形态在内的精神产品。在社区文化建设中，我们倾向于从狭义的角度来理解文化，即文化是一定社会人们所共享和遵从的观念和价值系统。文化是一种意识形态，属于精神领域的范畴。

（2）社区文化的含义。关于社区文化的含义，就像文化的含义一样，国内还没有一致的说法，常见的说法有"生活方式说"、"社区特色说"、"广义狭义说"、"文化活动说"、"群众文化说"。"生活方式说"认为社区文化包括物质生活方式和精神生活方式两个方面，前者主要指人们的衣食住行及工作和娱乐方式，后者主要包括人们的价值结构（追求、期望、时空价值观等）、信仰结构和规范结构（风俗、道德、法律等）诸方面；"社区特色说"认为社区文化是指通行于社区范围之内的特定的文化现象，包括社区居民的信仰、价值观、行为规范、历史传统、风俗习惯、生活方式、地方语言和特定象征等；"广义狭义说"认为广义的社区文化是指社区居民在特定区域内通过长期实践创造出来的物质文化、观念文化和制度文化的总和，狭义的社区文化是指社区居民在特定区域内通过长期活动形成的具有鲜明个性的群体意识、价值观念、行为模式、生活方式等文化现象的总和；"文化活动说"认为社区文化主要是指社区文化活动，包括艺术活动、课堂学习、剧院演出、节日庆典、反种族主义和宽容教育、挽救失足青少年教育、环境美化、文物保护和旅游等；"群众文化说"认为社区文化是社会文化在社区中的反映，是地域性的群众文化。

综合上述几种观点，我们认为社区文化是指社区成员精神活动、生活方式和行为规范的总和。社区文化包括社区居民的思维方式、价值观念、精神状态、风俗习惯、公共道德等思想形态，以及学习、交往、娱乐、健身、休闲、审美等日常活动。

2．文化与社区文化的关系

文化是一定社会的文化，也是一定社会的观念和价值系统。形成或建设社区文化，其本意就是创建适宜的观念和价值系统，以便塑造对人们及社会发展有益的行为模式和生活方式。社区是一个社会学范畴，特指一种区域性社会，即以共同地域、制度、利益、文化为基础而结成互动关系的人们生活的共同体。其中，除了地域因素、人口因素、制度因素和利益因素外，文化成了社区的核心内容和标志，即人们是依照文化来区分社区界限的。社区文化不同，使各个社区呈现千差万别的特征。

3.1.2 社区文化的特征及发展趋势

1．社区文化的特征

社区文化是一种综合性的地域文化现象，它具有区域性、群众性、分散性、多元性、归属性特征。

（1）区域性。社区是按照一定的地域特征和居民群体划分的生活区域，一个城市由若干个社区组成。社区是社区文化的发源地，是地域文化形成、保持、传承和创新的根据地。由于特殊地域的气候、地貌、生态环境等因素的影响，社区文化明显地表现出特定区域的特征。

（2）群众性。社区文化是老百姓的文化，这体现在两个方面。一方面，从个体与群体的关系看，尽管每个个体都对社区文化产生影响，但都不能单独代表区域群体的文化，而只有群体共同参与的文化才能构成社区文化的主流。因此，从社区文化的整体性来说，它属于普通群众的文化，而不是特殊个体的文化。另一方面，从文化的主体和客体来看，文化活动的组织者和表现者都是社区群众，而作为客体的被组织者和观摩者也是社区群众，因而社区文化还属于群众文化。

（3）分散性。相对于专业文化单位而言，社区文化具有分散性。例如，社区组织的剧社或其他演唱团体一般由退休老人或各方面的人士组成，业余排练或演出，有事合到一起，完事各自散开，工作机制比较灵活，对自觉性要求较高。

（4）多元性。从内容上看，社区文化的种类繁多、构成复杂，有主文化，也有亚文化；有官方文化，也有民间文化。从主体来看，社区文化涉及方方面面，从个人、家庭、邻里、朋友、单位到社区，层次较多，且单位与单位、组织与组织、个人与个人、家庭与家庭之间构成关系复杂，社区文化呈现多元性特征。

（5）归属性。社区内的人群关系相对稳定，风俗习惯等较为相近，人们都承认自己是社区的一员而共享它的文明。归属性是稳定社区的重要因素。

2．社区文化的发展趋势

社区文化的发展趋势包括社会化趋势、特色化趋势和网络化趋势。

（1）社会化趋势。随着党的十四届六中全会决议精神及江泽民同志在十五大报告中有关文化建设论述的进一步贯彻落实，社区文化的重要作用和意义已经基本形成了社会共识，人们在共同的文化需求、社会功利观等纽带的连接下，正在促成社区文化大家共同参与、共同受益、携手联办的社会化新趋势。

（2）特色化趋势。社区文化愈具特色，就愈能增强本社区成员的归属感和认同感，这就是特色文化越来越被人们重视的原因。因地制宜、完善个性、扬长避短、发挥优势，这是社区文化得以生存和发展的必然选择。

（3）网络化趋势。有人形象地描述，19 世纪是铁路的时代，20 世纪是高速公路的时代，21 世纪是网络的时代。从某种意义上说，社区文化网络比传统意义上建筑形态的社区文化设施更为重要。社区文化设施建设的一个重要内容，就是考虑公共文化信息网络及文化信息资源的开发和共享。网络对于社区文化传播和文化发展的作用越来越为人们所重视。

学习活动 1

社区文化有特点才能吸引人

夏日的早晨和夜晚，是信州区西市街道各社区居民的文化活动时间，各种特色文化活动好戏连台、精彩纷呈，为上饶城市生活增添了一大亮点。铁一社区以"远亲不如近邻，同楼就是亲人"为主题，打造了"邻里一家亲"和谐文化；八角塘社区以"给人以关爱、给人以方便、给人以欢乐、给人以温暖"为主题，打造了"送人玫瑰，手有余香"的关爱文化；马家弄社区以"传承上饶特色风味菜品，提高社区居民烹饪技艺，宣传健康科学饮食"为主题，打造了"健康生活，好味我家"的美食文化；胜利路社区以"人人关注安全、家家提醒安全、邻里互助安全、社区共促安全"为主题，打造了"平安幸福家园"的安全文化；茶山路社区以"健身健美舒我心，文体活动聚民心"为主题，打造了"乐民健民"的康乐文化；河中巷社区以"讲文明、讲法制、讲道德，崇尚科学、崇尚知识，抵制各种封建迷信、腐朽愚昧事物的侵蚀"为主题，打造了"鼓舞人、影响人、教育人"的综合治理文化；解放河社区以"不乱扔果皮纸屑，不乱倒垃圾，扮靓庭院，扮靓小区"为主题，打造社区环卫文化，使社区文化呈现各具特色、"一居一品"的格局。

近年来，信州区西市街道积极打造"一居一品"社区文化品牌，创新社区文化活动载体，大力繁荣社区文化，不断提升社区居民文化素养和生活品位。一是集思广益。马家弄社区有几位居民擅长烹制上饶特色风味菜，大家就提出了把美食文化作为本社区文化品牌来打造的设想，社区居民委员会组织居民挖掘上饶特色饮食文化，免费举办厨艺培训活动，倡导饮食健康。二是部门联动。街道各部门主动配合各居民委员会创建社区特色文化，组织开展了一次科普文化宣传月活动，街道宣传文化站联合街道卫生、综合治理、劳动保障、武装、计划生育等部门先后开展了形式多样的科普文化宣传，获得了很好的社会效应。三是创新载体。各社区以"法律进社区"、"迎端午、享康乐、送温暖、促和谐"包粽子比赛、卫生科普知识讲座等文体活动为平台，做到月月有安排、周周有活动，让文化活动服务于社区建设。四是共驻共建。社区居民委员会充分发挥结对共建单位、辖区单位的作用，在资金、设施、人才、场所等方面争取有关单位共驻共建、资源共享，多方助力社区文化建设。结对共建单位市住房公积金管理中心为铁一社区解决了社区文化场所设施简陋的问题，并与社区居民委员会共同开展文体活动。

？ 思考

结合该案例，探讨该如何打造社区文化的特色。

3.1.3　社区文化的内容与功能

1．社区文化的内容

社区文化不可能离开一定的形态而存在，这种形态既可以是物质的、精神的，也可以是物质与精神的结合。具体来说，社区文化可以包括环境文化、行为文化、制度文化和精神文化四个方面的内容。

（1）环境文化。社区环境是社区文化的第一个层面。它是由社区成员共同创造维护的自然环境与人文环境的结合，是社区精神物质化、对象化的具体体现。它主要包括社区容貌、休闲娱乐环境、文化设施、生活环境等。通过社区环境，可以感知社区成员的理想、价值观、精神面貌等外在形象，如残疾人无障碍通道设施可以充分体现社区关怀、尊重生命、以人为本的社区理念。当然，怡人的绿化园林、舒心的休闲布局、写意的小品园艺等都可以营造出理想的环境文化氛围。

（2）行为文化。行为文化也可以被称为活动文化，它是社区成员在交往、娱乐、生活、学习、经营等过程中产生的活动文化。通常所说的社区文化都指这一类的社区文化活动。这些活动实际上反映出社区的社区风尚、精神面貌、人际关系范式等文化特征。例如，儿童节晚会、国庆节联欢会、广场交响音乐会、元旦千人舞会、重阳节文艺会演、趣味家庭运动会、游泳比赛、新春长跑等，这些活动都是社区风貌的反映。

（3）制度文化。制度文化是与社区精神、社区价值观、社区理想等相适应的制度、规章、组织机构等。这些制度对保障社区文化持久、健康地开展具有一定的约束力和控制力。制度文化可以粗略地分为两大类：一类是企业的各种规章制度；另一类是社区的公共制度。企业的规章制度和社区的公共制度都可以反映出社区价值观、社区道德准则、生活准则等，如奖罚分明可以体现出社区的严谨风格，规劝有加可以体现出社区的人性感悟等。为了保障社区文化活动深入持久地开展下去，现在很多小区物业管理部门都成立了专门的社区文化部，负责社区文化活动建设工作。社区文化部在引导、扶植的基础上成立各种类型的社区文化活动组织，如老年活动中心、艺术团、协会、表演队等，同时还对社区文化活动开展的时间、地点、内容、方式、程序等予以规范。

（4）精神文化。精神文化是社区文化的核心，是社区独具特征的意识形态和文化观念，包括社区精神、社区道德、价值观念、社区理想、行为准则等。这是社区成员精神观、价值观、道德观生成的主要途径。环境文化、行为文化、制度文化都属于精神文化的外在体现，如社区升旗仪式、评选文明户、学雷锋演讲等。由于精神文化具有明显的社区特点，所以它往往要经过多年积累，逐步形成。

2．社区文化的功能

随着人们生活水平的提高，人们对文化的需求也越来越多、越来越高。人们不仅需要欣赏、消遣、休闲和娱乐，也需要创作、展示、表演和交际，以此来发展自己的个性，展现自己的才华，实现人生的价值。同时，人们还希望密切邻里关系，守望相助，营造良好的社区氛围。社区居民的这些需求都可以通过社区文化的建设来实现和满足。具体来说，社区文化具有下面多种功能。

（1）娱乐和健身功能。娱乐活动是社区居民生活中不可缺少的内容，是传统习俗的重要组成部分。社区居民在工作之余，需要休息和消遣，而娱乐活动则是积极的休息消遣方式。娱乐和健身是社区居民从事社区文化活动的重要目的。人们在唱歌、跳舞、绘画、跑步、打球、下棋等休闲活动中放松神经、消除疲劳、调剂精神、愉悦身心。

（2）教育功能。社区文化以社会为课堂，通过群众易于接受的方式使其受到潜移默化的教育。例如，通过知识竞赛、法律咨询、专题讲座、典型报告、观摩学习、文艺会演、座谈交流等形式，宣传思想和道德观念，进行社会科学知识再教育，群众易于接受，效果也比较好。

（3）传播信息功能。通过社区文化的传播，居民可以接受一些最新的、有价值的信息，为日常生活和工作提供方便。例如，通过举办社情咨询、聘请专家讲学等形式，传递最新信息。

（4）自我实现功能。社区文化是与社区居民密切相连的市民文化，有利于社区居民消化吸收，是社区居民可自我实现的沃土。社区居民可以通过各种社区文化活动实现自己的理想和满足自己的需求。例如，通过开展文学、绘画、书法、音乐、舞蹈等活动，实现自己的审美情趣，使自己的心灵得到美化。

3.1.4 社区文化活动的组织与创意

1．关注不同人群的不同需求

居民是一个相对复杂的群体，年龄、性别、个人爱好各不相同，不同社区之间居民的社会层次也不尽相同。因此，不同类型社区的社区文化开展应有所侧重，要根据居民的实际需求开展活动，不能强求一致，而应通过问卷调查、座谈、访谈等形式对社区成员的闲暇时间、兴趣爱好做广泛了解与分析。活动在内容上应注意满足社区成员的需求，在形式上做到大、中、小型兼顾，在方法上可将社区文化、企业文化、校园文化等融为一体，在对象上应注重在职职工的参与，通过开展"以小带大"和以家庭为主体的活动，让这部分成员共享社区文化成果。

2．注重参与性

所有活动都应考虑尽可能增加居民的参与性，如果组织的活动不符合居民的兴趣，参与的人很少，那就失去了组织活动的意义。因此，活动应以居民为参与主体，且在形式上要充分调动居民的积极性，充分挖掘社区文化资源，形成社区文化特色。社区内一般都有着丰富的民俗文化、历史文化及文化人才等资源，对这些资源的挖掘、配置和利用可形成本社区的文化特色，提高社区文化含量，并激发社区成员的参与热情。

3．娱乐性、文化性和宣传价值并重

对于小区居民来说，活动的举行并不需要有什么重大的政治意义，得到轻松愉悦的感官享受才是参与的目的。所以，活动在策划和组织时要做到健康、娱乐性强，并且要和社区的整体文化氛围相符合，具有积极的意义和文化价值。同时，只有活动本身具有良好的宣传价值，才能够吸引足够的关注，达到宣传社区文化品牌的目的。

4．传统化与创新化

在一个小区的社区文化活动策划中，要将一些活动固定为习俗，这样才能给居民一个印象：小区的社区文化活动是丰富多彩、永不落幕的，如元宵灯谜会、重阳登高、新春晚会、少儿夏令营等。同时，也需要根据具体环境、社会风尚和居民需求不断策划一些形式新颖的活动，以保持居民对社区文化活动的期待和关注。

5．注重节假日的活动及氛围营造

在一些大的节庆期间和长假中，如五一劳动节、春节、国庆节、暑假等，居民的空闲时间相对较多，还可能会有一些非常住户（居民）回来度假。此时居民对社区的关注程度较高，应在小区内积极营造假日的文化氛围，如节日祝贺等；还应组织相应活动来丰富业主们的假期生活，如举办以少儿为主体的假期活动，不仅可以丰富少儿的假期生活，还可以解除家长们的后顾之忧。

学习活动 2

曙光街道怡园社区开展端午主题文化活动

为了进一步挖掘端午节文化内涵，倡导"文明过节、健康生活"的社会风尚，迎接建党九十周年，6 月 2 日下午，曙光街道怡园社区开展了"我们的节日——端午主题文化活动"。活动以"红歌端阳、文化端阳、爱心端阳、文明端阳"为主题，内容包括以下几项。① 学红歌、唱红歌。通过学唱红歌，带动社区居民兴起传唱红歌热潮，感谢党的恩情，丰富居民节日文化生活。② 广泛开展中华经典诵读活动。社区组织党员干部、职工、群众等在端午节前开展中华经典诵读会，通过吟诵屈原诗歌、中华历代经典爱国主义诗篇、反映改革开放时代精神的诗词等，掀起缅怀屈原爱国主义精神、歌颂和谐盛世的热潮，引导广大党员、群众感受传统文化的魅力，增强他们的爱国主义情感。③ 悠悠粽叶香，浓浓关爱情。由社区志愿者包好粽子，送给社区贫困家庭、高龄老人、贫困母亲等特殊家庭，为他们送去美味的粽子和节日的祝福，让他们感受到社会的温暖和关爱。

此次活动，意在让大家继承传统习俗，了解端午节知识。活动增进了社区与居民之间

的感情，增强了社区凝聚力，达到了良好的宣传效果。

❓ 思考

参考该案例，利用相关时机（如三月学雷锋、重阳节、元旦节等），与社区居民委员会共同组织一次文化活动，设计出具体的社区文化活动方案。

3.2 社区文化管理

3.2.1 社区文化管理的职责与内容

由于社区文化活动内容复杂、主体分散，如果没有统一的管理，社区文化将会是一盘散沙，建设文明社区将不可能实现，社区建设也会大打折扣。社区文化活动的组织与管理包括社区党组织对社区文化活动的组织领导，社区居民委员会对社区文化活动的组织实施，社区文化事业单位和文化经营单位的文化工作管理，社区各单位内部文化活动的协调管理，社区文教部门和学校对社会教育的管理，以及社区文化、公安部门对社区内不良文化活动的监控。

1. 相关部门对社区文化管理的职责

相关部门对社区文化管理的职责如下。① 社区党组织按照社区文化活动规律的要求和党的方针政策，依靠社区群众，发挥社区各文化机关团体和工会、妇联、共青团的作用，及时掌握社区文化活动动向，对社区内各类有组织的文化教育活动进行指导，对分散的文化活动进行引导，对不良文化活动进行监控，以保证社区文化活动的社会主义方向和对人民群众有利有益。② 社区居民委员会对社区文化管理的职责是在社区党组织的领导和社区自治组织的部署下，具体安排和协调社区文化活动，向社区单位和居民提供各类文化服务，对社区各单位、各家庭的文化活动进行检查评比，配合"扫黄打非"对违法文化活动进行监控，批评错误倾向和纠正错误做法，保证社区文化活动顺利健康进行。③ 对社区文化事业单位和文化经营单位，要加强内部管理和接受社区组织对这些单位的指导、监督和管理。对社区各单位内部的文化活动的管理，首先要调动各单位党政组织，尤其是宣传部门和工会、共青团的积极性，把单位内部的文化活动作为一项重要工作来抓；其次是社区文化部门要加强对单位内文化活动的组织指导。④ 对社会教育的管理，除了社区各家庭、各单位有义不容辞的责任外，社区文教部门应根据社区文化建设发展规划中关于对社会教育的要求，对一段时间内的社区教育工作进行部署和协调组织，对社区内分散的社会教育活动进行引导和提供服务。⑤ 社区党组织、自治组织在一手抓文化繁荣的同时，也要一手抓整治，对社区内不良的文化现象进行打击整治，清洁社会环境，充分利用街道文化站、社区服务活动室、社区广场等现有文化活动设施，组织开展丰富多彩、健康有益的文化、体育、娱乐活动；积极宣传社会主义精神文明，倡导科学文明健康的生活方式。

2. 社区文化管理的内容

城市社区文化的管理需要软硬并举，主要内容如下。

（1）硬件管理。硬件管理包括对阅览读书的场所、体育健身的场所、文化娱乐的场所、展示交流的场所等进行管理。这些场所是满足文化需求、繁荣社区文化的必要设施。没有这些设施，就无法满足社区成员的文化需求，无法展示家庭文化、行业特色文化，无法在社区成员中交流、接受和传播文化，社区文化也就失去了它赖以存在的物质载体。

（2）软件管理。软件管理包括文化设施的使用和管理、社区文化活动的策划和组织、社区文化方向的确定和引导、社区文化品位的培育与提高、社区文化志愿者的培训与服务、居民的积极响应与支持等，它们都是社区文化必需的软件。所以，在强调社区文化设施的建设时，切不可忘记社区文化的软件管理。

│学习活动 3

2011 年 4 月 18 日《焦点访谈》节目《色情演出的推手》

有观众向《焦点访谈》栏目反映，在浙江省的一些地方，许多舞台、剧院、演艺厅等演出场所的生意非常火爆，表演的却是低俗甚至色情的内容。在调查中，记者在杭州市萧山国际俱乐部、嘉善县万达演艺大舞台、临安市临安剧院、余姚市阳明演艺厅等多家娱乐场所都看到了色情表演。这些演艺厅一般都每天演两场，门口一般都立着充满裸露、刺激内容的广告牌以招揽观众。女演员着装的透、露，表演中的色情挑逗是必不可少的，还有的说一些低级庸俗的语言。记者以游客的身份先后向嘉善县文化市场行政执法大队、临安市文化市场行政执法大队反映色情表演问题，而二者对此问题皆视而不见。

原本应该为公众提供健康文化生活的舞台、剧院、演艺厅，为什么会沦为色情演出的场所？面对这样的演出，临安市和嘉善县的文化市场管理部门为什么充耳不闻、视而不见？

？ 思考

针对案例中的这种情况，谈谈该如何对这种社区文化进行管理。

3.2.2 社区文化管理机制

在整个社区文化建设中，政府起着牵头、引导和协调的作用，而具体的策划、组织、参与则由社区成员（包括企事业单位）共同承担。社区文化建设应注重完善以下几个机制。

（1）组织领导机制。建立社区文化建设领导机构，体现共同组织参与的原则。

（2）工作运行机制。在具体组织上，可由牵头单位组织或在政府引导下由社区热心居民自发组织，以进行探索。

（3）文化传播机制。充分发挥有线电视、阅报栏、科普画廊、社区小报、文化中心等媒介的作用。

（4）资源共享机制。社区内企事业单位都应承担发展社区的责任，应将自己的文化设施，包括图书馆、活动场地等向社区开放。

学习活动4

石柱县努力构建和谐社区文化

在构建社会主义和谐社区的过程中，石柱县从实际出发，立足人们的精神需求呈多元化态势的现实，结合社区文化最活跃、最生动、最具吸引力、最易于被人们接受的特点，以促进社区和谐为核心，扎实抓好社区文化建设，陶冶、美化人们的心灵，引导人们追求真、善、美的东西，不断提升社区群众文化的品位和满足广大社区群众的精神文化需求。

1．不断夯实社区文化基础

社区的发展涉及人与物两个方面，并且总处在一定的文化环境之中和一定的文化基础之上。为此，石柱县坚持从改善社区文化环境、完善社区文化设施、夯实社区文化基础出发，在旧城改造形成良好生活环境的基础上，进一步加大对社区文化的经费投入、环境优化、活动指导、场地设施、内容规范等工作力度，开拓性地建设社区文化环境，发展社区特色文化，改进社区居民衣食住行条件和改善文化设施，以达到丰富文化活动、融洽人际关系、培育道德情操等目的。

2．努力创新社区文化载体

建设社区文化是一个系统工程，其实践特点就在于发挥社区的综合优势。为此，石柱县在抓社区文化工作的实践过程中，坚持以社区基层文化为龙头，以社区各街道、居民委员会、住宅小区及企事业单位的文化活动场地为阵地，以发挥社区党员的模范作用为引导，以为社区居民搞好各种服务为基础，利用各种载体引导群众广泛参与，开展文化艺术节、各类教育培训等生动活泼的社区文化活动，使不同文化修养及不同情趣爱好的群众各展所长，各得其乐。特别是以"玉带河之夜"系列广场文化活动为主体的社区文化，激发了2 000多人自发参与演出，吸引了10万余人观看。

3．着力丰富社区文化内容

社区居民所具有的归属感和认同感是社区文化发展的一个基本前提，是增强社区发展凝聚力与吸引力的基础。为此，在社区文化建设过程中，我们坚持不断丰富社区文化内容和社区文化形式，通过自我创作、自我表演、自我娱乐和自我教育，不断满足人民群众日益增长的文化生活需要，巩固和发展社区新型、和睦的人际关系，通过群众的共同参与增强社区居民的归属感和认同感，同时增强社区文化的凝聚力和吸引力。例如，在公共娱乐场所开展教唱革命歌曲，教跳适合老、中、青、少的各种舞蹈；创作具有土家族民族文化特色的相声、小品、快板、二人转、三句半等文化活动。通过开展反映时代特征、寓意深刻、丰富多彩的艺术活动，吸引广大居民积极自发参与，使广大居民在美的艺术感受中受到教育，身心得到陶冶。2008 年，石柱县在工作时间外参与打牌的人少了，全民健身的意识强了，文化氛围浓了。从这些活动创建开始，共有上万人在晚上 7 点到 9 点半参与了适合自己特点的歌舞活动，处处是歌的海洋、舞的世界，处处充满了融洽与和谐。

4. 加强社区文化专业队伍建设

壮大社区文化专业队伍，提升文化专业队伍的素养，是发展好社区文化的关键所在。为此，石柱县始终坚持加强社区文化专业队伍建设不放松，在有重点、有选择地抓好在音乐、美术、舞蹈等专业院校定向培养人才，解决文化工作人员的编制问题和待遇问题的同时，注重加强业余队伍建设；坚持以县文化馆为基地，利用好社区内音乐、美术等专业人才，建立了一支热爱并投入社区文化建设的志愿者队伍。目前，这支队伍共有专业文艺骨干 30 人，业余文艺骨干 180 人。

5. 科学规范社区文化管理

强化对社区文化的制度管理是抓好社区文化建设的重要条件。石柱县在抓社区文化建设中，立足实际，制定了切实可行的社区文化发展规划，加大对学校、幼儿园、图书馆、俱乐部、社会群众文化团体等文化、学习和娱乐场所的管理，实行定人、定责、定场地管理，同时加大对社区文化设施、卫生、美化等硬件条件的建设。这些举措规范了社区文化的法制化、科学化管理，真正做到了社区文化管理有法可依、有章可循。目前，石柱县共有群众文化团体 24 个，它们都实现了健康发展、高尚娱乐、管理规范、合理布局与安全有序的良好目标。

6. 逐步建立社区文化网络

为了使社区文化健康蓬勃发展，石柱县还努力建立和完善覆盖面大、牵动性强的社区文化网络。县城的 7 个社区根据居民不同层次、不同年龄的需要，统一领导，全面规划，逐步建立健全了群众文化活动网、老年人文化活动网、家庭文化活动网、社区科普活动网等文化网络，并力争 3 年内在社区上下形成以街道为"纲"，以各条文化网络为"目"，纵横交错、紧密相连、纲举目张的社区文化网络。同时，石柱县还经常与友邻的丰都县、彭水县等进行文化交流，不断扩大、发展和繁荣社区文化。

❓ 思考

该案例中社区管理的内容、形式和特点各有哪些？

3.3 社区教育概述

现代意义上的社区教育是 20 世纪初从欧美一些国家发起的。由于它符合终身教育与学习的理念，因此影响日益扩大，越来越被世界各国所接受，成为现代国际教育的一种发展趋势和潮流。

3.3.1 社区教育的产生与发展

社区教育（Community Education）一词最早源于美国的杜威，他于 1915 年提出"学校是社会的基础"的思想。不久，曼雷（F.L.Manley）和莫托（C.S.Mott）在美国的密歇根州对这一思想进行了实验。这一实验通过加强学校与社区之间的沟通，使学校成为社区的一种资源，可以为社区所利用，为社区服务。负责推行社区教育的不仅有教育部门，还有社区其他部门和各方力量的协作和参与。社区教育在不同国家的发展历程不同，所以形成了不同的模式，如北欧的现代民众教育模式、德国的社区成人教育模式、美国的社区学院模式、日本的公民馆模式、新加坡的社区中心模式等。

中国现代意义上的社区教育形成于 20 世纪 80 年代中期，一般认为 1986 年上海市真如中学成立的社会教育委员会是社区教育开始的标志。该委员会由学校作为牵头单位，由社区的工厂、商店、部队、镇政府为理事单位。1988 年 3 月，上海出现了街道一级社区教育委员会，即闸北区共和新路街道和彭浦新村街道的街道社区教育委员会。该委员会由街道办事处牵头，由街道辖区内工厂、商店、机关、学校、派出所等单位参加，其目的是支持和促进本地区教育事业的发展。社区教育委员会的形成和发展不仅带动了上海市社区教育的发展，还在全国产生了影响，并最终使社区教育在全国范围内得到普及和发展。

现代社区教育在我国的发展进程经历了以下四大阶段。

1. 理念引进期（20 世纪 70 年代末至 80 年代初）

这一时期，国内专家、学者集中引进了国外先进的终身教育、社区教育理念，翻译和编著出版了一批著作，同时发表了一批介绍性、研究性论文。

2. 探索实验期（20 世纪 80 年代中期至 1999 年）

这一时期，京、津、沪、辽等省市率先开展社区教育。一个特点是各地"各自为战"，很少相互沟通联系；另一特点是社区教育以青少年校外教育和老年人教育活动为主。

3. 扩大实验期（2000 年 4 月至 2007 年）

这一时期的社区教育呈现出三大特点。一是从中央到地方，政府教育主管部门开始全面介入；二是社区教育的推进与"十五"国家教育科学课题研究紧密结合，互相促进；三是各地实验区社区教育的推进工作有了统一部署与交流互动。2000 年 4 月，中华人民共和国教育部（以下简称教育部）部署了社区教育实验工作，确定了 8 个社区教育实验区；建立了教育部社区教育工作联席会议制度，就社区教育实验工作及社区教育工作的重大问题进行统筹协调；推进社区教育的日常工作由职业教育和成人教育司负责。自 2001 年以来，教育部先后确定了 4 批 114 个全国社区教育实验区，成为全国及各地发展社区教育的先行和主干力量。

4．推广示范期（2008 年以后）

目前，我国社区教育已经形成了以京、津、沪等大城市为龙头，以东部沿海发达地区为主干，以中西部地区为重点的紧紧跟上的梯度发展格局；各地出现了一批社区教育发展力度大、发展进程快，乃至大面积推进的城市；出现了一部分城市先行、以城带乡、城乡联动、协调发展的地区；出现了中国成人教育协会社区教育专业委员会、长三角社区教育论坛、环渤海社区教育协作会等群众性、区域性研究推进社区教育的民间协作组织；涌现出了一批整体素质及品位较高、特色优势突出、示范引领作用明显的社区教育典型单位。

2008 年 2 月，教育部在各地政府对社区教育实验区进行评审和推荐的基础上，经组织有关专家进行评审，确定了北京市西城区等 34 个单位为全国社区教育示范区。党的十六大、十七大提出构建中心教育体系，形成全民学习、终身教育学习的要求，社区教育显得越来越重要，也被越来越多的人所重视。

> **学习活动 5**
>
> 到社区采访不同的人群，了解他们对社区教育的理解及需求。

3.3.2　社区教育的含义、内容与任务

1．社区教育的含义

（1）国外的看法。国外对社区教育的看法基本围绕以下三个方面。① 将社区教育视为"民众教育"。尤其在北欧各国，以青年或成人为对象，以提高人文素质为目标，通过教育使社区民众自觉参与社区的政治、经济、文化生活过程。② 将社区教育视为"社会教育"。例如，日本的《社会教育法》将社会教育定义为除《学校教育法》规定之外，以社会上所有成员为对象的、有组织的教育活动，以"公民馆"为实施社会教育的基地，以终身教育为宗旨，通过社会教育来实现这一宗旨。③ 将社区教育视为"非正规的社区教育服务"。例如，美国的社区学院为社区各年龄、各职业的成员提供职业教育、补偿教育、大学转学教育、普通教育和社区教育的教育服务，不发文凭、不计学分、不授学位等。总之，国际对社区教育的理解是：它是学校教育与社会教育的结合，是社区内所有教育机构、教育力量的协同教育活动，是适应社会发展的需要，为社区所有成员提供的教育活动。

（2）国内的看法。厉以贤教授认为："社区教育是提高社区全体成员素质和生活质量，

以及实现社区发展的一种社区性的教育活动过程。"黄云龙教授认为："现代社区教育是以社区学校（院）为主体（实体）的一种形式化、组织化的教育形式。"叶忠海教授认为："社区教育是以社区为范围，以社区全体成员为对象，同社区民众利益和社区发展紧密相连，旨在建设和发展社区，消除社区的社会问题，全面提高社区成员的素质和生活质量的教育活动综合体。"教育部前副部长王湛在2001年全国社区教育实验工作经验交流会议上指出："社区教育是在一定地域范围内，充分利用各类教育资源，旨在提高社区全体成员整体素质和生活质量，促进区域经济建设和社会发展的教育活动。"总之，我们认为社区教育是大教育体系，强调它的社区性，目前一般以大中城市的城区或县级市为单位进行社区教育实验或示范工作。

2. 社区教育的主要内容与任务

2004年12月，教育部出台的《关于推进社区教育工作的若干意见》明确指出了推进社区教育工作的主要任务。

（1）大力开展多层次、多内容、多形式的教育培训活动。开展教育培训是社区教育的基本工作。开展培训时，要始终重点抓好量大面广、受到社区居民普遍欢迎的各类短期培训活动，努力满足在职人员的岗位培训、下岗失业人员再就业、老年人群社会文化活动、弱势人群提高生存技能、外来人群适应城区社会生活等各类人群的学习需求，积极抓好社区内的婴幼儿教育、青少年学生的校外素质教育，加强未成年人的德育工作。

（2）进一步开展创建"学习型组织"的活动。要把创建"学习型组织"作为现阶段推进社区教育工作的重要内容来抓，根据社区内不同类型组织的实际情况，制定相应的学习型组织基本要求和标准，积极创建学习型企业、学习型单位、学习型街道、学习型居民委员会、学习型楼组、学习型家庭等学习型组织，积极开展评估促进工作，使学习型组织占社区内各类组织的比例逐年提高。

（3）充分利用、拓展和开发各类教育资源，形成社区教育培训网络。要充分利用社区内现有各类教育资源，横向联合，纵向沟通，实现教育资源共享，使现有教育资源发挥更大的作用。各类学校、教育培训机构和各种文化体育设施都要有组织、有计划地向社区开放，积极开展多种形式的社区教育培训活动，特别要依托社区内普通中小学和各类职业学校、成人学校，面向居民开展教育培训服务，使其成为开展社区教育的重要力量；要在整合、利用现有教育资源的基础上，形成以区（县）社区教育学院或社区教育中心为龙头，以街道（乡镇）社区教育学校为骨干，以居民委员会（村）社区教育教学点等为基础的社区教育网络，满足社区居民多样化的教育需求；要积极创造条件，充分运用播放教学光盘、收视卫星电视教育节目、开展计算机网络教学等现代远程教育手段，使有条件的街道（乡镇）都能够开展现代远程教育，构筑起社区居民全民学习、终身学习的平台。

学习活动 6

从摇篮到拐杖："凌云生态家"探索可持续社区教育

在很多人的印象中，社区学校总与中老年画等号。但在"凌云生态家"里，无论是主妇还是"主男"，无论是花甲老人还是牙牙学语的孩童，都找到了各自的乐趣。

不装空调就冬暖夏凉的"低碳屋"、种满绿色植物的种植体验基地、传授低碳环保知识与理念的"菜园坊"……"凌云生态家"社区教育实验项目的实践，以改善环境生态为突破口，构建了从绿色环保知识汇聚和传播，到体验、记录、整理和创造的课程开发和实施不断循环递进的完整过程。

据介绍，"凌云生态家"激发了凌云社区的学习活力。梅陇三村已注册成立了民办非企业单位（组织）——上海徐汇区凌云绿主妇环境保护指导中心，"绿主妇"的队伍在逐步发展和壮大。凌云街道有 8 个居民委员会都成立了"绿主妇"分队，在全社区 28 个居民委员会中开展生态环保主题教育活动。例如，梅陇三村回收塑料垃圾从开始的每月不足 50 斤到现在的几百斤；利用"智能终端零废气卡"对近 400 户家庭的回收量进行记录、跟踪、管理和兑换；帮助居民理解"垃圾是放错了位置的资源"。

❓ 思考

根据该案例分析，什么样的社区教育才能深受居民欢迎？

3.3.3　社区教育模式

我国每个社区的经济、文化、资源、居民群体各不相同，社区教育模式也各有特色。

1．按社区教育的内容划分

社区教育按其内容来划分，可以分为以下几种模式。

（1）技能课拓展型社区教育模式。根据乡镇经济特色，依托乡镇社区教育中心，以开展农民素质培训和职工技能培训为重点，如农村转移劳动力培训、失地农民培训、乡镇企业职工"双证制"教育和职业技术培训、外来务工人群各项培训等。

（2）学习活动创建型社区教育模式。根据城乡居民文化生活需要，以创建"学习型组织"活动为重点，如创建学习型社区、学习型村镇、学习型家庭、学习型机关或企业等。

（3）区域共建型社区教育模式。根据各行各业热心社区教育的单位和成员单位情况，开展以文明礼仪、文化娱乐、生活休闲等内容为重点的教育活动。

（4）社团协会带动型模式。发挥产业协会优势，以满足和提高行业协会成员学习需求为重点，如旅馆服务人员培训、浴室服务人员培训、矿山爆破员培训等。

（5）搭建社区学校化、学校社区化建设教育模式。以开展青少年校外培训为重点，如小学生拉丁舞培训、青少年计算机培训、单证员培训、全国英语和计算机等级考试的培训等。

2．按社区教育的领导体制划分

社区教育按其领导体制来划分，可以分为以下几种模式。

（1）以街道办事处为中心进行的连动型社区教育模式。此类模式是目前我国社区教育的主要模式，街道办事处相关职能科室按行政方式布置、检查社区教育工作；成立社区教育委员会，由当地党政领导挂帅，有关职能部门及驻区单位参加社区教育工作。此模式带有较强的行政管理色彩。

（2）以中小学校为主体进行的活动型社区教育模式。此模式以学校为主体，组织本校或社区内中小学生参加各种形式的课外教育活动。由学校牵头，组建社区教育协调委员会，定期研究学校课外教育工作，参与学校课外活动协调与管理，并向社区居民开放校内外文体设施。此模式带有浓厚的学校校外补偿教育性质。

（3）以社区学院为载体进行的综合型社区教育模式。社区学院接受街道办事处、民政局或者区域内单位委托，通过专业开发、课程开发、项目开发等多种手段组织教育教学活动。

（4）以地域为边界进行的自治型社区教育模式。由驻区各行各业较有影响并且热心社区教育的单位，或由某一功能齐全的单位牵头组成专门机构，利用各成员单位在各自行业的影响和资源开展"社区是我家，建设靠大家"式的社区教育活动。此模式较适用于行业主体单一且占据驻区主导地位的"单质社区"。

3．社区教育模式的创新

目前，我国各地正根据自己的情况，进行社区教育模式的创新。

（1）开设居民论坛。居民可以发表自己的意见和看法，畅所欲言，提高了居民参与社区教育的积极性。

（2）提供菜单式服务。社区教育内容上网公告，由社区自选，提供菜单式服务。这种菜单式教育增强了居民的学习兴趣，满足了学习需求，居民不再将学习视为一种负担，出现了由"要我学"向"我要学"转变的可喜现象，学习热情进一步提高。

（3）进行互动式教育。社区教育内容贴近实际，生动风趣、互动性强。居民随时提问，老师一一解答。居民乐于参与，也乐于接受所授内容。

（4）引入市场机制，建立"学习超市"。在网上办一个"学习超市"，任何社区教育资源都可以进入"学习超市"中摆放，供居民选择。政府只对社区教育资源把关，而不直接提供任何形式的社区教育活动。政府负责的社区教育活动由社会相关教育机构承办。

学习活动 7

北坡社区"居民论坛"受到居民肯定

为让居民共同参与社区管理工作,提高居民参加社区活动的积极性,进一步畅通渠道,广泛收集民情民意,白碱滩区北坡社区 2012 年年初推出了社区居民交流活动——"居民论坛"。

1. 运行情况

居民论坛开办半年来,举办了两次活动。第一期活动是 2012 年 2 月举办的,第二期活动是 2012 年 8 月举办的。举办居民论坛就是将居民们聚在一起,把平日里的好人好事、解不开的疙瘩等身边事说出来,大家共同分享、解决。

2. 居民反应

家住北坡社区 18 栋的居民徐淑芬参加了第一期居民论坛,她说:"居民也能'参政议事'了,大家在这里畅所欲言,大事、小事、琐事、烦心事都能在这里说说,社区也会尽量帮我们解决,真好!"

"在第一期'居民论坛'上居民委员会收集到的十余条意见建议,件件有回复",居民唐金丞说。他还说,这个论坛是居民民意得到充分、及时表达的好形式。

3. 居民建议

"社区是我们除了工作以外,生活时间最长的地方。社区居民论坛可以让我们普通居民为自己社区里的事儿做主,让我们找到归属感",家住北坡社区 12 栋的居民张春生说,"希望居民论坛有一个确切的运行时间安排,我们可以及时反映情况"。

? 思考

怎样组织居民论坛?请到社区组织一次居民论坛。

3.3.4　我国社区教育存在的问题及对策

1. 我国社区教育存在的主要问题

尽管我国的社区教育取得了一定成绩,但与全面建设小康社会、构建社会主义和谐社会的要求相比,与社会居民的要求相比,目前社区教育水平还存在不小的差距。

(1) 社区教育经费投入不足。目前,我国大部分地区没有安排专项的社区教育经费,社区教育的日常开支主要从其他经费或办公经费里挪挤,如宁波市江北区的不少街道每年投入社区教育的经费不超过三五万元。投入的不足直接导致社区教育的基地和网点无法得到扩建,教育设施也难以摆脱少、旧、差的现象,难以开展较大型的社区教育活动。

(2) 社区教育管理体制没有理顺。社区教育的开展涉及财政、教育、民政、劳动、文化、卫生、城市管理等各方面的工作，需要政府的相关部门通力合作。但是，目前各地的社区教育领导机构主要是教委，而教委职能范围有限，难以统筹协调相关单位共同推进社区教育。各有关部门各自为政，相互间缺少工作交流沟通，严重影响了我国社区教育的健康发展。

（3）社区教育管理人员和教师队伍严重不足。由于社区教育经费不足，教师编制不够，导致街道（乡镇）社区教育中心很难招聘到文化程度高、整体素质好的中青年人从事社区教育工作。大部分社区基本上没有专职教师；除志愿者外，难以聘请水平较高的专业教师。社区教育管理的人员往往身兼数职，很难专门从事社区教育工作，很难对社区教育工作进行深入的研究和探索。由于管理和师资的不足，社区教育发展水平不高；教育内容的针对性、趣味性不强；许多教育和培训活动主要依靠政府推动，不能吸引居民主动参加。

2. 解决我国社区教育问题的对策

根据当前的情况，解决我国社区教育问题的主要思路和对策可以概括为如下几个方面。

（1）构建多渠道筹措和合理分担社区教育经费的机制。建立政府、企业、个人共同承担社区教育和终身学习费用的机制，按照"受益者投入"的法定原则，实行政府投入、单位出资、个人缴费的办法。首先，政府是社区教育的主要宣传者、推动者和组织者，要提供政策支持，"一个好的政策，有时比直接给多少钱还管用"；其次，在加大宏观调控的同时，随着政府经济实力的增强，不断加大对社区教育经费的投入，落实每人一元的社区教育拨款，专款专用；最后，要千方百计拓宽社区教育经费的来源渠道，引进国内外私人、企业捐资及投资，吸纳社区内居民手中的游散资金，"城中村"村委会每年土地的出租费和社区内集体物业费收入中按一定比例提留等。

（2）建立社区教育工作推进委员会等相关组织，促使社区教育有效运作。虽然社区教育已经被各级政府部门所重视，被纳入各部门的工作计划之中并加以实施，但因各部门的工作往往受条块的限制，各自的工作重心有所不同，目标措施也不尽一致，所以常常会出现一些不协调的情况。这需要有一个区级的领导、协调机构作为平台来共同决策。当前各社区教育实验区的社区教育工作推进委员会就是这样的一个机构。该委员会具体研究全区社区教育的大政方针及具体的政策措施；修订新区社区教育规划和制定年度工作计划，并落实到相关部门；修订各成员单位的工作职责条例，修订街镇社区教育实验工作评估指标体系等文件，并下达实施。该委员会办公室则应在日常工作中充分发挥其作用，确保全区社区教育工作的正常运转。

（3）建设高素质的社区教育工作者队伍。可以通过选派、抽调、社会招聘、招募义务工作者等途径，建设一支稳定的、数量足够且素质较高的专兼结合的社区教育工作者队伍。① 要通过政治体制的改革，提高社区教育工作者的社会地位和工资待遇。② 要选派优秀干部和新的大学毕业生充实现有的社区教育工作者队伍。③ 要使机关事业单位定期选派有培养前途的后备优秀干部支援社区教育工作成为长效措施。④ 对现有的社区教育工作者进行有计划、有针对性的轮训、轮岗、挂职锻炼等，严格干部考核、考评制度，对年老体弱、素质太差、确实无法胜任工作的，要及时妥善安置。⑤ 充分利用社区内教育资源，做好"社区教育工作者先受教育"的工作。⑥ 加强对社区教育工作的宣传，严格奖惩制度，优秀社区和优秀社区教育工作者要及时总结经验，并对其予以及时的宣传、表彰。

　　（4）整合利用各类教育资源，建设社区教育基地。社区教育必须要有学习基地，可采取整合、开放、挖掘等方式建立社区教育的网络基地。① 开放中小学学校活动场地和教育资源。社区居民可以就近到学校进行体育锻炼，开展各种活动，可以参加学校为社区居民提供的多种培训。② 挖掘利用社会教育资源。文化体育馆、科技博物馆、青少年宫和企事业单位教育教学设施全面无条件向社区开放。③ 盘活教育资产。在调整学校布局中建立区、县（市）的社区学院，街（镇）社区学校（分院），社区市民学校（教学点）。④ 开发新的教育资源。建立社区教育网站，将教育培训的活动内容直接送到居民家中，使区—街（镇）—社区—家庭之间的沟通、联系、合作、共享更加迅速和便捷。

3.4　社区教育管理

3.4.1　社区教育管理的含义

　　社区教育管理就是对社区教育资源（包括人力、物力、财力和信息等）进行合理组合，使之有效运转，以实现组织目标的协调活动过程，也是对社区内的教育资源进行开发、利用，以实现社区教育的最终目标的一种组织力量。

3.4.2　社区教育管理的理念

　　理念是支撑行为的准则和指导思想。任何一种管理行为或举措，背后总是自觉或不自觉地由某一种理念支撑着。社区教育工作者应当把社区教育价值观作为社区教育管理的理念基础，以指导自己的社区教育管理行为。

　　支持社区教育管理行为的理念主要有以下几点。

1．社区教育管理以教育政策法规的贯彻与实施为依据

　　任何管理活动的正常开展都需要一定的政策法规作为依据和保障。我国目前社区教育管理组织的管理行为的法规依据还比较模糊，因此社区教育管理是以现在的教育政策法规的贯彻与实施为依据的。

2．社区教育管理的目标是建立学习型社区

　　21 世纪是终身学习的时代，社区教育管理的目标就是要建立一个"人人学习、时时学习、处处学习、事事学习"的学习型社区。

3．社区教育管理的核心是为满足社区居民的教育需求提供服务

社区教育管理的有效程度和社区能否满足社区成员的教育需求、能否促进社区发展和社会文明进步所提供的有效服务呈正比关系。

4．社区教育管理的重心在于整合社区内一切教育资源，有效推进社区教育可持续发展

社区教育管理的运作重心是开发、利用、盘活和共享社区中的教育资源，以产生 1+1 > 2 的倍增效应，并能让社区教育可持续发展。

3.4.3　社区教育管理的内容

社区教育管理离不开社区教育机构。一般来说，社区教育机构包括区内的学校、社区教育中心、街道、居民委员会（村）的市民学校，以及社会力量办学机构，企事业单位内的学校、党校等。各机构对社区教育的管理略有不同。从具体的操作层面来看，社区教育管理主要包括以下几个方面的内容。

1．工作管理

各社区教育机构要建立社区教育工作领导小组，制定社区教育工作计划，全面指导和管理社区教育工作；派社区教育督导对社区教育工作进行全面调研、指导和检查，内容主要包括有关社区教育的宣传、档案、制度、保障措施、队伍建设、教育网络、教育资源整合利用、各类人群培训及成效等方面的工作情况。

2．人员管理

对社区教育相关人员要形成制度化、动态化管理，不断提高整体素质。对社区教育专职人员，市民学校专职管理人员，市民学校专兼职教师，区、街道、居民委员会各级志愿者，青少年素质教育校外辅导员等人员的管理上，可以采取分类管理的方式。也就是说，对职业的社区教育工作者队伍，重自身建设，重提高能力；而对非职业的社团志愿者队伍，重信任沟通，重发挥作用，多为他们提供展示才能的活动空间，从而发挥他们的骨干带头作用。

3．资金管理

建设学习型城区和发展社区教育需要投入，需要有一定的财力支撑。各社区教育机构要承担对资金的管理责任，协调物价局、税务局、财政局，确定社区教育中必要、合理的收费标准；管理好财政拨款、募集资金和必要的支出，实行专款专用，搞好基础建设和设备更新；充分利用财力、物力，为社区教育的发展提供物质保证。

4．档案管理

对社区教育档案管理的具体要求是，做好社区教育档案建设工作，完善各项档案管理工作，使档案管理有章可循、有据可依；要有针对性地做好资料积累，开展多层次、多内容、多形式的教育培训活动，准确无误地做好统计，确保档案收集齐全、整理规范、保管有序、利用有效；不断完善档案管理，使社区教育档案最大化地发挥作用，不断提高社区教育档案工作的管理水平；加大电子文本档案的建立力度，实施档案电子化管理，进一步提高档案管理的工作效率。

5．常规管理

建立规格统一的工作原始记录本，活动前要充分准备材料，活动后要整理成文；每年开展社区教育宣传活动不得少于两次；定期向上级有关部门上报社区教育信息；社区教育专职工作人员必须准时参加例会，不迟到、不早退，本人签到，不得代签等。

┃学习活动 8

联系本地情况，谈谈如何创新本地的社区教育模式。

课后练习

一、填空题

1．社区文化具有_____、_____、_____、_____、_____等特征。

2．社区文化包括_____、_____、_____和_____四个方面的内容。

3．社区教育按其内容来划分，可以分为_____、_____、_____、_____、_____。

二、名词解释

1．社区文化

2．社区教育管理

三、简答题

1．社区教育的主要任务是什么？

2．从具体的操作层面来看，社区教育管理主要包括哪几个方面的内容？

第 **4** 章   社区治安管理

社区治安管理既是社区管理的重要内容，又是社区建设和发展的前提条件。搞好社区治安管理，维护社区安定，保持良好的社区社会秩序，是社区居民和单位进行正常生活和工作的必要条件，也是改革开放和经济建设的重要保证。

学习目标

1. 掌握社区治安的含义。
2. 了解社区治安管理的特征、目的和原则。
3. 掌握社区治安管理的内容。
4. 了解社区治安管理的测量指标。

学习导航

```
                              ┌──→ 社区治安管理的含义
                              │
                              ├──→ 社区治安管理的主体和对象
                              │
              社区治安管理概述 ──┼──→ 社区治安管理的特征
                              │
                              ├──→ 社区治安管理的目的
                              │
                              └──→ 社区治安管理的原则

                              ┌──→ 根据社区治安管理的对象划分
                              │
  社区治安管理  社区治安管理的内容 ──┼──→ 根据社区治安管理的业务划分
                              │
                              └──→ 根据社区治安管理主体的职责划分

                              ┌──→ 完善社区治安管理的法律体系
                              │
                              ├──→ 建立健全社区治安综合管理网络
              完善社区治安管理的途径──┤
                              ├──→ 优化社区治安管理环境
                              │
                              └──→ 提高社区科技防范能力

                              ┌──→ 客观测量指标
              社区治安管理的测量指标──┤
                              └──→ 主观测量指标
```

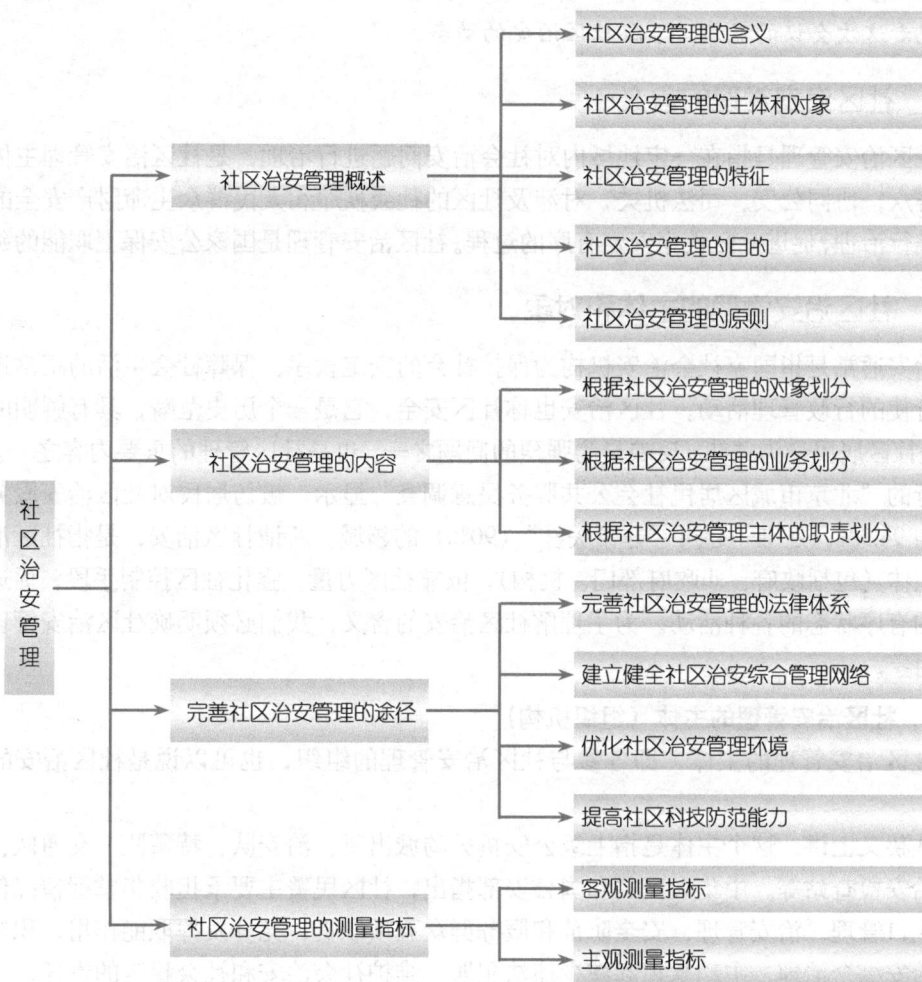

4.1 社区治安管理概述

学习活动 1

　　2008 年 4 月 7 日至 9 日，中央社会治安综合治理委员会在广东省广州市召开全国社会治安综合治理工作会议。此次会议总结了党的十六大以来社会治安综合治理工作，研究部署了加强以流动人口服务管理为重点的社会管理，以推动社会建设的全面加强；会议还落实了社会治安综合治理各项措施，深入推进平安建设。

？思考

观看这次会议的视频，了解社区治安的动态。

4.1.1 社区治安管理的含义

社区治安管理是指在一定地域内对社会治安问题进行治理，是社区治安管理主体依靠社区群众，协同公安、司法机关，对涉及社区的社会秩序和人民群众生命财产安全的问题依法进行治理，促进社区秩序安定有序的过程。社区治安管理是国家公安保卫职能的延伸。

4.1.2 社区治安管理的主体和对象

治安通常是指国家社会治安机构为保护社会的安定秩序、保障社会生活的正常进行而依法行使的行政管理活动。社区治安也称社区安全，它是一个历史范畴，具有鲜明的阶级性，是社区居民最为关注、反映最为强烈的问题之一，也是社区管理的重要内容之一。2006年进行的"北京市城区居民社会公共服务民意调查"显示，被访居民对社区治安服务的关注度为94.3%，是唯一超过"非常关注"（90%）的领域。所谓社区治安，是指社区治理各行为主体（包括政府、非政府部门、机构），依靠社区力量，强化社区控制手段，促进社区秩序的有序状态的各种活动。为了理解社区治安的含义，我们必须明确社区治安管理的主体和对象。

1. 社区治安管理的主体（组织机构）

社区治安管理的主体，即各参与社区治安管理的组织，也可以说是社区治安的管辖部门。

从狭义上讲，这个主体是指上级公安机关的派出所、治安队、特警队、交通队、消防队、治安检查站等。中华人民共和国公安部指出，社区民警主要承担收集掌握情况信息、实有人口管理、治安管理、安全防范和服务群众五项职责，充分发挥职能作用，积极参与社区治安综合治理，主动承担起减少违法犯罪、维护社会治安和社会稳定的责任，认真抓好本系统的综合治理工作。严格执行责任制是将社区治安综合治理各项措施落到实处的重要保证。但是，由于社区治安涉及千家万户的利益，社区治安必须实行齐抓共管、综合治理。

从广义上讲，除上述专司治安管理职能的机构外，社区治安管理的主体还包括与治安管理工作密切相关的基层政府组织，如城市的街道办事处；群众自治组织，如农村的村民委员会；社区内企事业单位的保卫部门及社区居民个人等。各地区、各部门要层层落实，一级抓一级，切实将社区治安综合治理领导责任制落到实处。乡镇（街道）党委、政府的主要领导要强化政权意识，大力加强乡镇（街道）的社会治安综合治理工作；进一步加强乡镇（街道）综治委（办）建设，配齐、配强专职干部，确保这项工作有人抓、有人管。村（居）民委员会要有专人负责社会治安综合治理工作，充分发挥治保会、调解会在维护社会稳定中的重要作用。通过党委、政府劳动部门的齐抓共管与综合治理，为社区的治安稳定提供保障。有了千万个社区的稳定，人民才能安居乐业，改革开放才能顺利进行，经济建设才能稳步发展，社会主义法治国家的目标才能实现。

2．社区治安管理的对象

社区治安管理的对象一般是指社区治安职能部门依法调整的同社区治安有关的社会关系，主要包括社区内违法和犯罪问题、社区内发生的灾害事故、社区内的不良道德风气等。

社区内违法和犯罪问题是常见的影响社区治安稳定的重点问题，是社区治安的首要对象。社区内的刑事犯罪对人民的生命和财产安全造成极大的威胁，是社区治安的重中之重。行政违法行为通常是违反社会治安管理条例的行为，具体而言，是指扰乱社会秩序、妨害公共安全、侵犯公民人身安全、侵犯公共财产，但尚未构成刑事犯罪的行为。

社区内发生的灾害事故，不仅直接影响到社区居民和家庭的人身财产安全，也会给社会造成一定程度的心理恐慌。因此，防范和治理社区灾害事故是社区治安管理的对象。社区灾害事故包括同居民有关的煤、电、气引起的灾害，公共娱乐场所因管理不善引起的责任事故，以及自然灾害引发的人员伤亡和财产损失事故。

社区内的不良道德风气往往表现为道德败坏、宗教迷信、社会丑恶现象盛行，并对社会治安造成直接危害。抵制社区不良风气是社区治安管理的重要对象。

4.1.3　社区治安管理的特征

1．区域性

社区治安的区域性是指社区治安是在一定范围或地域内的治安活动。不同的社区在人口密度、人口素质、职业结构、生活方式、居住条件、地理位置、地理环境、生产布局、商业分布、交通运输、民风民俗等方面存在差异。由于社区治安是按行政区域加以实施的，这就使社区治安工作具有很强的区域性特征。

2．法律性

社区治安的法律性是指社区治安活动是一定区域内的一种行政执法活动。社区治安的这一重要属性主要表现在以下四个方面。

（1）社区治安的职权是国家赋予，并以法律的形式规定和确认的。社区治安是国家管理中对社会治安秩序的专门管理。管理的根本目标是维护和巩固体现统治阶级意志并符合统治阶级需要的社会治安秩序。为了保证这一目标的实现，国家赋予社区治安部门一定的职权，并以法律、法规的形式加以规定和确认。

（2）社区治安活动的实质是对法律、法规的贯彻、执行和运用。社区治安中的各种管理活动，包括社区治安主体内部的管理，都是以社区治安法律、法规为依据的。社区治安法律、法规明确规定了社区治安的职能、任务、手段和作用；规定了人民群众在社会治安方面的权利、义务及行为规范；规定了社区治安中专项业务管理的职责范围、管理对象、管理的方式和要求；规定了治安处罚的程序、种类、界限及某些限定条件。因此，社区治安活动的实质是对法律、法规的贯彻执行，在社区治安的实际工作中，法律、法规又是实施管理的一种手段。

（3）社区治安的主体也要用法律、法规约束自己的行为。社区治安部门和公安干警是社区治安的主体，但是在实施管理的全部活动中，他们也要用法律、法规约束自己的行为。

（4）社区治安的执法活动必须接受党、国家和人民的监督。

3．整合性

社区的整合性是指各要素之间的彼此适应与调节，以达到相互协调和良性运作。它主要包括建立社区组织，制定社区工作计划；按照政府的社区政策，实施社区的自治管理，维护社区成员的利益；提出解决问题的方法，实施综合治理。社区治安的整合性是与此相适应的，它是指社区管理机构在辖区内发挥治安管理功能的整体合力和效应，实施综合治理。

社区治安是社会管理整体中的一个要素。社区治安是一个系统工程，但对于社会管理的整体而言，其工作范围和对象又具有相对的独立性。作为一个开放的系统，社区治安需要不断地与周围环境进行能量交换，以保持自己的生命力和活力，社区治安的工作内容要随着环境的变化而变化。作为社会管理整体中的一个要素，社区治安工作必须注意发挥自身的社会管理整合功能，这样才能取得更好的成效。

社区治安工作自身是一个统一的组织体系。社区治安任务的完成不仅依靠各级社区治安机构自身，而且在完成任务的过程中还需要协调有关部门，依靠群众自治组织，建立某种组织形式，彼此之间进行通力合作。因此，在社区治安工作中要重视整体组织效益，把个体功能变成整体功能，提高工作效率。

社区治安中任何一项具体工作都可视为一个独立的系统。一般来讲，任何一项社区治安工作都由与目标有关的"人、物、地、事"四个要素组成，而每个要素又由众多的环节统一构成。因此，要做好每项社区治安工作，必须使"人、物、地、事"各个方面及各个环节都发挥其应有的功能。只有这样，管理目标才能实现；否则，任何一个方面、任何一个环节出现问题，都会导致整个社区治安工作出现失误。

4．群众性

社区治安的群众性是指治安工作对群众强烈的依赖性。从整体上说，群众既是社区治安的客体，又是社区治安的主体。要搞好社区治安工作，永远离不开社区内各个成员的积极参与。"发案少、秩序好、群众满意"是社区治安的目标，同时也是检验和评价一个社区治安状况的标准。因此，社区治安工作必须以群众满意为标准，尊重群众的意愿，听取群众的建议和意见，解决群众的热点难点问题。

5．相关性

社区治安问题的产生是社会各类矛盾在社区的综合反映。它与社会其他领域的某些方面存在着相互关联的关系。社区治安成效的大小，治安问题的增多或减少，违法犯罪活动的上升或下降，社区治安手段的先进或落后，社区治安工作的发展趋势等，都要受到社会诸多因素的制约和影响。

4.1.4 社区治安管理的目的

社区治安管理有以下几项目的。

（1）维护社区政治秩序稳定，保障社区居民的政治权利、人身权利和其他合法权益。

（2）维护社区经济秩序稳定，保障社区居民的经济利益和社会主义市场经济关系不受侵犯。

（3）维护社区的社会环境，为社区居民创造良好生存空间。

（4）预防犯罪。

4.1.5 社区治安管理的原则

1．依法进行社区治安管理原则

依法进行社区治安管理是社区治安管理工作总的指导原则，即社区治安管理的指导思想要合法；社区治安问题的查处手段要合法；社区治安管理的方法要合法；社区治安管理中的各项规章制度要合法等。

2．专群结合、群防群治原则

专群结合是管理社区治安问题的指导原则。这里的"专"是指专门机构，确切地说是指公安机关；"群"则是指人民群众。专群结合是指在维护社会秩序稳定方面，把公安机关的职能和广大人民群众的积极主动性结合起来，做好各项防范工作。

群防群治是社区治安管理工作的基本方法。该原则是指发动和依靠群众做好犯罪预防和治理工作，它体现了党的群众路线。只有群众积极支持与配合，社区治安管理工作才能做好。

3．打防结合、标本兼治原则

打防结合是社区治安管理的基本原则，也是实现社区治安基本目标的指导性原则。这里的"打"是指打击，确切地说是指各级政法机关的执法活动；"防"则是指防范，是指社区各相关单位采取各种手段，防止和减少犯罪行为的发生。在社区治安管理中，应以防范为主，消除违法犯罪赖以生存的土壤。

标本兼治也是社区治安管理的基本原则，也是实现社区治安管理基本目标的指导性原则。这里的"标"是指发生在社区内的各种违法犯罪现象，"本"则是指引发这些现象产生的根源。社区治安管理既要治标，也要治本，而且重点应放在治本上。

4.2 社区治安管理的内容

4.2.1 根据社区治安管理的对象划分

根据社区治安管理的对象划分，社区治安管理的内容包括以下几个方面。

（1）协助公安机关、政法机关严厉打击各种违法犯罪活动。依法严厉打击各种违法犯罪活动是社区治安的首要环节和重要保障。社区组织要经常开展调查研究，熟悉和掌握社区内各种人员的情况，发现疑点及时向公安机关反映，配合公安、政法机关打击破坏社会治安的刑事犯罪分子，依法查禁和取缔社区内卖淫嫖娼、赌博、吸毒贩毒等违法犯罪活动，维护社区秩序，保障社区的稳定和安全。

（2）搞好人民调解工作。人民调解工作是指基层社区人民调解委员会依据一定的法律、法规、政策和道德规范，集中教育，疏导纠纷当事人自愿达成和解协议，消除隔阂的活动。为了正确地排解纠纷，做好人民调解工作，调解人员必须遵循一定的原则和工作纪律。调解人员必须遵循的原则包括依法调解的原则、自愿平等的原则和尊重当事人诉讼权利的原则；应遵守的工作纪律包括不得徇私舞弊、不得对当事人进行压制和打击报复、不得侮辱处罚当事人、不得泄露当事人的隐私、不得接受请客送礼。

人民调解工作的程序一是申请调和受理纠纷；二是调查研究，弄清事实；三是积极疏导，促使当事人达成调解协议。

（3）做好流动人口的登记管理工作。所谓流动人口，是指跨越一定地域范围而不改变常住户口的人口。流动人口对城市的社会治安带来了很多消极影响。为了使流动人口管理有序，社区工作管理者必须采取科学有效的管理措施和方法。首先，加强对房屋出租户和用工单位的管理；其次，成立流动人口管理服务机构；最后，加强对流动人口的法制宣传和教育。

（4）搞好重点人头的管理控制工作。重点人头包括"两劳"释放人员、失足青少年等。社区治安工作管理者要做好"两劳"释放人员和失足青少年的安置帮教工作，预防他们重新犯罪。

（5）做好社区治安防范工作。社区治安防范工作的主要做法有以下几种。① 由街道、物业管理公司、居民委员会和居民共同出资，对居民实行"大包围，小分割"的庭院式管理。居民家家安装防盗门，每个单元安装铁门，整个居民区封闭围墙、安装总铁门，设立门卫，聘用专职治安员，坚持 24 小时值班。② 广泛开展有针对性的治安防范宣传，提高居民的防范意识。有的居民委员会编印了《家庭防盗十要》、《治安防范须知》等，值得借鉴。③ 组织各种形式的群防队伍。居民以社区为单位建立社区保安队或联防队，以楼院为单位组成居民治安小组，以离退休职工为主组建专职或义务巡逻队；并聘请社区居民做治安信息员，及时反馈社区的治安信息。④ 鼓励居民群众自觉维护社区秩序，同违法犯罪行为做斗争。

学习活动 2

峦庄一家庭因遗产分割发生纠纷；人民调解挽回亲情

阮某是峦庄镇某村村民，于 2013 年 9 月病逝。阮某生前在外经商多年，留有 60 多万元现金等遗产。如何处理这些遗产，是摆在阮某前妻三子女与其后妻严某母子之间的一道难题。原来，多年前阮某与前妻因感情不和而离婚，当时生育有二子一女。后阮某与严某结为夫妻，婚后育一子。为分割财产，阮某前妻三子女与严某母子争执不休，无法达成一致意见，昔日亲密无间的继母子几乎变成了陌路人。

为此，严某母子到村人民调解委员会反映此事，申请工作人员介入调解。峦庄镇司法所接到村调解委员会申请后，立即下村，积极指导该村人民调解委员会联合调解此纠纷。一起家庭成员间的遗产争议纠纷得到有效化解。

? **思考**

假定你是负责该案件的人民调解员，你将如何对该案件进行调解？

4.2.2　根据社区治安管理的业务划分

根据社区治安管理业务划分，社区治安管理的内容包括以下几项。

（1）社区秩序管理。社区秩序管理包括影剧院、俱乐部、文化宫、歌舞厅等公共娱乐场所和车站、码头、公园、商场、集贸市场等公共场所的秩序管理。

（2）群众性治安事件管理。

（3）民用危险物品管理。民用危险物品管理主要包括对枪支、弹药、雷管、刀器、爆炸物品、剧毒物品及易燃易爆等物品的管理。

（4）特种行业管理。特种行业管理包括对旅游业、印章业、旧货业等行业的管理。

（5）消防管理。消防管理包括制定消防规则、办法和技术规范，做好消防安全宣传，开展消防队伍的组织、业务和思想建设，组织火灾的扑救工作。

（6）交通道路管理。交通道路管理包括车辆管理、机动车驾驶员管理、路面安全设施管理、交通指挥、交通安全宣传、交通事故查处、交通警卫工作等。

（7）户口管理。户口管理包括户口登记、户口迁移、户口调查、户口档案、流动人口管理、人口卡片管理、人口统计工作等。

(8) 水上治安管理。

(9) 单位内部的安全管理。

4.2.3 根据社区治安管理主体的职责划分

根据社区治安管理主体的职责划分，社区治安管理的内容包括以下几个方面。

1. 公安部门的社区治安管理

公安部门是社会治安工作的主管部门，在综合治理工作中肩负着重要职责和任务。其社区治安管理的职责主要包括以下几项。

(1) 充分行使公安机关职能，坚决打击各种刑事犯罪活动，特别是要重点打击严重危害社会治安和国家经济建设的犯罪活动，查禁"黄、赌、毒"和利用封建迷信图财害命等各种违法犯罪活动。

(2) 及时掌握社会动向，为党和政府提供可能影响社会安定的群体性事件的预警信息，配合相关部门依法做好疏导化解工作，防止矛盾激化，维护社会稳定。

(3) 参与组织基层安全创建活动，加强对内部保卫机构、治保会等各种基层治安保卫组织的指导，组织群众和各种治安保卫力量，加强安全防范和技术防范措施，建立多层次的治安防控体系。

(4) 加强人口（包括流动人口）管理。加强对缓刑、管制、监外执行、假释、保外就医和看守所羁押人员的监管、教育及改造工作，与有关部门共同做好刑满释放、解除劳教人员和有轻微违法行为青少年的安置帮教工作。

(5) 加强公安消防、交通安全管理，努力预防和减少火灾、交通事故。

(6) 加强枪支弹药、易燃易爆、剧毒物品及特种行业、公共复杂场所的治安管理，消除隐患，堵塞漏洞。

学习活动3

恩施舞阳派出所推行社区警务新模式

2013年6月以来，恩施舞阳派出所创新推行社区民警"专职化"，以期破解制约社区警务工作的瓶颈。经过半年的摸索实践，舞阳派出所打造出"顺应民意、和谐发展"的社区警务新品牌，社区案发率下降，秩序好转，群众安全感和满意度得以提升。

1. 警力下沉，做群众家门口的"110"

6月以来，舞阳派出所实施社区民警"专职化"变革，全面规范社区警务室建设，制定了周密的社区警务工作制度和考核制度。社区民警终于从"执勤、安保、办案"等多重任务中解脱出来，将精力全部转移到了社区工作中。

近半年的工作实践表明，社区民警专职化变革取得明显实效。一是社区民警每周在社区工作超过 30 小时，能心无旁骛地搞好治安防范、安全检查、化解纠纷、摸排线索、服务群众等社区警务工作，为群众解决"鸡毛"小事，真正成了群众身边的"110"。二是办事效率得到大大提升。半年来，社区民警通过警务室公安专网，为群众提供面对面咨询 478 次，办理各类证件 415 份，出具相关证明 1 100 份，节约了群众的办事时间。三是社区安全得到有效保障。据统计，仅该派出所的官坡社区，半年就接受群众举报违法线索 151 条，破获刑事案件 45 起，查处治安案件 108 起，端掉麻将馆 25 家，电玩城 13 个，真正成为老百姓家门口的派出所。因工作成绩突出，舞阳派出所警务室还被评为"全国一级社区警务室"，是全恩施唯一获此殊荣的警务室。

2. 网络不虚拟，警民联系更密切

社区民警专职化变革，使得社区警务模式由以往的"群众上门求服务"转变为"民警入户送服务"，民警与群众的联系更加密切。除此之外，舞阳派出所还指导各社区建立"网上警务室"、"违法犯罪举报 QQ"、"行业场所 QQ 群"等，群众报警、咨询不用出门，在家就能预约留言，可以随时随地投诉举报、提供线索，民警在手机上就能操作、浏览、受理，实现了群众与社区民警在时间、空间上的无缝对接。半年来，该派出所各警务室通过网络途径，共提供咨询 986 次，受理求助 87 次，受理报警 41 条，发布法律法规、治安动态、治安警示等信息 5 421 条，在 QQ 群空间发布检查通报 78 期，强化了社会监督、管控作用。

3. 民警民政携手，社区更加和谐

社区民警专职化后，还在一定程度上减轻了基层政府工作人员的压力。官坡社区居民委员会支部书记周茂说，以前群众的矛盾纷争，大多由社区工作人员去处理，效果并不明显。现在由社区民警处置，更有权威性和震慑力，处理也就相对顺利。而且，原来群众不认识警察，现在天天与民警打交道，成了"熟面孔"，很多矛盾就"大事化小小事化了"。

据了解，2013 年以来，舞阳派出所社区民警调处矛盾纠纷 115 起，提供便民服务 478 人次，送证上门 780 件，发放警民联系卡 8 000 张，发放治安防范宣传单 12 000 份，召开警民恳谈会 21 次，抓获预警逃犯 15 人。辖区治安形势明显好转，可防性案件发案率与 2012 年同期相比下降了 25%。

？ 思考

联系该案例，分析社区民警该如何控制社区治安管理工作。

2. 街道办事处的社区治安管理

街道办事处是区政府的派出机构，要对辖区的管理全面负责。其社区治安管理职责主

要有以下几项目。

（1）掌握、分析辖区内治安形势和工作动态，及时向上级反馈信息。

（2）加强群防群治队伍的管理，维护辖区的政治稳定和社会安定。

（3）大力开展社会治安综合治理宣传工作，教育居民群众提高治安防范意识，有效降低辖区的发案率。

（4）组织开展社会治安综合治理的创建达标活动。

（5）指导、管理基层法律服务工作，配合有关部门开展法制宣传教育工作。

（6）指导、管理辖区内人民调解工作，参与重大疑难民事纠纷的调解，代表街道办事处处理重大民事纠纷。

3. 居民委员会的社区治安管理

居民委员会是基层群众性的自治组织，在搞好社区治安、维护社会稳定方面具有不可替代的作用。其社区治安管理职责主要包括以下几项。

（1）加强维护治安宣传教育，组织群众开展治安巡逻、安全检查等群防群治工作，落实防盗、防火、防破坏和防其他治安灾害事故的安全防范措施。

（2）及时向政府及公安机关反映敌情、社情动态及有可能危害社会治安的民间纠纷和闹事苗头，并协助政府和有关部门做好教育疏导工作。

（3）协助公安机关保护案发现场，积极提供破案线索，对现行违法犯罪分子进行控制或提送公安机关。

（4）积极向政府及公安机关反映群众对社会治安管理工作的意见、建议和要求。

（5）调解民间纠纷，做好疏导工作，防止矛盾激化，促进社区居民家庭和睦、邻里团结。

（6）协助维护社会治安，配合做好"两劳"释放人员及依法被剥夺政治权利、管制、缓刑、假释、保外就医人员的帮教和常住、暂住人口的登记工作，维护社区正常的社会秩序、生产秩序和生活秩序。

4. 物业服务企业的社区治安管理

治安保卫工作在物业管理中占有极为重要的地位。物业服务企业承担的社区治安管理职责主要包括以下几项。

（1）治安管理。配合当地公安机关对物业及其管辖区域进行安全保卫，预防和减少危害、损失。

（2）火灾管理。包括进行火灾的预防和监控，发生火灾及时向消防部门报告和组织扑救，预防和避免业主、使用人的生命财产损失等。

（3）车辆和道路管理。包括交通秩序的管理和车辆停放的管理；有专门停车场的，可开展车辆保管业务。

（4）协助有关部门制止违章、违规的各种行为。

学习活动 4

物业管理极不负责致使小偷公然驾车进社区窃取多家财物

江山多娇小区物业管理公司物业管理极不负责，致使小区多家业主遭窃，业主完全失去安全感。

自 2013 年 7 月江山多娇小区五家业主被盗后，物业管理公司不但不改进工作，加强防范，相反管理工作愈加松弛。11 月 24 日下午，三个小偷公然开着丰田轿车顺利通过保安岗哨进入小区一期 11 号楼行窃，然后又驾着轿车闯进 6 号楼，从 9 楼到 8 楼偷了两家。继而到 7 楼行窃时，被 7 楼两业主发现。他们从楼梯往楼下逃窜，两业主迅速乘电梯下楼跑步赶到保安岗哨告诉保安拦截小偷，又立即去找保安队长报告。从 6 号楼到保安岗哨仅 50 米的距离，保安接到报告时小偷还在 6 号楼楼下，只要他们守住岗哨，是绝对可以截住小偷的，然而由于保安严重不负责任，最终小偷再次顺利闯过保安岗哨逃窜而去。

保安岗哨是有规定的，进出车辆必须刷卡、缴费，外来人员必须下车登记。事后检查，小偷通过岗哨，保安一没要他们登记，二没要他们刷卡，更没有对他们进行盘查，就放他们进了小区，在得到业主报告后不采取任何措施进行拦截，而是放他们出了小区。这种情况不能不使业主们怀疑这是一次内外勾结的行窃行为。

小区保安对工作严重不负责任的情况由来已久。上班的时候，保安有的走来走去，有的甚至进棋牌室看人家打麻将；对外来人员不盘查、不登记。加上楼栋单元门可以不用钥匙开锁，输入"住户 1188"就能自动开启，这已经成了公开的秘密，人人知晓。何况更多的时间单元门根本就锁不上，又不设监控录像，这就造成了第二道防线的安全死角，因而楼房里经常出现商品推销和免费清洗油烟机的不明身份的人员。晚上值班人员不盘查过往行人，休岗、睡岗更是家常便饭的事，这种素质的保安怎么能保证业主的财产安全各家各户所谓防盗门的锁芯也不符合防盗要求，有门等于无门，小偷均打开门锁进房行窃。为此，失主找物业管理公司索赔，物业管理人员不检查自身工作上的失职而造成业主财产损失，却认为现在小偷是高科技作案，物业不可能保证业主不被盗，因而从不改进管理工作，只一味强调业主加强自我防范。业主们住在这样的小区，怎么会有安全感呢？

思考

联系该案例分析，物业管理应从哪些方面维护小区的治安。

4.3 完善社区治安管理的途径

4.3.1 完善社区治安管理的法律体系

根据社会主义市场经济体制的客观要求，完善社区治安管理的法律体系。

我国现有的社区治安管理的法律出台较早，修订完善不及时，导致执法部门无所适从。例如，《中华人民共和国治安管理处罚条例》对后来不断出现的新的违反治安管理的行为未做明文规定，公安机关只有实行"靠近裁处"，往往导致案件被撤销或败诉。因此，我们要根据社会主义市场经济体制的客观要求，完善社区治安管理的法律体系，让社区治安管理做到有法可依。

4.3.2 建立健全社区治安综合管理网络

开展各种形式的治安宣传教育，建立健全严管、严防、严治、严打的社区治安综合管理网络。

犯罪问题、社会治安问题是诸多社会矛盾和消极因素的综合反映。固然，长期不懈地坚持依法从重、从快严厉打击严重危害社会治安的刑事犯罪活动是十分必要的，但仅靠打击不可能有效地解决减少犯罪和维护社会治安等复杂问题，治本之策在于实行综合治理。因此，我们要开展各种形式的治安宣传教育，建立健全严管、严防、严治、严打的社区治安综合管理网络。

学习活动 5

你如何看待"严打"？

4.3.3 优化社区治安管理环境

积极推进有中国特色的安全文明社区建设，优化社区治安管理环境。

安全文明社区是在基层党委和政府领导下，依靠群众性自治管理，维护治安，建设文明，发展公益福利事业，营造高尚道德、治安良好、环境优美、服务周到的生活环境，经政府组织专门机构检查、验收，由县（区）、市以上政府命名、挂牌成立的基层社区。安全文明社区具有三个特征。① 符合安全与文明并重的管理要求，即治安秩序稳定、防范机制完善、基层组织健全、社区环境优美。② 具有政府引导和群众自治相结合的管理机制。我国的安全文明社区不属于一级政府组织，其管理机构在乡(镇)、街道党委政府领导下成立，综合治理办公室牵头，由辖区民警、居民委员会干部、企事业单位领导及城管、卫生等部门负责人组成，贯彻落实政府下达的任务，发动和组织辖区单位和群众为维护治安、建设文明、发展公益福利而尽责任和义务。③ 具有"小治安"促"大治安"的管理思路，即通过在每个社区建立有力的治安控制机制，减少诱发、催生违法犯罪的因素，来实现整个社会治安的好转。

开展创建安全文明社区的形式多种多样。例如，实施"细胞工程"，使"维护社会治安人人有责"变成每个家庭成员的自觉行动；开展"送法进万家"，举办"家政学校"等活动，强化社区法制宣传；建立"联户联防"机制，推行"相邻公约"等，对楼院治安实行相互监督、互帮互利、责任互动等。

学习活动 6

警民联手，三成社区成为零案社区

在山东威海高技区的怡海园小区，由居民和物业保安、公安民警组成的群防群治队伍，全天候地巡逻在小区内外，构筑起了纵到底、横到边的社会治安防范网络。高技区通过整合社会资源，开展创建零案社区活动，发生在生活小区内的抢劫、抢夺、盗窃等多发性犯罪明显减少，全区有 1/3 的社区像怡海园小区那样成为无刑事和治安案件的零案社区。

针对发生在小区内的抢劫、抢夺、盗窃等多发性犯罪的特点，高技区实行重心下移、警民联手，提出创建零案社区活动。公安机关抽调警力，在每个小区设立了警务室，投资 600 多万元为警务室配备了交通、通信、办公等设施，为 100 多个小区和单位安装了电视监控系统，使警务室的快速反应能力大大提高。该区还在小区内组织居民成立看门望锁队，与物业保安组成群防群治网络，配合公安机关负责小区的治安巡逻和防范。为解决基层治安力量各自为战、管理不规范、联动能力差的问题，该区以警务室为依托，对看门望锁队和物业保安实行统一调度、统一培训，做到信息互通、资源共享，使防范能力进一步增强。2006 年上半年，社区内各种案件的发案率比去年同期下降了 18%，世纪家园、怡海园小区、鸿园小区等 11 个生活小区没发生一起刑事和治安案件，成为全区首批零案社区。

? 思考

联系该案例，探讨该如何建立零案社区。

4.3.4 提高社区科技防范能力

利用先进的科学技术和手段，加快智能化社区建设步伐，提高社区科技防范能力。

现代化的社区在某种程度上都实现了社区管理的智能化。目前许多社区投入使用的社区智能化安全系统主要包括门禁系统和室内外报警系统等，它们具有门禁控制、防盗报警、停车场管理、计算机管理、周界监控报警、可视对讲等多种功能。智能化社区的建设，能提高社区的科技防范能力，减少治安事件的发生。

4.4　社区治安管理的测量指标

社区治安管理是要防止和减少社区内违法现象和一般治安问题的发生，达到"发案少、秩序好、群众满意"的区域性治安稳定。因此，社区治安管理的成效是可以用客观、主观的指标加以测量的。

4.4.1　客观测量指标

社区治安管理的客观测量指标主要有以下几项。

（1）社区范围内犯罪案件（抢劫、盗窃、杀人等）的发生率。

（2）社区范围内违法行为（打架、斗殴、赌博等）的发生率。

（3）社区范围内刑满释放人员，缓刑、假释人员，"两劳"人员的矫治服务状况，以及重新违法犯罪率。

（4）社区范围内事故（火灾事故、煤气泄漏事故等）发生率。

（5）社区范围内居民之间及居民与机构之间纠纷、投诉事件发生率。

（6）社区范围内青少年成长环境安全状况（如网吧、电子游戏厅等娱乐场所的管理）。

（7）社区生活环境安全状况（社区道路维修、晚间照明设施的维护等）。

（8）社区保安设施和人员的配备情况（保安人员的素质、人数等）。

（9）社区治安管理制度。

4.4.2　主观测量指标

社区治安管理的主观测量指标主要有以下几项。

（1）居民对社区治安的满意率和满意度。

（2）居民出行时，对家中财物安全的放心度。

（3）居民夜晚出行时的安全感。

（4）居民对孩子生活、学习环境的安全感。

（5）居民对邻里关系的满意度。

学习活动 7

根据社区治安管理的测量指标，设计测量问卷，测量本社区治安管理的成效。

课后练习

一、填空题

1. 社区治安管理的特征有_____、_____、_____、_____、_____。

2. 社区治安管理的对象主要包括_____、_____、_____等。

3. 开展各种形式的治安宣传教育，建立健全_____、_____、_____、_____的社区治安综合管理网络。

二、名词解释

1. 社区治安

2. 社区治安管理

三、简答题

1. 根据社区治安管理的对象来分，社区治安管理的内容包括哪几个方面？

2. 完善社区治安管理的途径有哪些？

第 5 章　社区卫生与环境管理

引言

生活在社区中的人们，对以疾病预防、医疗、保健、康复、健康教育和计划生育技术服务等为主要内容的社区卫生服务有迫切的需求；对整治社区环境，净化、绿化、美化社区，搞好社区环境卫生，建设干净、整洁的美好社区充满期待。作为社区管理的重要组成部分，社区卫生与环境管理正是满足社区居民这些需求和期待的重要手段。

学习目标

1. 掌握社区医疗卫生的概念与特点。
2. 掌握社区医疗卫生管理的内容。
3. 掌握社区计划生育管理的内容。
4. 了解社区环境的含义，掌握社区环境建设与管理的内容。
5. 掌握社区卫生与环境管理创新的具体内容。

学习导航

```
                        ┌────────→ 社区医疗卫生概述
                        │
                        ├────────→ 社区医疗卫生的特点
            社区医疗卫生 ┤
                        ├────────→ 社区医疗卫生服务的内容
                        │
                        └────────→ 社区医疗卫生现状

                        ┌────────→ 社区医疗卫生服务机构管理
                        │
                        ├────────→ 社区医疗卫生财政管理
           社区医疗卫生管理 ┤
                        ├────────→ 社区医疗卫生服务人员管理
                        │
                        └────────→ 社区医疗卫生服务对象管理

  社                    ┌────────→ 推进社区计划生育管理改革
  区                    │
  卫                    ├────────→ 社区计划生育财务管理
  生    社区计划生育管理 ┤
  与                    ├────────→ 社区计划生育工作人员管理
  环                    │
  境                    └────────→ 社区计划生育服务对象管理
  管
  理                    ┌────────→ 社区环境概述
                        │
         社区环境建设与管理 ┼────────→ 社区环境建设
                        │
                        └────────→ 社区环境管理

                        ┌────────→ 社会管理创新概述
       社会卫生与环境管理创新┤
                        └────────→ 社区卫生与环境管理创新的
                                    内容
```

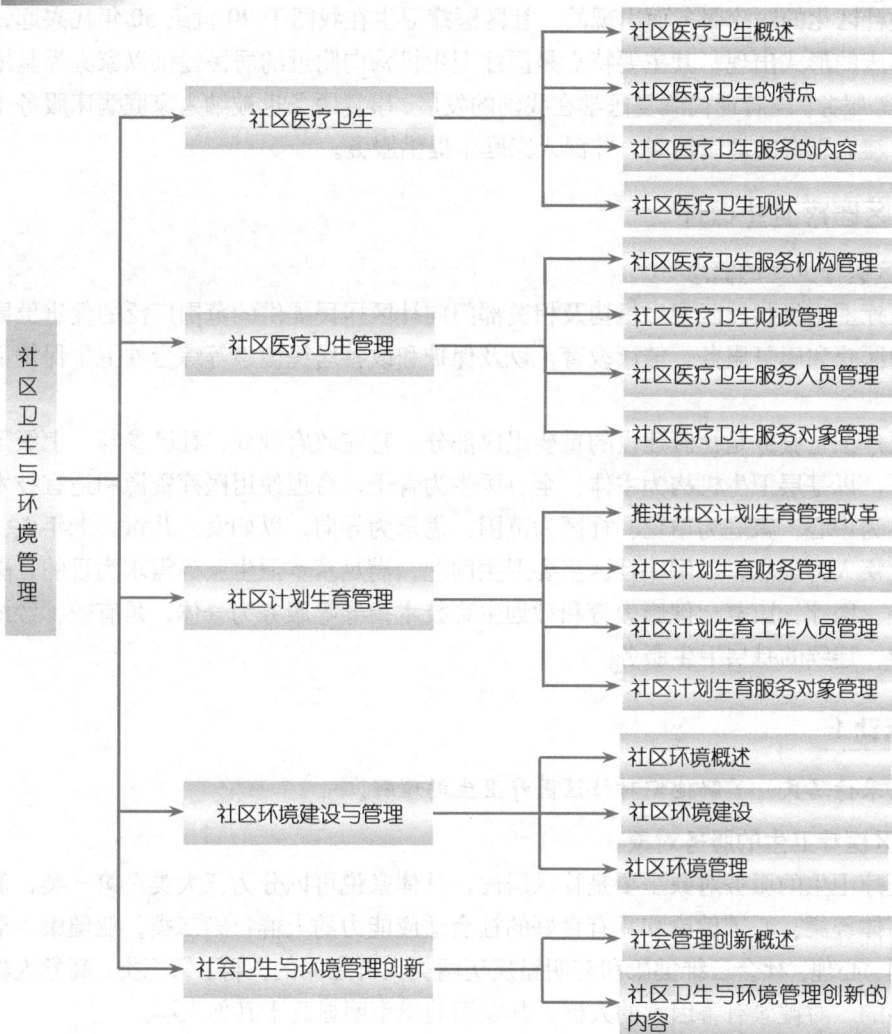

5.1　社区医疗卫生

《国务院关于发展城市社区卫生服务的指导意见》中指出："社区医疗卫生是城市卫生工作的重要组成部分，是实现人人享有初级卫生保健目标的基础环节。大力发展社区卫生服务，构建以社区卫生服务为基础，社区卫生服务机构与医院和预防保健机构分工合理、协作密切的新型城市卫生服务体系，对于坚持预防为主、防治结合的方针，优化城市卫生服务结构，方便群众就医，减轻费用负担，建立和谐医患关系，具有重要意义。"

社区医疗卫生是应医疗服务社区化的发展而产生的。发达国家实行的全科医生制度，就是为发展社区化的医疗服务而出现的。社区医疗卫生在我国于 20 世纪 50 年代兴起，最初以家庭病床的形式出现，其主要特点是医疗卫生机构向附近的居民提供以家庭为基地的医疗、保健等服务。随着现代康复医学在我国的发展，康复服务也被纳入家庭病床服务中，由医疗机构建立患者的健康档案，并深入家庭中提供服务。

5.1.1 社区医疗卫生概述

1．社区医疗卫生的概念

社区医疗卫生是指社区卫生机构及相关部门向社区居民提供的范围广泛的促进健康、预防疾病的医疗和康复服务、健康教育，以及保护和改善居民健康等综合性卫生保健活动的总称。

社区医疗卫生服务是社区建设的重要组成部分。它在政府领导、社区参与、上级卫生机构指导下，以基层卫生机构为主体、全科医生为骨干，合理使用医疗资源和适宜技术，以人的健康为中心、家庭为单位、社区为范围、需求为导向，以妇女、儿童、老年人、慢性病人、残疾人为重点，以解决社区主要卫生问题，满足基本卫生服务需求为目的，融合预防、保健、医疗、康复、健康教育和计划生育技术指导等服务为一体，是有效、经济、方便、综合、连续的基层卫生服务。

学习活动 1

到社区采访居民，了解他们对社区医疗卫生的理解。

2．社区医疗卫生的服务对象

社区医疗卫生的服务对象主要是社区居民，具体来说可以分为三大类：第一类，健康人群，即躯体健康、心理健康和具有良好的社会适应能力的人群；第二类，亚健康人群，即处在生理、心理、社会三维健康和有明显疾病两类人群之间的人群；第三类，高危人群，即存在明显的、对健康有害因素的人群，其发病的概率明显高于其他人群。

3．社区医疗卫生服务的任务

社区医疗卫生服务的任务主要包括提高人群健康水平、延长寿命、改善生活质量；创建健康社区；保证区域卫生规划的实施，保证医疗卫生体制改革和城镇职工基本医疗保障制度改革的实施。

5.1.2 社区医疗卫生的特点

改革开放以来，我国城市卫生事业有了很大发展，服务规模不断扩大，科技水平不断提高，医疗条件明显改善，疾病防治能力显著增强，为增进人民健康发挥了重要作用。这与社区医疗卫生的作用是密不可分的。社区医疗卫生具有以下特点。

1．社区医疗卫生服务具有公益性质

社区医疗卫生服务机构提供公共卫生服务和基本医疗服务，具有公益性质，不以营利为目的。社区医疗卫生服务以社区、家庭和居民为服务对象，以妇女、儿童、老年人、慢性病人、残疾人、贫困居民等为服务重点，以主动服务、上门服务为主，开展健康教育、预防、保健、康复、计划生育技术服务和一般常见病、多发病的诊疗服务。

2．政府主导，社会参与，多渠道发展

目前的社区医疗卫生主要由政府主导，鼓励社会参与，从而建立起健全的社区卫生服务网络。地方政府制定发展规划，有计划、有步骤地建立健全以社区卫生服务中心和社区卫生服务站为主体，以诊所、医务所（室）、护理院等其他基层医疗机构为补充的社区卫生服务网络。

3．坚持中西医并重

社区医疗卫生在重视西医药作用的同时，充分发挥中医药和民族医药在社区卫生服务中的优势与作用。社区中医药和民族医药服务能力建设明显加强，社区医疗卫生机构合理配备了中医药或民族医药专业技术人员，相关部门积极开展对社区卫生服务从业人员的中医药基本知识和技能培训，推广和应用适宜的中医药和民族医药技术。在预防、医疗、康复、健康教育等方面，积极利用中医药和民族医药资源，充分发挥中医药和民族医药的特色和优势。

4．强调分工协作

目前各地均建立了社区卫生服务机构、预防保健机构及医院合理的分工协作关系。调整了疾病预防控制、妇幼保健等预防保健机构的职能，适宜社区开展的公共卫生服务交由社区卫生服务机构承担，疾病预防控制、妇幼保健等预防保健机构要对社区卫生服务机构提供业务指导和技术支持；实行社区卫生服务机构与大中型医院多种形式的联合与合作，建立分级医疗和双向转诊制度，探索开展社区首诊制试点，由社区卫生服务机构逐步承担大中型医院的一般门诊、康复和护理等服务。

学习活动 2

到社区进行调查，了解本地社区医疗卫生的特点是如何体现的。

5.1.3　社区医疗卫生服务的内容

中华人民共和国卫生部（2013 年机构改革后已不存在）（以下简称卫生部）《关于印发〈城

市社区卫生服务机构管理办法（试行）〉的通知》中指出，社区医疗卫生服务的内容包括公共卫生服务和基本医疗服务。

1. 社区医疗卫生服务机构提供的公共卫生服务

（1）卫生信息管理。根据国家规定收集、报告辖区有关卫生信息，开展社区卫生诊断，建立和管理居民健康档案，向辖区街道办事处及有关单位和部门提出改进社区公共卫生状况的建议。

（2）健康教育。普及卫生保健常识，实施重点人群及重点场所健康教育，帮助居民逐步形成利于维护和增进健康的行为方式。

（3）传染病、地方病、寄生虫病预防控制。负责疫情报告和监测，协助开展结核病、性病、艾滋病、其他常见传染病及地方病、寄生虫病的预防控制，实施预防接种，配合开展爱国卫生工作。

（4）慢性病预防控制。开展高危人群和重点慢性病筛查，实施高危人群和重点慢性病病例管理。

（5）精神卫生服务。实施精神病社区管理，为社区居民提供心理健康指导。

（6）妇女保健。提供婚前保健、孕前保健、孕产期保健、更年期保健，开展妇女常见病预防和筛查。

（7）儿童保健。开展新生儿保健、婴幼儿及学龄前儿童保健，协助对辖区内托幼机构进行卫生保健指导。

（8）老年保健。指导老年人进行疾病预防和自我保健，进行家庭访视，提供针对性的健康指导。

（9）残疾康复指导和康复训练。

（10）计划生育技术咨询指导，发放避孕药具。

（11）协助处置辖区内的突发公共卫生事件。

（12）政府卫生行政部门规定的其他公共卫生服务。

2. 社区医疗卫生服务机构提供的基本医疗服务

（1）一般常见病、多发病诊疗、护理和诊断明确的慢性病治疗。

（2）社区现场应急救护。

（3）家庭出诊、家庭护理、家庭病床等家庭医疗服务。

│学习活动 3

全国和谐社区建设示范单位指导标准（试行）（节选）

社区卫生：

9．每3万～10万居民或每个街道办事处范围内，设立1所社区卫生服务中心，根据需要设置若干社区卫生服务站；社区卫生服务中心（站）业务用房、设备配置和人员配备达到国家基本标准。

10．各社区卫生服务中心（站）建立社区居民健康档案。

11．社区卫生服务中心（站）与医院建立双向转诊关系，指导患者合理转诊，并提供相应便利服务。

12．各社区卫生服务中心（站）普遍开展健康教育、传染病和慢性病预防控制、妇女儿童和老年人等重点人群保健、残疾康复指导、计划生育技术咨询指导等公共卫生和基本医疗服务。

（资料来源：中华人民共和国民政部基层政权和社区建设司网站，http://zqs.mca.gov.cn/article/sqjs/zcwj/200912/ 20091200044423.shtml）

5.1.4　社区医疗卫生现状

1．社区医疗卫生取得的成果离不开政府的主导

1999年，卫生部等10个部委制定了《关于发展城市社区卫生服务的若干意见》，提出了发展社区服务的具体政策措施和2010年的发展目标。2002年，卫生部等11个部委制定了《关于加快发展城市社区卫生服务的意见》，鼓励社会力量参与建设社区卫生服务网络。2006年，《国务院关于发展城市社区卫生服务的指导意见》进一步明确了发展城市社区卫生服务的指导思想、基本原则和工作目标，提出了一系列行之有效的政策措施。

2．社区医疗卫生存在的问题

（1）很多人不在社区卫生服务中心看病。对国内不少社区卫生服务中心的调查发现，很多居民不在社区卫生服务中心看病。其主要原因有两个方面：不知道有社区卫生服务中心；社区医生水平让人怀疑。

┃学习活动 4

记者在街头、医院及社区卫生服务中心对30位居民（3个地点各10人）进行采访，发现"方便、省时、用药便宜、服务态度好"是市民（占调查比例33.3%）接受卫生服务中心服务的一致观点；而"不知道社区医生的医术如何"则阻止了大多数市民（占调查比例66.7%）走进社区卫生服务中心的脚步。采访中，几乎所有人都不知道，社区卫生服务中心除提供基本医疗服务外，还有帮助市民了解卫生知识、建立健康的生活习惯、提高健康水平从而减少疾病发生等预防、健康教育的服务功能。

？思考

本地社区卫生服务中心的情况和案例中的情况是否相似？本地社区卫生服务中心还存在哪些问题？

（2）"六位一体"的服务难以深入。所谓社区医疗卫生服务"六位一体"，是指预防、医疗、保健、健康教育、康复、计划生育技术指导六位一体的社区卫生服务。通过"六位一体"的服务，使广大群众小病不出社区便可得到最有效的治疗。但是，目前"六位一体"的服务难以深入，其主要原因有以下几点。

1）存在大量无偿服务，但缺少资金支持。"六位一体"的服务工作，各社区卫生服务中心（站）都在有序开展。但是，除医疗服务以外，其他一些服务流于表面，未能深入开展，使得大部分居民只知道社区卫生服务中心（站）的医疗服务功能。在"六位一体"服务中，一部分是无偿服务，包括预防、保健、康复和健康教育。目前中心最大的困难是，大量的公共卫生服务没有回报，必须靠社区医疗来养它，而政府拨款又不够，所以开展服务缺少资金支持。

2）资金投入不均衡，导致医疗资源浪费。对于政府投入不足的状况，社区卫生服务中心（站）都表示，这不能怪地方财政，现在国家实行的是财政"分灶吃饭"，越是基层的地方财政，财政支付能力就越差。而社区卫生服务恰恰就在最基层的区里，区里对社区卫生的投入是相当有限的，那么就需要区以上的财政部门加大和调整对这方面的投入，但这部分的投入非常少。媒体报道，某综合医院一天门诊量达到 8 000 人次，某市级医院投资达到多少位数。这不见得是好现象。目前在大医院的门诊病人中，70%～80%是常见病、慢性病，仅有30%是疑难杂症。头疼、感冒等都跑到大医院，让专家、主任看感冒、看拉肚子，这实际上是一种资源浪费。

3）在资金筹集和政策调控上缺少多元化的办法。在资金筹集方面有一些可以借鉴的案例，如天津市为解决财政困难，卖掉3家三级公立医院，所得2亿多元资金绝大多数投入社区卫生服务中心的建设。上海市规定，凡医保人员看病，在社区可报销90%，在二级医院可报销80%，在三级医院可报销70%。上海市自出台这个政策后，大量的常见病、小毛病全部回归社区卫生服务中心。上海医保部门还规定，上海市参保的离、退休人员到外地，在当地社区卫生服务中心看病的，回上海后享受同等报销待遇。但是整体而言，全国还有不少社区在资金筹集和政策调控上缺少多元化的办法。

┃学习活动5

社区卫生服务中心调查问卷

1. 你知道住家附近有社区医院吗？

A. 知道　　　　　　　　　　　B. 从来没听说过

C. 好像有

2. 你和家人曾经到社区卫生服务中心看过病吗?

A. 从来没有　　　　　　　　　B. 曾经有过一两次

C. 经常去

3. 如果生病了,你一般会选择到哪里看病?

A. 大医院　　　　　　　　　　B. 附近诊所

C. 社区卫生服务中心　　　　　D. 自己买药解决

4. 你从家里走到社区卫生服务中心需要多长时间?

A. 5 分钟以内　　　　　　　　B. 10 分钟以内

C. 15 分钟以内　　　　　　　　D. 15 分钟以上

5. 以下哪种情况,你会到社区卫生服务中心看病?

A. 感冒、发烧等常见病　　　　B. 需要定期检查的慢性病

C. 一些普通外伤　　　　　　　D. 重大疾病

6. 你通常选择医院就医的标准是什么?

A. 服务态度好　　　　　　　　B. 环境卫生整洁

C. 医生、护士素质高　　　　　D. 大医院,信誉有保证

E. 可以使用医保卡　　　　　　F. 设施齐全

G. 其他

7. 你觉得目前看病最大的问题是什么?

A. 看病贵,一般大医院挂号就要 5 元以上,有时一个小感冒就要花上百元

B. 离家远,有时候往返车费比诊疗费还多

C. 医院人多,排队交费、取药浪费时间

D. 如果不上大医院,小诊所医疗条件又让人不放心

E. 医疗行为不规范

F. 医疗保障覆盖面不够

8. 你认为社区卫生服务中心应该在哪些方面有所加强?

A. 增加设施、设备　　　　　　B. 为老人等行动不便者提供上门服务

C. 降低药价　　　　　　　　　D. 增加日常疾病预防宣传、健康咨询活动

E. 提高医生素质　　　　　　　F. 扩大使用医保卡的范畴

G. 其他

9. 你认为社区卫生服务中心的服务重点是什么?

A. 对社区困难居民的救助

B．专门诊疗专科、疑难杂症

C．针对所有居民，以预防、保健、康复、健康教育、计划生育等公共卫生服务和常见病、多发病诊疗为主

D．传染病防治，慢性非传染疾病的规范化管理

10．你是否愿意到社区卫生服务中心就医，为什么？

A．不愿意，因为不清楚医生的资质，一旦出了问题不知道找谁

B．不愿意，设施、设备都不齐全，检查也不可能全面

C．不愿意，感觉有些机构是私人承包的，无人监管不放心

D．愿意，因为相对大医院更便宜

E．愿意，因为经常看病，社区医生更了解病情

F．愿意，一些小病不用到大医院

11．如果中医全面进入社区医院，你会选择看中医还是西医？

A．中医

B．西医

C．无所谓

12．以下哪些新政最能吸引你到社区医院看病？

A．将社区卫生服务机构纳入医保范畴，并和大医院拉开支付比例

B．实行廉价药品政策

C．政府加大投入，加强社区卫生公共服务

D．增加中医诊断室，提供按摩、针灸、中医保健等服务项目

E．社区卫生机构拥有一批学历高、基础好、能力强的全科医学人才

？ 思考

运用以上调查问卷做一次调查。

5.2　社区医疗卫生管理

5.2.1　社区医疗卫生服务机构管理

1. 社区医疗卫生服务机构的设置原则

社区医疗卫生服务机构是社区医疗卫生的主体，主要包括城市社区卫生服务中心和城市社区卫生服务站。其设置应遵循以下原则。

（1）大力推进城市社区建设，改善社区居民的卫生条件，提高人民群众的生活水平和生活质量，促进城市经济和社会协调发展，构筑以社区卫生服务为基础的城市卫生服务体系新格局，把城市卫生工作的重点放到社区，积极发展社区卫生服务，不断丰富城市社区

建设的内涵。

（2）社区医疗卫生服务是社区建设的重要组成部分。社区医疗卫生服务机构的建设必须纳入社区发展规划和区域卫生规划，要与城镇医药卫生体制改革、城镇职工基本医疗保险制度改革紧密结合，并充分利用中医和西医卫生资源。

（3）社区医疗卫生服务机构属于非营利性医疗机构，是为社区居民提供预防、保健、健康教育、计划生育技术指导、医疗、康复等服务的综合性基层卫生服务机构。

（4）设置社区医疗卫生服务机构应由地市级政府卫生行政部门审批。

（5）社区医疗卫生服务机构以社区卫生服务中心为主体。社区卫生服务中心一般以街道办事处所辖范围设置，服务人口 3 万~5 万人。对社区卫生服务中心难以方便覆盖的区域，以社区卫生服务站作为补充。社区卫生服务机构设置应充分利用社区资源，避免重复建设，择优鼓励现有基层医疗机构经过结构和功能双重改造从而成为社区医疗卫生服务机构。

（6）社区医疗卫生服务机构业务用房、床位、基本设备、常用药品和急救药品应根据社区卫生服务的功能和居民需求配置；卫生人力应按适宜比例配置。

（7）社区医疗卫生服务机构的建设要坚持社区参与的原则。

（8）社区医疗卫生服务机构的设立、运行应引入竞争机制。

（9）社区医疗卫生服务中心的命名原则是"区名+所在街道名+识别名（可选）+社区卫生服务中心"；社区卫生服务站的命名原则是"所在街道名+所在居民小区名+社区卫生服务站"。

学习活动 6

社区医疗卫生服务机构标志

（资料来源：《卫生部关于启用社区卫生服务机构标识的通知》）

2．社区医疗卫生服务机构的管理制度

城市社区医疗卫生服务机构管理制度主要包括建立健全以下各项规章制度。① 各类人员职业道德规范与行为准则。② 各类人员岗位责任制。③ 各类人员培训、管理、考核与奖惩制度。④ 社区预防、保健、健康教育、计划生育技术指导、医疗、康复等各项技术服务工作规范。⑤ 家庭卫生保健服务技术操作常规。⑥ 服务差错及事故防范制度。⑦ 会诊及双向转诊制度。⑧ 医疗废弃物管理制度。⑨ 财务、药品、设备管理制度。⑩ 档案、信息资料管理制度。⑪ 社区卫生服务质量管理与考核评价制度。⑫ 社会民主监督制度。⑬ 其他有关制度。

3．加强对社区医疗卫生服务机构的管理

（1）加强对城市社区卫生服务中心（站）的统一管理。可考虑由政府分管领导牵头，建立由卫生、计划、民政、人事、劳动保障、建设、税务、物价、药品监管等相关部门共同参与的城市社区卫生服务工作联席会议制度，共同管理城市社区卫生工作；强调城市社区卫生服务中心（站）的工作职责，并建立检查、督导和考核制度；政府拨给一定的专项经费和管理经费，确保用于履行城市社区卫生服务中心（站）的防病职能和培训、考核、奖励等管理工作；开通城市社区卫生服务中心（站）信息网络直报系统；加大对非营利性城市社区卫生服务中心（站）建设的政府投入，制定相关优惠政策，如房租、土地使用税、医保定点、卫生技术人员的补助等。

（2）加强社区卫生服务的监督管理。规范社区卫生服务机构的设置条件和标准，依法严格社区卫生服务机构、从业人员和技术服务项目的准入，明确社区卫生服务范围和内容，健全社区卫生服务技术操作规程和工作制度，完善社区卫生服务考核评价制度，推进社区卫生服务信息管理系统建设；加强社区卫生服务的标准化建设，对不符合要求的社区卫生服务机构和工作人员，要及时调整或使其退出，保证服务质量；加强社区卫生服务执业监管，建立社会民主监督制度，将接受服务居民的满意度作为考核社区卫生服务机构和从业人员业绩的重要标准，发挥行业自律组织提供服务、反映诉求、规范行为等作用；加强药品、医疗器械管理，确保医药安全；严格财务管理，加强财政、审计监督。

5.2.2 社区医疗卫生财政管理

对于财政管理方面，社区卫生服务管理部门监督管理制度要求区（市、县）社区卫生服务管理部门每年至少两次不定期检查社区医疗卫生服务机构的诊疗科目收费、检查项目收费、常用药品收费情况及价格公示的落实情况。

对于财政管理方面，社区医疗卫生服务机构内部运行管理制度要求社区医疗卫生服务机构实行收支两条线。实行收支两条线的社区医疗卫生服务机构为独立法人机构，财务独立核算。医疗收入、药品收入及其他收入等全部收入足额上缴区（县）财政专户；全部支出纳入财政预算管理，包括经常性支出（在职人员、离退休人员工资及所缴纳的各项社会保险）和专项支出（设备购置、房屋修缮、房租、公共卫生工作、信息化建设和人才培养等专项经费）。实行收支两条线后不再进行结余分配，不再继续保留事业基金和提取专用基金（包括修购基金、福利基金等）。

此外，政府举办的社区卫生医疗服务机构属于事业单位，要根据事业单位改革原则，改革收入分配管理制度，实行以岗位工资和绩效工资为主要内容的收入分配办法，加强和改善工资总额管理。社区医疗卫生服务从业人员的收入不得与服务收入直接挂钩。各地区要积极探索建立科学合理的社区医疗卫生服务收支运行管理机制，规范收支管理，有条件的可实行收支两条线管理试点。

地方政府要按照购买服务的方式，根据社区服务人口和社区医疗卫生服务机构提供的公共卫生服务项目数量、质量和相关成本核定财政补助；尚不具备条件的可以按人员基本工资和开展公共卫生服务所需经费核定政府举办的社区医疗卫生服务机构财政补助，并积极探索、创造条件，完善财政补助方式。各地区要采取有效办法，鼓励药品生产经营企业生产、供应质优价廉的社区卫生服务常用药品，开展政府集中采购、统一配送、零差率销售药品和医药分开试点。

5.2.3　社区医疗卫生服务人员管理

1. 改革人员管理制度

政府举办的社区卫生服务机构属于事业单位，要根据事业单位改革原则，改革人事管理制度，按照服务工作需要和精干、效能的要求，实行定编定岗、公开招聘、合同聘用、岗位管理、绩效考核的办法，对工作绩效优异的人员予以奖励，对经培训仍达不到要求的人员按国家有关规定解除聘用关系。

2. 提高城市社区卫生服务中心（站）卫生技术队伍的水平

建立城市社区卫生服务中心（站）卫生技术人员准入制；举办全科医生培训班；鼓励并支持医疗卫生单位的优秀退休医师进入社区卫生服务中心（站）工作，当地卫生行政部门对于进入社区卫生服务中心（站）的退休医、技、护人员，应及时办理执业注册登记。

3. 加强社区医疗卫生服务队伍建设

加强高等医学院校的全科医学、社区护理学科教育，积极为社区培训全科医师、护士，鼓励高等医学院校毕业生到社区医疗卫生服务机构服务；完善全科医师、护士等卫生技术人员的任职资格制度，制定聘用办法，加强岗位培训，开展规范化培训，提高人员素质和专业技术能力；采取多种形式鼓励和组织大中型医院、预防保健机构、计划生育技术服务机构的高、中级卫生技术人员定期到社区医疗卫生服务机构提供技术指导和服务，社区医疗卫生服务机构要有计划地组织卫生技术人员到医院和预防保健机构进修学习、参加学术活动；鼓励退休医护人员依照有关规定参与社区医疗卫生服务。

5.2.4 社区医疗卫生服务对象管理

社区医疗卫生服务机构以社区、家庭和居民为服务对象，以妇女、儿童、老年人、慢性病人、残疾人、贫困居民等为服务重点，以主动服务、上门服务为主，开展健康教育、预防、保健、康复、计划生育技术服务和一般常见病、多发病的诊疗服务。

社区医疗应该对周围服务的居民的状况有清楚的了解，掌握周边情况，建立真正意义上的"健康档案"，摸清服务对象的病史、身体情况、家庭状况，这样才能对症下药。

社区医疗卫生服务机构业务管理制度要求对本社区已确诊的五种慢性病（高血压、糖尿病、脑卒中、冠心病和肿瘤）患者进行控制管理，为慢性病患者建立健康档案，保证对慢性病患者的连续性服务；儿童、妇女、老人的保健都要求设专人负责；社区医疗卫生服务机构至少与一所大型医院建立双向转诊关系，并制定实施方案和服务流程，确保转诊渠道通畅；健康档案管理方面，要求家庭健康档案每户一份，个人健康档案每人一份，健康档案每年至少有四次随访记录。

> **学习活动 7**
>
> 采访社区居民，了解社区医疗卫生机构是否对他们进行管理，是如何进行管理的。

5.3 社区计划生育管理

5.3.1 推进社区计划生育管理改革

计划生育是我国的一项基本国策。随着社会主义市场经济体制建立和大量流动人口的出现，许多"单位人"变为"社会人"，政府和企事业单位的一些社会职能逐渐向社区转移，给社区人口与计划生育工作带来新的压力。大力推进社区计划生育管理体制改革的重要内容，是新形势下坚持党的群众路线、做好群众工作、加强社区建设和社会主义民主政治建设、加快现代化进程的战略性任务，对于促进地方经济社会协调发展，提高人民的生活水平、生活质量和社会文明程度，扩大基层民主，维护社会稳定，推动改革与发展，具有重要意义，也为稳定低生育水平、综合治理人口问题创造了有利条件。

管理机制是人口与计划生育工作运行的基础，是社区人口与计划生育工作综合改革的重要方面。建立计划生育管理机制，必须适应改革开放和社区建设的要求，把人口与计划生育工作重心放在社区，落实到社区，服务到社区；在党的领导和政府指导下，建立"属地管理、单位负责、居民自治、社区服务"的人口与计划生育管理机制。

完善的社区计划生育管理服务网络包括区、街、社区分别建有计划生育服务中心和计划生育服务站，为居民提供生育、保健、新婚知识等咨询服务。

推进社区人口与计划生育工作改革，关键在于党和政府的坚强领导。改革要进一步明确各级政府、各有关部门和企事业单位人口与计划生育工作职责，加强督促，抓好落实；协调有关部门制定和完善有利于计划生育的社会经济政策，为实现人口与计划生育工作属地管理提供政策支持、工作指导、组织和经费保障，指导社区建立由相关部门、企事业单位和社会团体共同参与的联席会议制度；完善人口与计划生育工作目标管理责任制，推行计划生育项目管理；建立科学的指标体系和激励机制，促进以考核为主向评估为主过渡。

5.3.2　社区计划生育财务管理

社区居民委员会财务管理制度中也涉及计划生育财务管理。社区居民委员会实行"钱账分离、日清月结、项目审计、定期审计"的财务管理制度，社区居民委员会的所有财务活动必须遵守有关财政法规、行政法规和有关财务制度的规定。

（1）逐年增加计划生育经费投入，建立稳定的财政投入保障机制，人口和计划生育财政投入的增长幅度要高于经常性财政收入增长幅度；确保法律法规规定的计划生育各项奖励优惠政策、县乡人口和计划生育技术服务机构基本建设和队伍建设、计划生育经常性工作、计划生育免费基本技术服务等经费的落实；现居住地将流入人口纳入本地人口总数计算经费投入。

（2）加强对人口和计划生育资金的监督检查，严肃查处专项资金在发放、管理、使用环节上的违法违纪行为；依法征收社会抚养费，严格实行收支两条线，所征收的社会抚养费及滞纳金全部上缴国库，按照规定纳入地方财政预算管理；人口和计划生育所需经费，由当地政府财政予以保障。

（3）把计划生育的财务管理服务纳入社区建设。将计划生育技术、药具服务纳入社区卫生；建立药具发放制度，做好药具服务工作和随访记录；认真贯彻计划生育政策和法规，坚持依照法律程序办事，做到有法必依、执法必严、违法必究。

5.3.3　社区计划生育工作人员管理

社区计划生育工作人员包括负责计划生育的社区工作者和社区志愿者。加强社区计划生育工作人员管理主要有以下途径。

1. 社区要努力挖掘体制外资源，建立和依靠相对稳定、高素质、有热情的专家队伍和志愿者队伍

尽管我国的国情促使政府在社区的早期发展中承担着组织者和管理者的角色，是计划生育与社区发展相结合的主角，但是发挥社区的人力资源优势，挖掘和利用现有的体制外资源也是必不可少的。特别在城区，各类人才聚集，科研机构、高等院校密集，有着比其他地区更为优越的人、财、物资源，特别是人力资源。这些资源和人员既是传播各类知识的专门人才，又是提供专项服务的骨干力量，同时还是计划生育的义务宣传员，他们不仅

弥补了专业干部不足的缺陷，而且所发挥的作用常常是计划生育干部无法发挥的。

2．社区计划生育工作由街道党政一把手亲自抓、负总责，并由分管领导具体负责

能够全面贯彻落实《中华人民共和国人口与计划生育法》，把社区计划生育工作纳入年度工作目标责任，列入重要议事议程，及时研究解决计划生育工作发展中遇到的困难和实际问题；成立由街道党政主要领导、计划生育办公室负责人、社区居民委员会代表、驻街企事业单位有关人员组成的社区计划生育指导组，定期召开会议，专题研究社区计划生育工作。

3．社区计划生育工作需要有一支专兼职结合、相对稳定、素质较高的计划生育干部队伍

负责社区计划生育管理工作的街道计划生育协会应有专职秘书长，确保计划生育工作队伍稳定，未征得计划生育主管部门同意，不得随意兼职、调离；高度重视社区计划生育网络和队伍建设，选拔、推荐得力干部抓计划生育工作，落实人员、任务和报酬，从政治上、生活上关心爱护社区计划生育干部，加强对他们的指导和帮助，为他们开展工作创造条件。

目前社区计划生育干部主要由两大类构成：一类是一般意义上的社区计划生育专干；另一类是计划生育协管员。设置的标准主要参考户口数和育龄妇女数，如有的地方在配备社区计划生育工作者时，采用的标准为户籍人口3 000人以下、育龄妇女600人以下配备1名，户籍人口3 000～7 000人、育龄妇女600～1 400人配备2名，户籍人口7 000人以上、育龄妇女1 400人以上配备3名。

4．大力加强计划生育协会组织和社区志愿者队伍建设

计划生育协会组织和社区志愿者队伍在社区计划生育工作中占有重要地位。社区建设为基层计划生育协会提供了广阔的发展空间，赋予了其新的历史责任。计划生育协会组织应充分利用社区资源优势、人才优势、技术优势，加强队伍培训，改善队伍结构，改进活动方法，办好"会员之家"；按照群众组织的特点开展多种活动，创造健康、活跃的组织形式，协同工会、共青团、妇联、残联、老龄协会等群众团体，动员社区居民参与计划生育，充分发挥其在人口与计划生育工作中的带头、宣传、服务、交流和监督作用。

5.3.4　社区计划生育服务对象管理

社区计划生育服务与管理要明确五种对象，社区居民委员会要重点管理好这五种对象的计划生育工作。① 居住在本社区的纯居民。② 户口在本社区、夫妻双方均已下岗，并居住在本社区的育龄对象。③ 户口不在本社区、夫妻双方均已下岗，但居住在本社区的育龄对象。④ 户口不在本社区，但已在本社区范围内购、建房居住的外来无工作单位的育龄对象。⑤ 外来流动人口中的育龄对象。对夫妻双方均在单位上班或一方在单位上班的育龄夫妇，以单位管理为主。管理措施如下。

（1）准确掌握常住和暂住育龄妇女的生育信息变更情况，及时做好账、卡册登记及信息反馈，指导育龄夫妇选择适合的避孕节育措施，提高生殖健康水平，杜绝大月份引产和计划外生育。做好社区内的计划生育属地化管理、服务和协调工作；加强对流动人口计划生育证明的发放、查验及管理工作，并为其提供必要的婚育指导服务。

（2）把宣传教育放在首位，促进群众生育观的转变。计划生育宣传要面向家庭，服务群众，深化计划生育宣传教育，努力建设新型生育文化；把计划生育宣传教育工作纳入社区精神文明建设规划中，与建设文明社区、文明单位、文明家庭等活动结合起来，形成强大的舆论氛围，加大宣传品进社区、进家庭的力度。

（3）积极推进计划生育政务公开和居务公开，动员社区居民广泛参与人口与计划生育的民主决策、民主管理和民主监督，深入开展社区居民评议计划生育工作的活动，把社区居民的参与程度和满意程度作为评估计划生育工作好坏的重要标准。

（4）加强社区对流动人口的计划生育管理。在当地政府领导下，由相关部门（如公安、计划生育、工商、税务、房管等部门组成流动人口管理办公室）在社区建立流动人口管理站，由社区主任任站长，辖区民警和计划生育办公室分管主任任副站长。社区居民委员会协助有关部门查验流动人口婚育证明，掌握育龄人员的计划生育情况，加强与流动人口户籍所在地的联系，向流动人口提供法律政策、宣传教育、避孕节育、生殖保健、劳动就业、生产生活、子女入托入学等方面的综合服务，并对有关部门和单位综合管理流动人口计划生育工作进行监督和评议。

5.4　社区环境建设与管理

环境问题是当今国际社会的普遍问题，这一问题在我国尤为突出。由于特殊的国情，我国的环境问题也呈现出与众不同的特点。

社区最具有人性化且最能够紧密联系整合社会力量，是推进环境管理的有效机制。以社区为基础的环境保护，聚合了人、空间和行动三个基本要素，共同构筑环境保护的社会基础。环境的管理最终要落实到具体社区，社区发展通过组织化的过程促进社会环保力量的形成，并借助社区教育和社区资源的共享巩固社区环保空间。社区环境保护是现代化社区精神的催化剂，有助于培育社区公共意识和社区公共空间的广泛认同。环境的保护需要现代文明的建立，需要改变对公共环境漠不关心的态度，构建环境与人类的良好互动关系。通过社区成员共同参与，提升环境质量，建立社区环保有效机制，是环境保护的长治久安之路。

《民政部关于在全国推进城市社区建设的意见》指出，要美化社区环境；要大力整治社区环境，净化、绿化、美化社区；要提高社区居民的环境保护意识，赋予社区居民对社区环境的知情权；要努力搞好社区环境卫生，建设干净、整洁的美好社区。

5.4.1 社区环境概述

人生活在一定的环境中，环境与人之间存在相互作用，环境保护也越来越引起人们的重视。生活在社区的人们需要良好的生存空间和舒适的环境。

1. 环境的概念

环境（Environment）总是相对于某一中心事物而言的。环境因中心事物的不同而不同，随中心事物的变化而变化。我们通常所称的环境就是指人类环境。人类环境分为自然环境和社会环境。

自然环境亦称地理环境，是指环绕于人类周围的自然界。它包括大气、水、土壤、生物和各种矿物资源等。自然环境是人类赖以生存和发展的物质基础。在自然地理学上，通常把这些构成自然环境总体的因素分别划分为大气圈、水圈、生物圈、土圈和岩石圈五个自然圈。

社会环境是指人类在自然环境的基础上，为不断提高物质和精神生活水平，通过长期有计划、有目的的发展，逐步创造和建立起来的人工环境，如城市、农村、工矿区等。社会环境的发展和演替，受自然规律、经济规律及社会规律的支配和制约，其质量是人类物质文明建设和精神文明建设的标志之一。

《中华人民共和国环境保护法》则从法学的角度对环境概念进行了阐述。它指出："本法所称环境是指影响人类生存和发展的各种天然的和经过人工改造的自然因素的总体，包括大气、水、海洋、土地、矿藏、森林、草原、野生生物、自然遗迹、人文遗迹、风景名胜区、自然保护区、城市和乡村等。"

2. 社区环境的含义

社区环境是社区成员在一定的地域内所面对和感受的一切客观事物的总和，是物质环境和精神环境的综合体。社区物质环境包括社区环境卫生、绿化美化、道路和市政设施建设、自然环境等。社区精神环境包括社区风尚、人际关系、邻里关系、社区成员的社区归属感等。

良好的社区环境是社区居民赖以生存的重要条件。随着生活水平的不断提高，社区居民对于社区环境的质量要求也越来越高。

社区自然环境是社会之外非人工造成的，包括整个无机界和有机界的所有事物，如大气环境、水环境、土壤环境、生物环境、地质环境等。

社区社会环境是随着社区物质文化生活水平不断提高而创造出来的社会经济基础和上层建筑的环境条件的总和，包括政治环境、经济环境、社会文化环境等。

社区环境建设与管理的目标是大力整治环境，净化、绿化、美化社区，提高社区居民的环境保护意识，赋予社区居民对社区环境的知情权，努力搞好社区环境卫生，建设干净、整洁的美好社区，并通过对环境进行综合整治，建成环境优美、生活舒适的现代新型文明社区。

学习活动 8

社区环境卫生状况调查表

1. 你认为绿色社区的绿地面积应占社区总面积的比例为_____。
A. 10%　　　　　B. 20%　　　　　　C. 30%　　　　　D. 40%
2. 社区内的垃圾箱是否有回收标志？
A. 有　　　　　　B. 没有　　　　　　C. 没有注意
3. 你对社区环境的满意度为_____。
A. 很不满意　　B. 不满意　　　　C. 一般　　　　D. 满意　　　E. 很满意
4. 你对社区大气质量是否满意？
A. 很不满意　　B. 不满意　　　　C. 一般　　　　D. 满意　　　E. 很满意
5. 你对社区周边噪声是否满意？
A. 很不满意　　B. 不满意　　　　C. 一般　　　　D. 满意　　　E. 很满意
6. 你对社区的固体废弃物处理是否满意？
A. 很不满意　　B. 不满意　　　　C. 一般　　　　D. 满意　　　E. 很满意
7. 你对社区基础设施是否满意？
A. 很不满意　　B. 不满意　　　　C. 一般　　　　D. 满意　　　E. 很满意
8. 你对社区公共卫生管理是否满意？
A. 很不满意　　B. 不满意　　　　C. 一般　　　　D. 满意　　　E. 很满意

？ 思考

运用以上调查问卷在你所在的社区做一次调查。

5.4.2　社区环境建设

社区环境建设是社区精神文明建设的重要内容之一，涉及的范围比较广，是一项综合性、系统性的建设。社区环境建设总的目标是努力搞好社区市容管理、社区环境保护和园林绿化，按照整体环境的质量和整体美化的程度（包括人的文化素质、社会公德）确定社区环境建设的任务和内容，调动社区内各个方面的力量进行综合治理。

1. 社区环境建设的工作重点

（1）净化环境，建设卫生社区。社区环境的净化，主要是指搞好社区的环境卫生。城市社区的环境是社区公共卫生的一部分，环境卫生对于防止和消除环境对人体造成的危害，改善居民健康关系重大。同时，社区环境卫生水平的高低，也反映了经济发展水平和居民的精神面貌及文化素养。净化环境是建设环境优美的社区的首要任务和先决条件，也是实现全球卫生战略的基本要求。目前，我国城市社区环境卫生主要有两大任务：一是继续进行讲卫生、讲文明、治理"脏、乱、差"为重点的环境整治，开展经常性的环境卫生工作；二是以环境保护法为准绳，控制环境污染，达到防治环境污染所规定的目标，建设一个环境质量现代化的社区。

（2）绿化环境，建设绿色社区。绿化环境是建设环境优美社区的重要环节，也是美化环境的重要内容之一。社区环境的绿化建设包括有计划地种植花草树木，积极扩大地表、空间的绿化植被，发展小区公园，利用绿色植被在社区中创造自然环境，改变社区面貌，为社区创造防护功能效能，在一定程度上维护和发展城市生态平衡。此外，开展全民环保教育、提高全民环保意识、推行绿色消费方式也是建设绿色社区的重要内容，是绿化环境的社会基础。

社区园林绿化系统的建设对改善社区生态环境有着十分重要的作用。加强社区园林绿化系统的建设是社区环境建设的重要组成部分，也是社区居民精神文明和社区现代化的重要标志。

（3）美化环境，建设美好社区。美化社区是按科学的审美观点对社区进行美的加工和创造的工程，是有目的、有意识地改造社区的积极活动。美化社区是居民的共同追求和愿望，社区美的程度是衡量社区文化水平的标志，也是社区管理和社区建设的重要内容。

美化环境是社区环境建设的主要内容。一方面，社区内的市容建筑物、设备、装修等应尽可能给予美化，交通通畅、秩序井然、空气新鲜，这就是美化硬环境。另一方面，社区内的各种文化教育设施、各种游乐休闲场所，都应提高审美情趣，开拓美育形式，丰富审美内容，使社区每个成员都能在社区的公共设施中感受到美的熏陶，随时提高自己的创造性实践能力，这就是美化软环境。

2. 社区环境建设要加强两个方面

一是在工作方法上，目前社区环境建设以行政推动为主导，以工作方案为导向，社区组织行政化色彩仍然很浓厚，居民的自发参与限于配合政府工作方案，缺乏社会工作专业人才以专业方法启发社区居民的独立自主行动，所以社区环境建设要加强工作方法上的指导；二是在建设成果上，目前社区环境建设重视有形的硬件建设和经济发展，忽视无形的社区居民的民主意识、自助互助精神、集体合作能力、社区归属感的培养，所以也要加强这方面的建设。

3. 社区环境建设面临的新课题

随着城乡一体化进程的不断推进，社区环境建设与保护工作也不断面临新的课题。一方面，社区环境要不断地加强建设和保护；另一方面，广大社区居民的思想道德素质也亟待提高。只有做到物质文明建设、精神文明建设和民主法制建设相互协调，才能使三者相互促进、相得益彰，确保社区环境建设和保护工作更有成效。

（1）各级党委、政府及规划建设部门在考虑安排区域、县域总体规划时，都要将社区环境建设与保护工作作为重要因素通盘运筹，并努力做到环境建设与保护工作优先。凡有害于社区环境建设与保护的建设项目，都应排除在区域、县域发展规划之外；对于现有环保不达标项目，都应采取关、停、并、转等方式，限期予以整改，绝不能以牺牲良好生态、生活、工作条件为代价而获取暂时的经济效益。

（2）在规划、改造、建设城乡居民社区时，应充分考虑和重视人民群众健康的精神和物质文化需求，以及城乡未来发展趋势，努力做好城乡交通、公共绿地、休闲购物、文体娱乐、子女就学、健康饮水、疾病防控等方面项目、设施的配套工作，努力做到建设一个新社区、跃上一个新档次，真正把社区建设成为"环境优美、空气清新、交通便捷、生活方便、邻里和睦、品位高雅"的新型社区。

（3）街道、社区居民委员会和业主管理委员会应通过多种形式对本社区居民大力开展"人人参与、从我做起、爱护环境、保护环境"教育，不断提高入住小区居民的思想文化素质和环保意识。有关部门和社区居民委员会还应与社区居民、企业商家签订《环保责任书》，强化检查考核，坚决制止和杜绝破坏社区环境、破坏公共环保设施的行为。

（4）公安机关、街道居委、环保部门要密切配合，加强巡查，大力加强环保设备、设施的管理、维护及保养工作。对于无主观故意，轻微破坏公共环保设备、设施的行为，要教育劝阻并责成赔偿；对于有主观故意且破坏公共环保设备、设施造成重大损失的犯罪分子，应依法予以坚决打击。

｜学习活动 9

全国和谐社区建设示范单位指导标准（试行）（节选）

社区环境：

23. 社区内环境舒适，无卫生死角、无污水、无暴露垃圾、无乱扔废弃物、无乱设摊点、车辆无乱停放现象。

24. 社区内建筑物清洁美观，无违章搭建；墙体无乱贴、乱写、乱画现象；庭院内外物品堆放整齐。

25. 社区内公共设施完备，下水管道不堵塞，排水沟内无杂物，化粪池不漫溢，窨井盖不破损。

26．饮食服务业油烟经过处理并达标排放，无扰民现象。

27．社区可绿化面积达到35%以上，无毁绿现象，对古树和名树加以重点保护；社区内有宽松的休闲、娱乐、活动的公共场所。

28．社区内无噪音扰民，施工及装修严格遵守国家法律法规和工作时间制度，不在居民休息时间使用噪音大的设备。

（资料来源：中华人民共和国民政部基层政权和社区建设司网站，http://zqs.mca.gov.cn/article/sqjs/zcwj/200912/20091200044423.shtml）

5.4.3 社区环境管理

绿色社区的核心要素是社区环境管理体系。社区环境管理体系是社区自治的重要组成部分，它不必独立于社区管理机构而另外设立，而是应将环境管理纳入居民委员会日常管理工作之中，有明确的目标和职责，有必要的机构、人员、资金、设施保证，有环保宣传和具体环保行动，有自查、纠正和改进机制。

传统环境管理体制重视政府作为管理者的作用，但没有考虑到企业和政府之间存在的信息不对称带来的监督成本过高，以及官僚体制具有典型的管理效率低下和管理成本过高的弱点。因此，污染治理和环境保护应该改变原有的"政府–企业"点线结合的模式，积极探索结合社会力量共同推动环境管理的新路子，建立环境保护的社区管理机制。社区环境保护机制应当成为政府职能部门环境管理的必要补充。

单靠政府是无力担当起全部环境保护责任的，环境保护作为社会事业，要求全体社会成员共同承担责任。强化基层社区机制能够对环境保护产生深远影响，社区可以让居民自发组织起来，开展社区公共环境的义务劳动，对居民宣传环保知识；社区还可以代表居民增强与污染企业和政府交涉的实际力量，以维护社区成员的环境权益。

1．社区环境管理的作用

社区环境管理可以对环境保护事业发挥重要作用。这主要体现在以下几个方面。

（1）体现了社区作为公共产权对公共资源的供给和维护。社区是公有产权的一种重要类型，所有社区成员拥有共同无差别的、并且是对社区之外的成员排他性的资源使用权力。社区组织作为公共利益的代表，为公共资源保证供给和提供维护。充足的资源累积和配置的能力是基层社区环境保护运行机制的重要前提。

（2）社区提供了贴近现实的解决问题的能力。当地社区最能了解人们所处的环境，因而最能够以可持续的方式管理自然资源，提出保证自然资源风险最小化利用的各种规章制度，更能够针对社区内部资源滥用的实际情况，对症下药，提出解决方案。

（3）社区环境治理体现了对分散污染治理的规模效益。对于一些小型企业，因为其数量比较多，污染源比较分散，如果进行分别处理则效率低下，治理成本也比较高。社区集中治理可以减少单位治理成本，同时通过社区整合使生活资源、生产资源相对优化，并且这些集中治理一般具有为社会提供经济效益的正效果，真正实现经济发展和环境保护的协调进步。

（4）与由上到下、由外到内的政府官僚体制相比，社区对成员的责任关系超过了政府机构对管理对象的关切程度，因为社区的环境状况与所有社区成员的利益和生活质量更加息息相关。与大型的官僚体系相比，社区管理更加具有灵活性和创造性。更为重要的是，社区管理较之政府投入提供了一种更加可持续的发展模式，单纯的政府投入也许可以创建一两个环境管理的典型，但没有足够的财力和物力推广到所有的地区。社区管理的自我管理、自我发展特点为环境建设的可持续发展和不断提高提供了可能性。

（5）环境保护的社区管理机制综合调动所有社会资源投入环保治理，社区内的各个单位、所有个人共同构建了环保建设的整体网络，也使每个社区成员和社区单位处于该网络的密切监督之下。社区具有行为方式内部趋同的特性，环保意识如果成为社区公德，那么社区成员破坏环境的行为就会受到社区成员的共同鄙弃，因此环保规则在社区层面也比较容易被认同和成为共同行为准则。社区机制可以实现社区内部资源对于环保的共同投入。例如，可以利用学校开展环保知识宣传，通过社区单位的责任认养实现对社区绿地的维护，通过志愿者队伍开展环境的清扫整理。社区环保管理机制实现了所有环保资源的充分发掘和培育，构成了环境建设的最基本空间。

（6）环境保护的社区管理机制提倡群众参与，使环境保护不是只依靠政府关注，而是真正成为共同关心、共同投入的社会事业。发展基层社区的环保管理和运行机制，使环保部门的一双眼睛变成无数双眼睛，从污染企业和环保部门的相互"捉迷藏"，变成每个污染单位时时刻刻接受社区成员的监督；从社区成员对环境管理漠不关心，变成每个居民都成为促进环保的责任者和监督者。这样，社会治理环境节约了环境保护的执行成本，提高了环境保护的工作效率，同时使环境保护贴近基层，群众参与广泛，增强了全体公民的环保意识，使环境保护不再成为少数人的行为，而是成为名副其实的社会事业、群众事业。

学习活动 10

探索海滨生态城市可持续发展之路——山东省日照市可持续发展实验区

1. 基本概况

日照市地处鲁东南黄海之滨，是一座在改革开放中崛起的港口城市和新亚欧大陆桥东方桥头堡，现辖东港区、五莲县、莒县和岚山办事处，总面积 5 310 平方公里，总人口 276 万，其中城区人口 27 万。日照市 1993 年被列为省级社会发展综合实验区，1999 年被正式批准为国家可持续发展实验区。十几年来，日照市立足实际，着眼长远，切实加强实验区建设，积极探索新兴港口城市的可持续发展之路，有力地促进了经济与人口、资源、环境的协调发展。

2. 主要做法

在加强实验区建设的过程中，日照市的主要做法有以下几个方面。

（1）提高认识，加强领导。日照市的特点是建市晚，环境底子好，区位优势、港口优势和后发优势突出，可塑性强。但在城市发展过程中，其发展也受到了科技落后、粗放经营、城市建设管理水平低、"三废"污染、生态环境退化、农村人口膨胀等问题的困扰。办好实验区，走可持续发展之路，已成为日照市发挥后发优势，少走弯路，降低发展成本，加快桥头堡建设，谋求经济、社会与资源、环境协调发展的客观要求和必然选择。基于这样的认识，本着对历史、对子孙后代高度负责的精神，日照市确立了党政一把手直接抓可持续发展战略实施的领导体制，形成了决策者抓战略具体实施的实验区建设的领导体制和格局，决心摒弃粗放经营和先污染、后治理的路子，坚持高起点起步，用可持续发展的思想指导新兴港城的开发建设，力争画出最新、最美的图画。

（2）确定了实验区的指导思想，制定、颁布了办好实验区，推进可持续发展战略的文件。根据国家对实验区工作的要求，结合日照市实情，确定了日照市实验区的指导思想：立足地处沿海欠发达地区的实际，充分发挥新亚欧大陆桥东方桥头堡的综合优势，以改革开放和科技进步为动力，以调整人与人、人与自然的关系为出发点，坚持高起点起步，力求跨越式发展，加快生态城市建设步伐，努力走出一条新兴港城经济、社会与自然环境相互协调和可持续发展的新路子。根据上述指导思想，市委、市政府又制定了《关于认真贯彻〈中国21世纪议程〉，大力实施可持续发展战略的意见》，对全市实施可持续发展战略做了总体部署和战略安排；以《中国21世纪议程》为指导，制定了《日照市社会发展总体规划》，经市第十三届人大常委会第35次会议通过，由市政府颁布实施，成为全市可持续发展跨世纪的行动纲领。

（3）因地制宜，选准生态城市建设的着力点。以生态为基础，将日照市的生态资产转变为生产力，是日照市近年来指导全市发展的根本思想。良好的生态环境是可持续发展的重要标志和生态城市的基本特点，保护和改善生态环境就是保护和发展生产力。促进日照市生态环境的持续发展和生态资产的稳定增长，是生态社会建设的基本任务。

（4）大力发展生态经济，以产业的生态转型为主攻方向，促进日照市经济的跨越式发展。建设生态城市的实质是变革传统的发展模式，特别是变革传统的工业化发展模式，赋予工业经济以生态内涵，促使城市向以资源节约、污染减少和废弃物多层次综合利用为特征的循环型、服务型、网络型生态产业的方向发展，在生态良性循环基础上实现经济的持续、快速、健康发展。日照市结合实行两个根本性转变，从宏观与微观两个层面着手，大力发展生态经济。在宏观层面上，日照市坚持"以港兴市"的方针，充分发挥大陆桥东方桥头堡的综合优势，扩大对内、对外开放，优化资源配置，促进产业结构的优化升级。在微观层面上，大力推广清洁生产和 ISO14000 环境管理认证体系，深入开展节能降耗、资源综合利用活动，积极开发绿色产品，力求实现企业的生态与经济平衡。日照市洁晶集团是全国海藻加工行业规模最大的企业，曾经是全市的污染大户。近年来，洁晶集团积极推行清洁生产，在全国同行业率先通过了 ISO 9002 质量体系和 ISO 14000 环境体系认证，一跃成为省市的生态示范企业。对临海大工业项目，日照市千方百计把产品食物链与废物食物链相互配套，努力建立协调发展的生态工业体系。例如，海能电力公司以发电厂的废料粉煤灰为原料，生产保温隔热新型建筑材料，替代传统的实心黏土砖，既保护了耕地，又提高了建筑物的能源效率。同时，日照市积极推广绿色农产品生产。例如，巨峰镇茶园应用无公害生产技术，坚持施用有机肥、农家肥和饼肥，不施化学肥料和生物生长调节剂，实施节水灌溉，被命名为省级"无公害茶叶生产基地"，并通过了国际有机食品认证机构（ECOCERT）的审查验收，还取得了进入欧盟市场的许可证。

❓ 思考

请结合合案例分析社区环境管理包括哪些内容，以及社区环境管理工作是如何开展的。

2．社区环境管理的内容

要加强社区环境的管理，就必须加强综合整治和依法管理。具体来说，社区环境管理包括以下内容。

（1）搞好社区环境规划。社区环境建设要严格按照所在城市经过批准的城市总体规划，量力而行，逐步实施。尤其要正确处理好局部与整体、近期建设与远景规划、经济建设与环境保护的关系，切实发挥城市规划对社区空间资源的调控作用。社区环境规划主要包括社区环境卫生基础设施规划和社区公共绿地规划。社区环境卫生基础设施主要包括社区街道的清洁、保洁设施，以及城市生活垃圾和粪便的清运、处理设施。社区公共绿地的布局应根据城市规划结构和总体布局，按照功能与等级要求，结合社区条件，采用"点"、"线"、"面"相结合的原则，形成总量适宜、分布合理、植物多样、景观优美的城市绿地系统。其中，"点"是指小型草坪，"线"是指林荫道，"面"是指专用绿地、小型公园等。

（2）依法整治，建立社区环境管理机制。社区环境建设是基础，管理是保障。新中国成立以来，国家对城市环境整治工作不断加强，虽然取得了很大的成绩，但社区环境还不尽如人意，管理跟不上是造成这种现象的主要原因。尽管国家颁布了《城市市容和环境卫生管理条例》、《中华人民共和国城市容貌标准》、《城市公厕管理办法》、《城市生活垃圾管理办法》、《中华人民共和国环境保护法》等，但问题是执法不严，并没有真正落实"谁污染谁防治"的原则。此外，社区环境管理体制上还存在关系不顺、多头领导的现象，工商、城管、环保、环卫等部门的管理有时出现职能交叉，有时出现真空或空白。

做好社区环境管理应从两方面入手：一是社区市容管理；二是园林绿化管理。社区市容管理要根据中华人民共和国住房和城乡建设部颁发的《中华人民共和国城市容貌标准》和当地政府的有关规定，对社区的环境卫生和市容市貌进行检查、监督、整顿，必须以块为主进行管理，综合运用法律、经济、行政和教育等手段，把整治与日常管理有机结合起来，突出抓好"脏"、"乱"、"堵"三项内容，采取各种措施净化社区环境卫生。社区园林绿化管理要遵循专业化与群众性相结合的方针，依靠园林专业队伍，在树苗生产、规划设计、科学技术方面起到示范、指导与提高作用；同时要依靠社区各方面的力量，广泛开展群众性的绿化植树活动。

（3）加强环境执法队伍建设。社区环境管理的实施需要一支强有力的执法队伍，这就需要公安、工商、城管、环保、环卫等具有城市管理职能的有关部门的执法队伍进入社区，同社区联合组建一支环境管理队伍，综合行使环境卫生、园林绿化、环境保护、建筑工地管理等职能，这是搞好社区环境的必要措施。目前，许多社区都有物业管理公司组织专门人员进行保洁服务、绿化管理、车辆管理、装修管理，并按照"谁污染谁清扫，谁得益谁负责"的原则，划定环境卫生、环境园林责任区，承担责任区的清扫保洁任务。

5.5　社区卫生与环境管理创新

5.5.1　社会管理创新概述

2004 年 6 月，党的十六届四中全会提出要"加强社会建设和管理，推进社会管理体制创新"。2007 年，党的十七大报告提出要"建立健全党委领导、政府负责、社会协同、公众参与的社会管理格局"。社会管理被纳入更完备的体系性框架之中，社会管理创新也就成为 2009 年年底全国政法工作电视电话会议所强调的"社会矛盾化解、社会管理创新、公正廉洁执法"三项重点工作的组成部分之一，是指导我们党精神文明建设的重要纲领。

1. 社会管理

社会管理是政府职能的重要组成部分，但是，广义上的社会管理又不限于政府的社会管理职能，它还包括其他主体以及社会自身的管理。作为政府职能之一的社会管理，是指国家通过制定一系列社会政策和法律规范，对社会组织和社会事务进行规范和引导；培育和健全社会结构；调整各类社会利益关系；回应社会诉求；化解社会矛盾；维护社会公正、社会秩序和社会稳定；维护和健全社会内外部环境；促进政治、经济、社会、文化和自然协调发展的一系列活动及这些活动的过程。狭义上的社会管理则是多元主体以多样化形式进行的上述活动及这些活动的过程。

2．社会管理创新

社会管理创新是指在现有社会管理条件下，社会管理创新既是活动，也是活动的过程，是以社会管理存在为前提的，其目的在于使社会能够形成更为良好的秩序，产生更为理想的政治、经济和社会效益。

当前我国既处于发展的重要战略机遇期，又处于社会矛盾凸显期，社会管理领域存在的问题还不少。社会管理如果搞不好，社会发展将受到制约和影响；过去取得的社会发展成果，也将受到侵蚀。没有社会管理，就没有科学发展与和谐发展。

只有加强和创新社会管理，尊重人民主体地位，保障人民各项权益，发挥人民首创精神，走共同富裕道路，促进人的全面发展，才能落实以人为本的发展思想。

只有加强和创新社会管理，更好地推进经济、政治、文化、社会建设及生态文明建设，促进现代化建设各个环节、各个方面相协调，促进生产关系与生产力、上层建筑与经济基础相协调，增强经济发展和社会进步之间的协调性，才能实现经济社会全面、协调、可持续发展。

只有加强和创新社会管理，统筹经济和社会发展，统筹城乡发展，统筹地区发展，兼顾不同地区、不同领域、不同方面群众的利益，才能落实科学发展的统筹兼顾的要求。

只有加强和创新社会管理，正确处理人民内部矛盾和其他社会矛盾，最大限度地激发社会创造活力，最大限度地增加和谐因素，最大限度地减少不和谐因素，妥善协调各方面的利益关系，才能更好地保障和改善民生，促进社会公平正义。

社区卫生与环境管理创新是社区管理创新的重要组成部分，以下详细论述。

5.5.2　社区卫生与环境管理创新的内容

1．管理观念的创新

社区卫生与环境管理创新首先体现在管理观念的创新上。要准确把握当前我国社会建设和社会管理领域出现的新情况、新问题，坚决改变那些片面地认为社会管理就是单纯"管控"的思想观念和思维模式，借鉴和吸收莫于川教授讲的八种新观念：树立以人为本、保障人权、尊重人格的观念；树立宪法、法律至上，政府权力有限的观念；树立行政民主、公众参与、共同治理的观念；树立多元化、多样化、多依据的治理的观念；树立建设服务型政府、强化公共服务的观念；树立政府诚信、社会诚信、官民互信的观念；树立接受监督、责任到位、权利救济的观念；树立辩证唯物、历史唯物的法治发展的观念。

2．管理主体的创新

要从单纯重视政府作用向社会共同治理转变，从传统的社会管理向现代社会"治理"转变。社区卫生与环境管理创新的管理主体创新表现在主体的多元化上，除了政府，还包括社区工作站、社区服务中心、社区卫生服务中心、非政府组织与非营利组织等。

3．管理环节的创新

社区卫生与环境管理创新也体现在管理环节方面。要从偏重事后处置向更加重视源头治理转变，把工作重心从治标转向治本，从事后救急转向源头治理，使社会管理关口前移。

4．管理手段的创新

社区卫生与环境管理创新要从偏重管制控制向更加重视服务、重视协商协调转变，更多地运用群众路线的方式、民主的方式、服务的方式，以及教育、协商、疏导的方式，化解社会矛盾，解决社会问题。要从偏重行政手段向多种手段综合运用转变，更多地运用法制规范、经济调节、道德约束、心理疏导、舆论引导等手段。

5．管理制度的创新

传统的社区管理和社区建设"两级政府、三级管理、四级模式"，随着市场化变革越来越深化，这种行政主导和控制模式面临越来越多的难题，使得网格化管理成了管理制度创新的题中应有之义。城市网格化依托统一的城市管理及数字化平台，将城市管理辖区按照一定的标准划分成为单元网格，通过加强对单元网格的部件和事件巡查，建立一种监督和处置互相分离的形式。对于政府来说，城市网格化管理的主要优势是政府能够主动发现、及时处理，加强政府对城市的管理能力和处理速度，将问题解决在居民投诉之前。例如，漯河市"一格四员"运作模式，石嘴山市大武口区"4+6"运作模式，长治市"三位一体"管理模式，舟山市"网格化管理、组团式服务"，郑州市网格化管理系统都为我们提供了很好的典范，根据实际情况采用其中一种或多种模式进行社区卫生与环境管理，都将取得非常好的效果。

学习活动 11

谈谈如何进行社区卫生与环境管理创新。

📂 课后练习

一、填空题

根据当前社区环境存在的问题，社区环境建设的工作重点是_____，建设卫生社区；_____，建设绿色社区；_____，建设美好社区。

二、名词解释

1．社区医疗卫生
2．社区医疗卫生服务
3．"六位一体"

4．社区环境

三、简答题

1．社区医疗卫生的特点有哪些？

2．社区医疗卫生存在哪些问题？

3．如何进行社区医疗卫生服务人员管理？

4．社区计划生育服务与管理要重点关注哪五种育龄人群？

第6章 社区工作者及人力资源管理

在人类所拥有的一切资源中，人力资源是第一宝贵资源，所以它自然成了现代社区管理的核心。不断提高社区人力资源开发与管理的水平，不仅是当前发展经济、构建和谐社区的需要，也是一个国家、一个民族、一个地区、一个单位长期兴旺发达的重要保证，更是一个现代人充分开发自身潜能、适应社会、改造社会的重要措施。本章针对社区工作者的特点、人员配备及社区人力资源岗位分析与选拔进行阐述。

学习目标

1. 掌握社区工作者队伍的概念及特点。
2. 了解社区工作者队伍的人员配备及职责。
3. 掌握社区人力资源管理的含义及特征。
4. 掌握社区人力资源岗位分析及选拔。

学习导航

社区工作者及人力资源管理
- 社区工作者队伍
  - 社区工作者队伍的概念及特点
  - 社区工作者队伍的人员配备
  - 社区工作者的职责
- 社区人力资源管理
  - 社区人力资源管理的含义及特征
  - 社区人力资源岗位分析
  - 社区人力资源选拔与培养

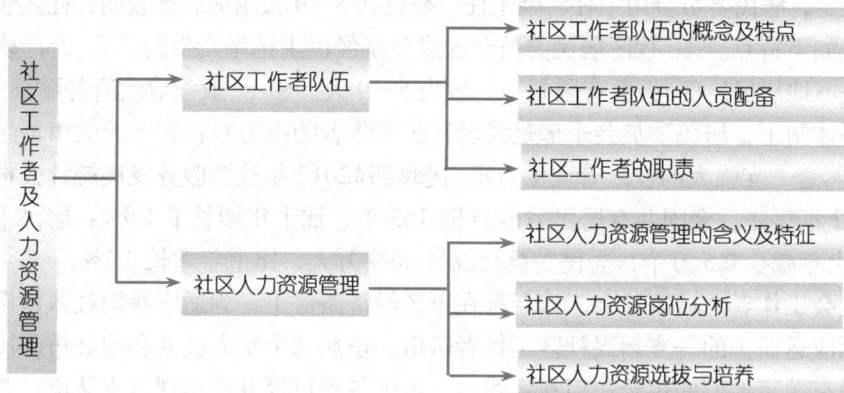

6.1　社区工作者队伍

6.1.1　社区工作者队伍的概念及特点

1. 社区工作者队伍的概念

社区工作者是在社区内从事任何为人群服务的活动的工作人员。这个概念的前身就是"居民委员会干部"。不过在 21 世纪我国社区管理与服务蓬勃发展的前提下，社区工作者的构成发生了变化，大量由街道办事处甚至居民委员会聘用的工作人员和原来的居民委员会干部一道为居民提供服务。这部分人员和居民委员会干部在一起办公和活动，但囿于居民委员会的自治属性，将这部分工作人员归类为居民委员会干部又有点不妥当。为了理顺这些关系，很多地方在组织结构上进行了各种探索实践，如在居民委员会之外，另设"社区工作站"，这些人以社区工作站工作人员的身份开展活动，以此规避居民委员会的自治问题。虽然社区工作站（居民委员会一级）和社区服务中心（街道办事处一级）的组织定位截至目前还没有完全理清楚，不过我们大体上可以笼统地说，凡是在社区工作站或社区服务中心工作，为社区居民提供人群服务的工作人员，都属于社区工作者队伍，无论他们是经过民主选举产生的居民委员会主任，还是有关部门聘任的社保专干、低保专干，或者是根据服务协议在社区内提供服务的专业社会工作机构的工作人员，甚至是大学生村官等。

2. 社区工作者队伍的特点

从我国现有及未来社区发展情况看，我国新兴的社区工作者队伍主要由两部分构成，即社区居民委员会干部和受雇于社区组织的专业社区社会工作者。以下我们分别就这两部分的特点及意义给予说明。

　　(1) 社区居民委员会干部。《中华人民共和国城市居民委员会组织法》第 8 条规定，居民委员会主任、副主任和委员，由本居住区全体有选举权的居民或由每户派代表选举产生；该法第 7 条还规定，居民委员会由主任、副主任、委员共 5～9 人组成。这表明，社区居民委员会干部具有如下特点。① 社区居民委员会的成员是经民主选举产生的。② 有严格的属地性，一定是本地居民。③ 人数有限制，一般为 5～9 人。④ 一般领取政府补贴。

　　在传统计划体制下，居民委员会干部是我国社区工作者的主力军；在今天的市场经济条件下，他们仍然是一支强大的社区管理生力军。民政部《2012 年社会服务发展统计公报》显示，截至 2012 年年底，全国共有居民委员会 91 153 个，比上年增长了 1.9%；居民小组 133.5 万个，比上年减少 0.5 万个；居民委员会成员 46.9 万人，比上年增长 3.3%。

　　(2) 社区社会工作者。社区社会工作者是在市场经济条件下，为适应我国社区建设和发展的新形势而应运而生的一支新兴社区工作者队伍。虽然《中华人民共和国城市居民委员会组织法》没有关于他们的规定，但在实践中，全国各地已经开始出现这支队伍，并且从未来我国社区发展趋势及与国际接轨情况看，这支队伍将会成为我国社区管理队伍中极为重要的组成部分。民政部《2012 年社会服务发展统计公报》显示，截至 2012 年年底，共有各类社区服务机构 20 万个，社区服务机构覆盖率为 29.5%；其中，社区服务指导中心 809 个，社区服务中心 15 497 个，比上年增加 1 106 个；社区服务站 87 931 个，比上年增加 31 775 个。至于社区共吸纳的从业人员，2010 年的统计为 105.9 万人，民政部《2012 年社会服务发展统计公报》没有发布这项数据，但估计也应在百万人以上。

　　较之社区居民委员会干部而言，社区社会工作者有以下特点。① 经社会公开招聘产生。② 突破居住属地限制。③ 人数无法定限制，根据工作需要确定。④ 具有一定的专业知识或水平，取得社会工作职业资格证书。⑤ 领取受聘工资。

　　从这些特点看，至少在理论上讲，这些新兴的社区社会工作者经过公开招聘而来，具有自由职业人的某些特点。社区建设需要大批专业化、高素质的社区管理队伍，而他们正好具备了这一要求。从分布看，他们现在主要分布于各居民委员会中，以替代大量年龄大、体力差、文化低的传统居民委员会干部。从长远看，他们未来的最大分布区将是社区非营利组织。这类组织是与政府、营利组织（企业、公司）相对应的组织，主要致力于社会服务和管理，其基本宗旨是满足社区居民的需求。

　　(3) 社区志愿者。此外，我们还要提到的是社区志愿者。志愿者当然不是严格意义上的工作人员，但他们是社区管理和服务中的重要辅助力量，尤其社区社会工作者会动员大量的志愿者队伍。

　　志愿者队伍来自志愿者组织。志愿者组织是指由企事业单位、社会团体、城市基层组织所组织的从事志愿服务的非营利的公益性组织（含其下属组织），它必须进行社团法律登记。志愿者是指属于某一志愿者组织，并参加志愿服务的 16 周岁以上具有本市户口或有效暂住证件的人员。志愿服务是志愿者为社区居民的工作、生活提供无偿及其他有利于社会发展和稳定的服务的行为。志愿者服务的主要对象是社区内孤、老、残、幼、烈军属、贫困家庭、下岗职工、失业职工及其他需要帮助的居民。

社区志愿者具有以下特点。① 志愿者组织完全靠居民的个人意愿参加。② 参与志愿者服务的是年满 16 周岁，具有本市户口或有效暂住证件的人员。③ 志愿者在人数上没有限制。④ 一般情况下，志愿者服务为无偿服务。

2012 年年底，全国已有 9.3 万个社区志愿者组织。从我国的情况看，志愿者队伍主要来自两方面：一是本居住区的居民；二是非本居住区的人员。志愿者的数量是衡量社区文明程度高低的一个重要标志。在一个社区中，如果有 1/3 以上的人愿意做志愿者，这个社区的人际关系就会非常和谐。在美国，有 800 万人在社区从事各类服务工作，占全国就业人数的 10%，每年还有 9 000 多万人次的志愿人员提供服务。相比之下，我国的差距还是巨大的。《全国社区服务示范城区标准》第六章规定，社区服务队伍要拥有一批稳定的、具有实践经验的专职服务人员。其中，专职管理人员不超过 80%，文化程度达到高中以上，具有各种服务专业特长的技术服务人员的比例达到 10%以上；拥有一批社区服务兼职服务人员队伍，兼职服务人员占全部服务人员的 5%以上；区、街、居民委员会分别建立社区服务志愿者组织，并有章程、有计划、有活动；社区服务志愿者登记注册的人数达到本社区居民的 1%以上，80%以上的志愿者每月义务服务不少于两次。

由此可见，要实现《全国社区服务示范城区标准》中的目标，还要加强社区工作者两部分队伍的建设，他们是我国社区建设和发展的主要实施者，其队伍建设好坏直接关系到我国社区建设和发展的成效。

学习活动 1

承办楼道小报的社区教育志愿者

南京市鼓楼区天津新村社区居民中有这样一批社区教育志愿者，他们长年为办好社区楼道的小报而乐此不疲。每个楼道每周会有一位志愿者负责出一期小报，内容涉及健康、卫生、娱乐、社区议事及国家的发展等，贴在楼道的居民必经之处。楼道中的居民以小报作为交流的纽带，促进了邻里关系的和谐。楼道中的居民，尤其是老人，对此充满了高涨的热情，主动参与到社区志愿者队伍当中，精心收集资料，精心地进行组织，并努力完成自己的任务。为此，他们的生活丰富而充实，邻里们对小报的阅读和称赞又使他们精神上得到了满足，办小报成了他们老有所学、老有所为的象征。

❓ 思考

针对该案例，谈谈你对社区志愿者的认识。

6.1.2　社区工作者队伍的人员配备

人员配备是为每个岗位配备适当的人，也就是说，首先要满足组织的需要。同时，人员配备也是为每个人安排适当的工作，因此，也要考虑满足组织成员个人的特点、爱好和需要。

1．人员配备的过程

人员配备就是用合格的人员对社区组织结构中的职位进行合理配置的过程。它主要包括以下几个步骤。

（1）确定配备人员的要求。配备人员的要求是指拟配备人员的类型、数量和素质等方面应具备的条件，它是实施人员配备活动的依据，也是检验人员配备和选拔活动效果的根本标准。因此，进行社区人员配备活动，必须首先准确地确定对需要配备人员的要求。

（2）人员选拔。人员选拔即对社区工作者的补充，也就是根据对配备人员的要求从应聘人员中挑选出称职的人员，并明确其职务的活动。

（3）人员培训。人员培训是对即将任职或在职的社区工作者进行的教育、培养与培训活动。通过人员培训，可以使社区工作者更加适合职位要求，从而更好地履行岗位职责。

（4）人员考评。人员考评是对社区工作者履行职责的实际状况进行的考核与评价活动。通过人员考评，可以了解和把握各个主管人员的实际状况，从而为人员培训与调整提供依据。

（5）人员调整。人员调整也就是对现有职位的人员所进行的提职、降职、调职、辞退等活动。持续的人员调整，有利于实现人与事的最佳结合。

2．人员配备的原则

（1）职务明确原则。人员配备的目的是以合适的人员去充实组织结构中规定的各项任务。若职务不明确，人员配备就没有依据，就不能以合适的人员去充实这些职位，也就不能做到因事设人，不能发挥各人的特长，不能做到量才录用、人尽其才。同时，职务不明确也就无法了解人员在组织中某个特定职务的相对重要性及其任务，也就无法考评其所取得的成果，也无法对人员有目的地进行培训。

（2）责、权、利一致原则。责、权、利一致原则是任何组织的管理者都应该遵守的原则。社区工作者必须有足够的权力才能承担相应的责任，才能实施自己的计划。这个权力很大程度上体现的是自主程度。职责是社区工作者的工作任务，同样也是其义务。职责是考评有相应权力的社区工作者的主要内容，因为职务是必须由人来填补的。显然，在规定职责时必须把那些诱导人们去工作的诸多因素考虑进去，如薪金、地位、权力、自主权限和完成职责的可能性等。社区工作者必须，也应当得到与其权、责相应的待遇，这种待遇既包括物质上的，也包括精神上的。这种"利"不仅是社区工作者完成任务的保证，也是对其本人及周围人的一种激励。只有责、权、利一致，才能使社区工作者紧盯目标，竭尽全力地完成社区赋予他的使命，真正发挥人员的作用，从而避免有职无权、职责不明的现象和权、责、利不相符的情况。

（3）用人之长原则。一个人只有处在最能发挥其才能的职位上才会干得最好，才能使组织获得最大的收益。因此，在进行社区工作者配备时，必须根据职务的明确要求寻找最合适的人员。所谓最合适的人员，并不是指那些在各方面都完美无缺的人，而是相对于某个额定职务来看，候选人的长处适合于这个特定的职务。

（4）不断培养和学习原则。与现在提倡的终身教育一样，社区中的高层管理者必须注意对基层管理者和中层管理者进行培养，高层管理者本人也要寻求培养的机会和进行自我培养，以适应社会的发展。这是在人员配备的整个过程中始终要牢记的原则。

3．人员配备中应注意的问题

社区人员配备可以用四个字概括：选、育、用、留。但这四个方面不是相互孤立的，而是相互联系、相互影响的。

（1）选。选人者本身要具有较高的素质和相应的人才选拔专业知识，否则人才的选拔与鉴别将无从谈起。选人者要避免以下不足。

1）嫉妒。嫉妒是社区人才选拔过程中经常遇到的现象。一些社区居民委员会主任年龄偏大、学历偏低，他们特别害怕学历高的年轻人进来取代自己，因此会在选拔过程中通过各种方式极力阻挠。这种嫉贤妒能的行为很可能导致社区管理人员素质不升反降。

2）盲目。选人者本身受到自身素质的限制，对人才标准缺乏认识，盲目、被动地乱选一通，选来的人往往并不是自己社区所需要的。

3）贪多。有更大的挑选余地，固然有助于选到满意的人员，但要注意的是，信息过多不仅会造成时间的浪费，也经常会产生疏漏或干扰正确的决策。

4）失衡。失衡主要表现为某一方面的人才过于集中，而其他方面却无人才可选。选拔人才时要充分考虑社区管理者队伍的知识结构、专业结构、年龄结构，根据社区自身特点，确定合理的人才需求，确保队伍结构的合理性，使人才配置达到最优。

（2）育。培育人的工作相当复杂，在培育人的过程中，应注意以下几点。

1）区分不同的培育对象，坚持因材施教。

2）突出实用性，联系社区的实际工作，学以致用。

3）避免培育完的人不从事相应的工作，造成浪费。

（3）用。使用人要注意以下几点。

1）要量才适用，避免"大材小用"或"小材大用"。做到将合适的人在合适的时候安置到合理的位置，调动人才的积极性，充分发挥每个人最大的潜能。

2）工作丰富化和多样化。定期重新分派工作，避免因工作的单调重复而让社区工作者失去兴趣。

3）多劳多得，优质优价。促使社区工作者不仅对过程负责，更应对结果负责；鼓励他们积极工作，根据工作质量的好坏给予一定的奖励或处罚，如可以适当地发放一些奖金或通过带有奖励性质的旅游等活动实施奖励。

（4）留。社区工作者在本职位上能否做久，主要取决于三个方面：一是该社区工作者是不是把所做的社区工作当成自己的发展方向；二是本职务是不是有较高的薪资；三是该职位是不是有个人的发展空间。从这三个方面看，社区工作者一般情况下薪资是不高的，那么社区要想留住人才，就必须有一些甘愿把社区工作当成自己事业的人，同时社区也要能为这些社区工作者提供个人发展的平台。

6.1.3 社区工作者的职责

我们用狭义的社区工作者的概念来确定社区工作者的职责。狭义的社区工作者就是指社区居民委员会成员，它包括社区党支部书记、组织委员、宣传委员、社区居民委员会主任、文体教育工作者和环境卫生工作者等。下面我们就居民委员会成员的职责予以说明。

（1）社区党支部书记的职责。

1）组织发动党员和群众，结合社区的具体情况，正确贯彻执行党的路线、方针、政策和上级党组织的决议，认真完成街工委和支部大会提出的各项任务。

2）负责召集支部委员会和支部大会，将支部工作中的重大问题及时提交支部委员会和支部大会讨论决定。

3）了解、掌握党员和群众的思想、工作、学习情况，发现问题及时解决。

4）经常与支部委员和社区居民委员会干部交流情况，互相配合，支持他们的工作，协调社区内部党、政、群、团组织的关系，充分调动各方面的积极性。

5）抓好支部党员会的学习，按时召开支部委员会的民主生活会，积极开展批评与自我批评，加强团结，认真搞好支部委员会自身建设，充分发挥支部委员会的集体领导作用。

（2）组织委员的职责。

1）了解和掌握党支部的组织状况，根据实际情况，提出党小组的划分和调整意见，检查和督促党小组搞好组织生活，并按党章规定，积极做好党支部换届改选的准备工作。

2）了解和掌握党员的思想状况，协助书记对党员进行思想教育和党纪教育。

3）正确掌握发展党员的工作方针，了解要求入党的积极分子的情况，负责对积极分子的培养、教育和考察，严格按照党章规定，协助书记办理吸收党员的各项工作。

4）协助书记做好党员的管理工作，定期向党员公布党费收缴情况。

（3）宣传委员的职责。

1）了解党内外的思想动态，提出宣传工作建议，协助书记组织好党员学习党的有关理论知识、党的基本路线和党的基本知识；学习现代科学技术知识、法律知识、历史和其他各方面知识；学习党和国家的政策、法规。

2）协助书记组织社区宣传队伍，充分利用广播、板报及网络等开展宣传鼓励工作，宣传优秀党员的先进思想和典型事迹。

3）协助书记指导、协调社区群团组织开展社会主义精神文明建设活动，提高群众的思想道德素质和科学文化素质，活跃社区群众的文化生活。

（4）社区居民委员会主任的职责。

1）贯彻执行党的路线、方针、政策，认真履行管理城市、服务居民的职责。

2）主持居民委员会工作，负责和处理日常行政事务，管好居民委员会的财务收支，并对全体居民负责。

3）坚持民主作风，重大事情必须集体讨论，自觉接受党支部的指导和监督。

4）制定居民委员会的工作计划和发展规划，发展社区服务。

5）抓好本辖区的两个文明建设，做好居民的思想政治工作，引导居民群众树立社会主义道德新风尚。

6）协助抓好本辖区的社会治安、计划生育和环境卫生工作。

（5）文体教育工作者的职责。

1）结合本社区实际，制定实施文体教育工作发展规划和年度工作计划。

2）积极利用现有设施，组织社区居民开展丰富多彩的文化体育活动。

3）健全体育机构，开展全民健身活动和比赛活动，不断提高居民群众的全民健身水平。

4）利用各种形式，积极组织社区居民群众开展时事政治教育、法律知识教育、方针政策教育、文明市民教育、节假日青少年教育和失足青年教育，不断提高广大居民群众的素质。

（6）环境卫生工作者的职责。

1）制定并组织实施环境卫生规划及年度计划。

2）认真宣传国家关于环境、卫生工作的法律、法规和国家的政策，宣传环境、卫生科普知识，使社区居民养成良好的环境、卫生习惯。

3）积极开展本社区内的环境卫生工作和防病防疫工作，及时向环境保护部门和卫生防疫部门报告灾情和疫情，建立群众性的环境卫生检查评比制度，组织群众搞好环境保护和爱国卫生运动。

4）发动群众，采取积极措施，保持社区的优美环境，搞好社区内的环境卫生。

5）动员居民搞好绿化、美化环境工作，保护花草、树木和绿地。

6）及时向当地人民政府反映本社区的卫生、环境情况，提出有关意见和建议，协助基层人民政府和卫生防疫部门搞好公共环境卫生工作。

7）组织居民群众争创文明卫生之家活动，制定环境、卫生工作规划，建立健全检查评比等制度和办法，使环境卫生工作经常化、制度化、科学化。

学习活动 2

小王是某社区居民委员会的一名社区工作者，工作踏实、积极上进，同时又是该社区所在的街道办事处某副主任的表弟。社区居民委员会目前有一个职位空缺，正好适合小王，所以居民委员会主任决定由小王来弥补这个职位。但这时问题出现了，很多居民委员会的同事认为居民委员会主任是为了拍马屁才推荐小王的，认为居民委员会任人唯亲，所以很不服气。小王听到这些议论后很气愤，决定去企业做出点成绩给他们看。

？ 思考

造成这种结局的原因是什么？怎样才能成为一个合格的社区管理者？

6.2 社区人力资源管理

6.2.1 社区人力资源管理的含义及特征

1．社区人力资源管理的含义

人力资源是指人所具有的对价值创造起贡献作用并且能够被组织所利用的体力和脑力的总和。

人力资源管理就是预测组织人力资源需求，做出人力需求计划，招聘选择人员，对人员进行有效组织、考核绩效、支付报酬，并进行有效激励，结合组织与个人需要进行有效开发，以便实现最优组织绩效的全过程，是以人为本思想在组织中的具体运用。

社区人力资源管理就是指为实现社区最优绩效目标和社区工作者的自身发展，社区通过相关的法规、制度、方法和手段，对社区工作者进行的规划、岗位分析、选拔、任用、激励、培训、考核等一系列管理活动的总和。

如同其他经济或公共组织一样，社区人力资源管理的主要内容包括社区人力资源规划、岗位分析、选拔、任用、激励和培训，以及社区人力资源的绩效考核等。

2．社区人力资源管理的特征

与其他组织人力资源管理比较，社区人力资源管理具有以下几点特征。

（1）公开性。社区不同于其他社会组织，社区人力资源管理行为实际上就是居民委员会权力与社区互动的过程。在这一过程中，社区居民与社区居民委员会是委托与代理的关系。社区居民委员会接受社区居民的委托，代表社区居民去做社区人力资源管理的有关事情，并且向社区居民负责，同时接受社区居民监督。正因为如此，社区居民委员会内部管理制度的公开性成为其人力资源管理的重要特点。企业的人力资源管理制度往往是企业商业秘密的一个组成部分，而社区的人力资源管理制度往往是公开的，受到社区居民和社区居民委员会成员的监督。

社区人力资源管理制度的公开性在保证实现组织人力资源管理公平性方面具有积极的作用，但同时也增加了人力资源管理的难度，提高了对人力资源管理部门专业人员的职业化水平的要求。

（2）服务性。服务性是社区人力资源管理的基本属性。这种服务与企业组织的"服务"有着本质区别。

社区的服务是将社区的利益摆在核心地位，而企业组织的服务通常是有偿服务，这正是区别两种"服务"性质的分水岭。因此，社区人力资源管理的目的不是像企业组织那样为本企业谋取利益。也就是说，企业对人力资源进行管理，提高人力资源的价值，其目的是让人力资源为本企业创造更大的利益。而社区对其人力资源进行管理，是为了提高整个社区居民的素质、提升社区居民的价值，其目的不是为社区自身谋求利益，而是为全体社区居民提供服务，为社会公众谋求公共利益。

社区人力资源的服务性特征使社区人力资源管理在实现社区职能方面负有重要责任，因为服务产品质量的高低在很大程度上取决于服务提供者的劳动积极性、工作创造性和职业化程度。这些都是社区人力资源管理需要解决的问题。

（3）复杂性。社区人力资源管理既受政府组织的影响，也受工商企业部门甚至社区居民的影响。社区人力资源管理的这一特殊性也增加了对其管理的复杂性，提高了对其管理的难度。

社区人力资源管理的复杂性还表现在对社区人力资源产出管理的难度上。社区人力资源产出具有以下不同于企业组织产出的特点。① 社区人力资源产出通常是一些中间产出，充其量是最终产出的"代理"，间接的非市场产出对最终产出的贡献程度是难以琢磨和难以度量的。② 社区人力资源产出在技术上也是难以度量的，从委托人组织到会员组织再到政府组织，与这些机构的资源利用效益和效率相关的产出度量的难度越来越大，对其进行管理和控制的难度也越来越大。③ 社区人力资源产出和产出的最终社会效果之间存在时间上的滞后，这种滞后也造成了对社区人力资源产出进行测度评价的困难。④ 社区人力资源产出一般都是集体性的产品，个人在其中的贡献份额是难以确定的。以上这些社区人力资源产出的复杂性都形成了社区实现人力资源绩效管理的直接障碍，这就要求人们尽快研究探讨出新的适合社区自身特点的绩效管理体系和绩效评价指标。

（4）稳定性。与企业组织相比，社区具有相对稳定性的特点，即社区的结构很少发生变化，管理模式也很少发生根本性变革，这对社区人力资源管理有很大影响。

社区的稳定性对人力资源管理既有有利的一面，也有不利的一面。有利的是，由于组织结构和管理机制稳定，工作者的组织预期和行为方式可以长期化；不利的是，社区往往不能像企业那样，通过组织结构的变革，为工作者提供更多的发展机会，即缺乏激励手段。

现代人力资源管理不仅要求即时的、被动的管理，还要求在对组织需求和人力资源供给状况进行合理预测的基础上，实现动态的、预见性的管理。在此过程中，社区人力资源管理会遇到特殊的困难。"在私人部门中，组织机构需求的预测一般是以各个单位的经理所做的销售预测和市场预测为基础的。鉴于控制一般是较内在化、分散化的，也较少依赖外界的检查渠道，所以这些预测更具有现实的可能性"。社区则不同，它"不太能控制其未来计划，而且其详细说明类似于市场预测的情况，并用 3～5 年的时间使其被人们接受的可能性也很小"。社区稳定性的特点也造成了其在管理上缺乏灵活性，即不能根据环境的变化或管理的需要实行动态化人力资源管理。

学习活动 3

月坛街道汽南社区切实发挥地域优势
全力推进学习型社区建设与发展

几年来，汽南社区居民委员会在月坛街道工委、办事处的指导下，结合形势的需要，不断学习、提高、实践，使社区基础建设有了很大的改善。

党的十六大以后，全面建设小康社会的步伐加快了社区改革，把社区改革推进一个新的发展阶段，这对我们社区工作者提出了新的任务与要求。我们勇于探索、不断创新、与时俱进、不断推进社区教育，使学习型社区建设和发展的步伐不断加快。

1. 调动地域资源，创建学习型教育环境

（1）充分调动社区内社会力量，坚持资源共享，推动学习型社区建设。汽南社区居民委员会采取了交叉互助任职的方式，实现了资源共享。汽南居民委员会主任兼任 33 中学的名誉校长，兼任白云路小学的大队辅导员和青龙桥小学的校外辅导员；33 中学的校长兼任汽南社区居民委员会副主任，白云路小学派专职老师到社区组织社区教育（组建"小记者"站，为"五好家庭"拍全家福，对小区环保做专题采访等）。

学校与社区互助、互补、互动，促进社会教育的持续发展，帮助学校实施素质教育。正如 33 中学校长所说："一个孩子智商差些，伤害不了他人，若德育不好，那将危害社会。"几年来，这种交叉任职、互联互助的形式起了很好的作用。33 中学选派优秀学生干部到汽南社区居民委员会做"见习居民委员会主任"，每周六下午，他们与居民委员会的主任走家串户，了解民情，调解邻里纠纷，慰问孤寡老人，进百家门、知百家情、解百家难、温百家心，参与组织楼门组长会，参加文艺会演等具体为居民服务的工作，从而培养了爱心、责任心。为了加强素质教育，33 中学又组织了"5247"小队活动（我爱社区的谐音），主要参加社区组织的公益活动，整治环境，帮助军烈属、孤寡老人及残疾人搞家庭卫生等，为学生们提供了社会实践机会。

（2）利用阳光社区培训学校的教育资源，为社区居民举办健康讲座、"迎奥运学英语"活动、书法班，以及开办计算机培训班、家政服务班等，为下岗失业人员再就业及社区各群体进行学习提供了良好的条件。一个人人争学习、人人爱学习的氛围在汽南社区逐步形成，学习型社区创建活动逐步深入。

2. 以创建"五好文明幸福家庭"为基础，开创学习型社区新局面

学习型社区的创建是促进两个文明建设和实现可持续发展的重要途径，其重点是形成和完善社区教育的管理体制和运行机制。从汽南社区的实际出发，我们的具体做法如下。

（1）加强领导，实行"议行分设"管理。居民委员会改制"议行分设"后，与原居民委员会有了本质不同，它是以社区党支部为领导核心，社区成员代表大会决策，居民委员会议事，社区专干（工作者）办事，辖区单位及居民群众广泛参与的社区管理新模式。从社区教育来看，其职能由原来只面向居民和行使政府职能扩大到面向全社区和广大居民群众自治过渡，同时教育资源得以进一步挖掘。目前，汽南社区居民委员会议事班子成员中，33 中学校长担任社区居民委员会副主任，北京市联合大学德育教育研究室主任兼文理学院党委副书记（副教授）担任社区文化、教育、科普与体育工作委员会主任，使居民委员会管理和业务水平得到极大提高，对推进"学习型"社区建设和发展产生了积极作用。

（2）以家庭为基础，深入教育，提高居民整体素质。学校、社会、家庭三者是教育的整体，而家庭教育却是人生教育的基础。为此，我们以家庭为基础，深化教育，目的是提高居民整体素质。居民委员会干部实行双休日轮休制，每周六、日各有一半的干部上班，利用居民双休日在家的机会，走进家庭、联系群众、宣传群众，开展教育活动。教育有的放矢，因户制宜，从健康咨询入手，以"三德"教育、文化礼仪、爱国主义为主题，用本小区身边先进事迹为例子，让居民学有榜样。

几年来，我们以创建"五好文明幸福家庭"为基础，认真坚持"民思我想、民困我帮、民需我做、民求我应"的服务宗旨，严格遵循"以人为本、以学为主、以教为辅"的原则，坚决按照"立足家庭、以楼为点、邻里为链、党建为核心"的工作思路，帮助社区居民提高自身素质。先后有 60%的家庭被评为"学习型"、"科普型"、"尊老爱幼互助型"、"文体型"、"公益型"等各类五好文明幸福家庭，社区文明程度和居民整体文明素质得到提高。

（3）以活动为载体，增强学习型社区建设的实效性。人从零岁开始到老年，都是社区教育对象，一个人的成长，从幼教、普教、成教到终身教育，拉近了学校与社区的距离。几年来，我们针对不同人群先后组织了不同形式的教育活动。① 婴幼儿教育。使 0~6 岁学龄前儿童受教育率达 100%。② 适龄儿童教育。使适龄儿童全部按时入学，其中包括外地来京子女及常住居民非城镇户籍的子女均按时入学，辍学儿童为零。③ 青少年教育。以共建联手加强素质和体验教育为目标，先后与33中学成立"5247"小分队，联合大学的学生参加社区社会实践，与白云路、青龙桥小学成立了"小记者站"，近40名四年级以上学生参加了"小记者站"活动，学生们在互建互动活动中接触社会、了解社会，收到良好效果，受到家长的热情拥护。④ 成人教育。利用双休日或业余时间对居民进行普法教育，以及计算机入门、家政服务和各种文化生活教育。几年来，参加各类活动的居民达2 400人次；失业人员再就业培训达100%，已有80人走上新的工作岗位。⑤ 老年教育。结合老年人的特点与求知欲望，利用社区资源开设了不同课程，有绘画、书法、计算机、电子琴、外语、健身活动、编织、压花、工艺花卉等，学习方式灵活，主要有集中讲座、个人练习、观摩等。参加教育活动的人数占老年人人数的75%。⑥ 外来人口教育。使外来人员与常住居民的管理、教育结合在一起，不定期组织辖区内外来人员学习和培训，帮助他们解决生活、工作中的困难，为他们提供多种服务。多年来，社区内无一人违法犯罪，受到市区表扬奖励，参加各类教育活动的人数已达到社区居民的65%以上。

党的十六大提出了"形成全民学习、终身学习的学习型社会，促进人的全面发展"。随着社会发展新体制、新机制的建立，为了更深刻地理解和领会十六大提出的新理念，汽南社区居民委员会面对新形势还要做很多工作，对"学习型"社区新理念仍需加大学习力度。在总结前段工作的基础上，对汽南"学习型"社区的现状加以深入调研，扎扎实实地做好居民宣传教育工作，使辖区内居民能够自觉地做学习型社区居民，为建立可持续发展的学习型社区居民委员会而努力工作。

❓ 思考

请结合所学的社区人力资源管理的特点，谈谈案例中社区工作者在创建学习型社区的过程中所承担的职责。

6.2.2 社区人力资源岗位分析

1. 岗位分析概述

（1）岗位分析的含义。岗位分析又称职位分析、工作分析，是指对某一特定的工作（岗位）做出工作职责、任务、内容等方面的明确规定，并确定完成这一工作所需的条件和行为的过程。岗位分析由两大部分组成：岗位说明和岗位规范。岗位分析是人力资源管理活动的基础工作。

（2）岗位分析的基本问题。

1）第一个问题——工作是什么。这个问题包括下列各项。① 岗位的名称、级别。② 岗位设置的目的。③ 岗位的工作内容、任务和职责。④ 岗位的主要工作权限。⑤ 岗位需要的工作条件。⑥ 岗位与其他岗位的关系。

2）第二个问题——谁适合这个工作。这个问题包括下列各项。① 基本学历和专业要求。② 在某一领域的工作经验。③ 必须具备的基本能力。④ 必须接受的培训项目和培训时间。⑤ 年龄和性格要求。

3）第三个问题——谁最适合这个工作。这个问题包括下列各项。① 怎样的经历可以优先。② 哪些专业可以优先。③ 怎样的资格（职称、证书等）可以优先。④ 曾经有过哪些培训可以优先。

（3）岗位分析的内容。

1）岗位说明。岗位说明又称工作描述，是指以书面形式对组织中各类岗位的工作性质、工作任务、工作职责与工作环境等所做的统一要求。

2）岗位规范。岗位规范又称工作规范或任职资格，是指任职者要胜任该项工作必须具备的资格与条件，其主要内容如下。① 一般性的人员任职条件，如身体素质、心理素质、知识经验、职业品德。② 管理岗位工作规范内容，如知识要求、专业要求、经历要求、职业道德要求。③ 员工岗位工作规范要求，如应知、应会、工作实例。

2．社区工作者的素质要求

针对岗位分析的主要内容，我们来分析社区工作者的主要素质要求。社区工作往往被界定为助人的专业或解决问题的专业，或者协助个人、家庭、团体及社区激发潜力或改变的专业。其独特的素质主要体现在道德伦理、知识结构和能力要求三个方面。

（1）社区工作者的道德伦理。

1）道德伦理素质对于社区工作者具有重要作用。社区工作专业的价值与目标是将人类的行为引向更合乎道德的层面。道德伦理素质对社区工作者的重要性主要表现在三个方面：一是道德伦理可以具体地指导社区工作者如何应用观察、思考、感觉及行动来达成社区工作的目的；二是道德伦理具有促进社会转型的能力，可以将具有破坏性的社会结构改变成适合社会工作目标与价值的社会结构，这种改造社会结构的事务还可以进一步促使社会工作同僚及组织的成员向更高层次的道德方向发展；三是专业的道德伦理还具有改造文化的能力。社区工作者的每个决策和行动都在传达社区工作专业的价值，同时也间接地传达社会的价值。在一些社会工作者看来，这种道德功能是"社会良知"的一部分，而这种良知除了具有判断好与坏、是与非的价值尺度职能外，也伴随有推广这些价值的义务。可以说，社会良知不仅可以提高人的道德水平，也可以进一步达到传播和推广社会工作的目的。

2）工作态度是社区工作者道德伦理素质的体现。社区工作是助人的工作，这一本质决定了社区工作所注重的既不是为个人利益斤斤计较的利己主义，也不是合理利己的互惠模式，而是以奉献为中心的利他主义。在社区工作中，工作者所持有的工作态度是极为重要的，其表现可以直接影响工作的成败。所以，对于社区工作者在工作态度上的要求是十分重要的。

第一，奉献精神。社区工作者在进行专业工作时，出发点是奉献而不是索取。社区工作者一般的工作对象是困难社区的居民或正在遭遇困难的社区居民，属于缺乏资源的一群，他们在接受社区工作者帮助的过程中，可以给予回报，但这多是对社区工作者个人的肯定和赞扬，或者是对社区工作专业价值的认同和肯定。也就是说，社区工作者在工作过程中是没有及时的物质和声誉报酬的，这就要求社区工作者具有奉献意识，并以良好的意愿投入工作过程中。当然，作为一个专业，当社会对其存在价值给予肯定时，就会通过相应的社会制度和资源再分配机制给予一定的职业薪酬和声望报酬，但这些回报一般都发生在社会工作实务之外。

第二，忍辱负重。社区工作者的服务对象通常是困难社区的居民或处于困难中的社区居民，他们正常的社会生活都受到了一定程度的破坏，观念、意识和情绪可能暂时会偏离社会的正常标准。所以当社区工作者与他们交往，甚至为他们服务时，经常会遇到被埋怨和被误解的情况，所谓"好心不得好报"。这就要求社区工作者有忍辱负重的气度，不能感情用事。

第三，敬业负责。社区工作者的奉献和忍辱负重并不是为了标榜自己人格的高尚和伟大，而是出于一种职业态度和事业心，出于推动社会进步和维护社会公平的职业追求。只有热爱自己的事业，持有对专业负责、对服务对象负责的态度，才能把自己的才能贡献给这个有益于人类进步的事业。

（2）社区工作者的知识结构。社区工作属于宏观操作方法，而其行动取向又偏重社会改革，所以客观上要求社区工作者应向通才方向发展。社区工作者应具有的知识结构具有以下特点。

1）有关社会的知识。社区工作的对象主要是社区及社区居民，而社区是社会的载体，是一个浓缩的社会。社区中各种问题的发生都是各种社会因素相互作用的结果。社区工作者对社会的充分认识有助于他们对问题的认识和了解，也有助于问题的解决。

社区工作者需要掌握以下三方面的社会知识。

第一，有关社会结构的知识。社会结构主要是指各主要社会群体在社会中的地位、关系的相互关联状态，即不同阶级、阶层、职业群体、性别和年龄群体、种族、宗教群体等在社会中的地位。人们在社会结构中的地位对其获取生存和发展资料有重要影响，这种本质上属于利益分配的关系结构会形成各种社会力量，作用并影响着现实社会的运行。社区工作关注的焦点就是社会不平等分配结构中的弱者或弱势阶层的处境，并希望通过各种途径和方法改变这种处境。掌握社会结构的知识有助于社区工作者了解和分析社会资源、社会利益分配的格局，也有助于解决宏观性社会问题。

第二，有关社会互动的知识。社会互动理论是从人的行为的角度研究社会如何能够正常运行的理论。这种理论关注人如何相互作用、借助何种中介进行相互作用及如何有效、成功地与他人合作，进而达到对社会结构的认识。对社区工作者而言，社会互动的知识可以帮助其理解具体社区中人与人的互动过程和规律，以及社会团结状况，以便选择适当的介入模式，更好地推动社区居民参与，达到运用集体力量，通过互助和自助解决社区问题，增进社区凝聚力的目标。

第三，有关社会问题和社会变迁的知识。社会问题是影响社区正常生活、运行和发展的重要因素，社区工作的任务目标就是解决社区实际存在的问题，所以需要通过运用社会学的理论和方法，了解社会问题的成因、变化过程及规律，进而对社区问题做出客观、正确的认定，并设计出合乎实际的、有效的解决问题的方案。社会变迁则属于宏观的理论，社区工作者可以借助这种理论对某一类社会问题有一个一般的认识，并使之成为解决具体问题的参照。另外，社区工作者也可以通过分析社会变迁对社区及居民的影响，阐述通过推动社会变迁来解决社区的具体问题。

2) 有关政治制度和政治行为的知识。政治制度和政治行为的知识主要来自政治学。在社区工作者看来，社会问题的出现是与社会的政治制度相关的，政治制度造成了社会不平等，造就了社会上的统治有权阶层，也造就了政治上的弱势群体。维护弱势群体的利益是社区工作者的主要任务。另外，社区工作有时也是在某种制度框架内实施和执行政策的过程，所以必然涉及相关法律、社会政策的制定或修改，以及为弱势群体的利益而采取社会行动，通过社会冲突来达到期望的目标，这些都属于政治行为。总之，在社区工作中，政治行为是普遍存在的，这就需要社区工作者了解并把握政治权力结构、法律和政策的制定与实施过程，以及政治的实际和微观运行状况等。

3) 有关经济学和管理学的知识。经济学是通过对生产、分配、消费等环节的研究，研究人们的经济关系及其调整过程，分析如何有效地配置资源，以生产更多物质产品为人类服务。人在经济过程中的地位、作用和差距必然影响其在社会和政治上的地位、作用和差异，甚至造成不平等关系。社区工作与经济学有密切的关系，如经济不发达会导致贫困居民甚至贫困社区的出现，经济过程中的就业不充分会使社区居民收入下降、生活得不到保障，社会产品分配不合理造成贫穷等。社区工作与经济的联系还在于它采用何种方式来解决社区的贫穷问题。传统的社区工作主要运用社会政策资源或建立社会支持网络来救济和帮助贫困者，而近几年许多社区工作者运用"经济合作社"模式，创造了更多的就业机会，使贫困者通过就业缓解经济上的贫困和消除社会排斥。

管理学主要通过计划、组织、指挥、人事、控制与监督等功能，善用各种资源，通过安排各种活动，促进并提升工作的效率与效果，从而达到组织目标的实现和个人需求的满足。社会工作的慈善缘起，使之常被认为是不计成本、只求付出的情感性行为，这些模糊看法阻碍了社会工作向科学、理性的专业和学科方向发展。由此，社会工作开始将管理的概念运用于实务过程中，其中计划和评估对社区工作影响最深。计划可以帮助社区工作者收集过去和现在有关服务及社区需要的资料，以便预计未来的发展，并设计和推行最有效和可行的行动计划，以达到机构宗旨和目标。评估则主要帮助社区工作者"交代"（Accountability）和"控制"（Control），使社会确认社区服务的价值和目标，以及通过科学的评估过程来体现服务的效率和效益。

（3）社区工作者的能力要求。在社区工作过程中，社区工作者所承担的任务是非常复杂的，所解决的问题涉及房屋、道路和照明改善、居住环境卫生的改善、社区治安防范等，所要开展的活动涉及社区教育、文体娱乐活动、升学和就业辅导、社区支持网络搭建等。这些任务的完成，需要社区工作者具有较强的工作能力及处理问题与解决问题的能力。具体而言，社区工作者应具备的能力有以下几个方面。

1）社会交往能力。社区工作是一种变化万千的工作。在工作过程中，会涉及很多问题，如不同利益者之间的冲突、人际关系问题、法律问题、合作与协调问题、与社区内各类组织和单位的关系等。社区工作的开展也相当复杂，不仅要求问题得到解决，更重要的是要推动社区居民通过参与活动和工作获得各方面的发展和成长。这些都要求社区工作者有较强的社会交往能力，具体表现在以下几个方面。

第一，交往对象的多样性对工作者的交往能力提出高要求。由于工作的需要，社区工作者往往要接触各种不同年龄、性别、民族、背景、职业的居民，并与他们建立关系，了解他们的问题和需要，把他们组织起来共同研究、策划和推行工作等。不同阶层、不同职业群体的社区居民，其生活方式也存在相当的差异，所以要求社区工作者具备与各类社区成员交往的能力。此外，为了更好地开展社区工作，社区工作者还必须与社区资源的占有者打交道，包括政府有关部门的官员、辖区企事业单位的领导及那些富有的捐款人等，这些都需要社区工作者具有特殊的交往能力。

第二，交往环境的复杂性要求社区工作者有娴熟的交往技巧。社区工作的性质使社区工作者经常要"转战"不同环境状况的社区，工作的推展要经历不同的工作阶段，而工作过程也会时时因受到各种不同的内外因素影响而有所改变。不同工作情景的社区，对社区工作者交往能力的要求也不同，即使是在同一社区环境下，随着居民态度、行为的改变，交往的方式和技巧也要发生变化。例如，在农村社区发展实践中，介入社区初期，如果能懂当地的方言和风土人情，就会较快地与居民建立起初步关系；而在介入中期，能够通过组织社区活动，展示唱歌、绘画、演讲、幽默等能力，则有助于与居民建立起相互信任的关系。

2）组织能力。社区工作的主要内容是社区组织，这就要求社区工作者有足够的组织能力，将居民动员、团结起来，形成社区的凝聚力，同心同德，实现社区的发展目标。

在社区工作中，组织能力的运用主要体现在以下几个方面。

第一，帮助社区解决问题和达到自助。社区工作就是通过社区工作者与社区居民的接触，引发社区居民关注社区事件，鼓励社区居民参与社区事务，组织社区居民通过参与解决社区问题，增进社会归属感。

第二，挖掘社区资源。通过社区工作者的协调，使资源更有效、更公平地运用于社区，包括推动居民建立互助网络、鼓励居民发扬守望相助的精神等。

第三，推行公民教育，培养社区领袖。社区工作者经常要与社区领袖和普通居民进行磋商、交谈与合作，以取得他们的支持，启发他们的自组织功能，帮助他们提升社会意识。

3）行政和管理能力。对社区工作者行政和管理能力的要求来自以下两个方面。

第一，作为社区工作本身，其工作重点是与社区内团体、组织、政府部门等建立关系；与社区居民建立关系并取得其信任；推动和建立居民组织；对资源的挖掘、掌握和运用；设立良好的资讯、沟通网络，建立动员系统等。这些都要求社区工作者具有一定的行政知识和管理能力。

第二，伴随着社会服务整合化的趋势，"以社区为本"的综合服务日益增多，基本精神是把服务对象分割为老人、妇女、儿童等，为社区内所有的人提供服务，并强调将鼓励社区参与的社区工作手法运用于不同的服务中。"以社区为本"的综合服务是将社区内各服务机构之间所拥有的各类资源进行更有效的调动，避免重复浪费或遗漏等情况的出现。这种互相协调的工作模式要求社区工作者具有计划、组织、人事、财政及服务等多方面的行政协调能力。

在我国，社区组织中一直存在"行政化"的倾向，这与计划经济时代政府大包大揽所有社会事务有关。随着社会主义市场经济体制的建立，政府职能有了很大的改变，一部分职能转移给市场，另一部分行政职能则采取了逐级下放的措施，这就使得街道和社区居民委员会组织的行政工作日趋增加，它们需要通过管理来提升工作效率和效益。因此，我国的专业社区工作者更需具有行政能力。我国专业的社会工作者会在相当长的时期里与"半专业"的社区工作者共事，甚至接受其领导，所以较强的行政能力更容易让"半专业"者承认"专业"者的能力，在得到这种初步认同后，专业的知识和能力所发挥的作用才能够体现优势，进而使"专业"获得接纳。

6.2.3　社区人力资源选拔与培养

1．社区人力资源的选拔

社区人力资源的选拔，不外乎内部和外部两个方面。内部招聘和外部招聘是社区人力资源选拔的主要方式。

（1）内部招聘。内部招聘是指在社区内部获取社区管理者需要的人才。内部招聘的主要方式就是竞聘上岗。竞聘的步骤一般包括以下几项。① 发布竞聘公告，包括竞聘岗位、职务、竞聘条件等。② 对申请者进行初步筛选，剔除明显不符合要求的申请者。③ 进行甄选测试。组织相关的文化考试或技能考试，以及必要的与竞聘岗位有关的其他测试。④ 进行诊断性面试。组成考官小组，进行综合性面试。⑤ 对应聘者以往的工作业绩、工作能力等进行考核。⑥ 按工作岗位的要求进行合理衡量，做出决策。⑦ 公布决策，宣布任命。

内部招聘的优点主要有以下两点。

1) 有利于社区工作者迅速熟悉工作并与居民进行接触。内部招聘的社区工作者由于熟悉本社区的情况和工作环境，了解本社区的居民及居民委员会的硬件环境，因此能迅速地上岗，又能迅速地入职，减少了社区和个人的磨合时间。

2) 人员获取的费用较低。社区对外公开招聘一定会消耗相当多的时间和财力。对外招聘前的准备，招聘中的运作、评价和背景资料的收集，招聘后人员到位的一系列安排等，均需消耗财力、物力和人力。内部获取可以节省许多财务开支，使社区管理者获取的费用降到最低。

(2) 外部招聘。外部招聘是指对社会公开招聘社区工作者。外部招聘的主要流程包括以下几项。① 发布招聘信息，包括招聘岗位、职务、竞聘条件等。② 初步筛选，根据应聘资料剔除明显不合格者。③ 初步面试，由街道办事处有关领导约谈，根据经验确定进入下一轮面试的人员。④ 进行甄选测试，组织相关书面测试、情景模拟、角色扮演，根据测试结果剔除必备能力明显不合格者。⑤收集背景资料，包括学历、品质和经历等，根据背景资料剔除填报资料不实或品德不良者。⑥ 体检，剔除身体状况不符合岗位要求者。⑦ 决定，按1:3的比例推荐，由街道办事处有关领导决策。⑧ 引导上岗、试用。⑨ 决定录用。

外部招聘的优点有以下两点。

1) 可以为社区带来新思想、新观念，激发社区活力。外部招聘人才必然给社区带来新的观念、新的信息、新的思想方法和新的社区关系。

2) 可以节省部分培训费用。外部招聘能获得社区所需要的高素质人才，节省了培训费用和培训时间等。

学习活动4

2013年江干区公开招聘

社区人力资源和社会保障服务室就业和社会保障专职工作者公告

为进一步加强社区人力资源和社会保障服务室工作者队伍建设，根据《杭州市人民政府办公厅关于进一步加强基层人力资源和社会保障机构队伍建设的实施意见》（市政办函 [2012] 153 号）及《杭州市人力资源和社会保障局转发关于做好高校毕业生到村（社区）专职从事就业和社会保障工作的通知》（杭人社发 [2013] 573 号）等文件精神，结合我区实际，决定公开招聘社区人力资源和社会保障服务室就业和社会保障专职工作者。现将有关事项公告如下。

一、工作原则

本次公开招聘社区人力资源和社会保障服务室就业和社会保障专职工作者工作（以下简称招聘工作）遵循公开、平等、竞争、择优和德才兼备的原则，采取考试与考核相结合的方法进行。

二、招聘计划

本次面向社会公开招聘的社区人力资源和社会保障服务室就业和社会保障专职工作者总数为 40 名。

三、招聘条件

（一）面向社会公开招聘社区人力资源和社会保障服务室就业和社会保障专职工作者的招聘对象为毕业 2 年以内的全日制大专学历以上普通高校毕业生（含取得高级职业资格证书以上的高级技工学校和技师学院毕业生）。

（二）就业和社会保障专职工作者毕业时间的认定以毕业证书为准，本次招聘工作所涉及毕业时间的界限，均计算至 2013 年 12 月 1 日。

四、报名方法

（一）报名形式。本次招聘报名工作采取现场报名的形式。报名时间：2013 年 12 月 1 日（周日）上午 9：30 至下午 4：30。报名地点：杭州市江干区智谷人才广场一楼（钱潮路 369 号，温州眼视光医院对面）。

（二）所需资料。每位报名者按规定填写《报名登记表》一份：报名者需提供本人身份证、户口簿、学历证书原件和复印件各一份，并提供本人近期一寸正面半身免冠照片 2 张。

五、公开招聘的程序和方法

（一）公开招聘的程序。

1. 报名。区人力资源和社会保障局受理应聘人员的报名，并负责资格审核。

2. 考试。包括笔试、面试两部分，由区人力资源和社会保障局统一组织实施。

3. 体检。由区人力资源和社会保障局统一定点组织和实施。

4. 考核。由各用人单位负责实施。

5. 公示。由区人力资源和社会保障局对拟录用人员名单在江干人才网公示，公示期限为 7 天。

6. 录用。由各用人单位办理聘用手续。

（二）考试阶段的安排。

1. 笔试采取闭卷考试。符合报名条件的正式报名人数与聘用计划之比达到 3：1 及以上，方可进入笔试程序，不足 3：1 时，聘用计划相应核减。笔试成绩将通过江干人才网进行公布（仅公布准考证号及笔试成绩）。笔试后，从高分到低分按招考岗位人数 3：1 的比例确定面试人员，并通过江干人才网公告入围面试人员名单，由区人力资源和社会保障局向入围面试的人员发放面试通知。如有列入面试的人员确认不参加面试的，可在本招聘岗位按笔试成绩从高分到低分依次递补。

2. 面试由区人力资源和社会保障局组织实施。面试结束后，按笔试和面试成绩分别占40%、60%的比例加权计算参加考试人员的总分成绩（如总成绩相等，以笔试成绩高的排名在前）。根据招聘的岗位计划数，按招聘人数1∶1的比例，从高分到低分确定体检人员，并通过江干人才网公告体检人员名单。

（三）体检和考核的程序、标准参照《国家公务员体检标准和考核办法》执行。体检在指定的医院进行。考核对象在体检合格人员中确定，由用人单位统一安排人员到考核对象工作、学习、生活的实地进行考察、了解。体检或考核不合格（或放弃）的，在本岗位内从高分到低分依次递补。

（四）聘用按照从高分到低分择优的原则进行。被聘用人应在规定时间内办理有关手续，无正当理由逾期不报到者，取消聘用资格。公开招聘人员实行试用期制度，试用期包括在聘用合同期限内。在试用期内被证明不符合聘用条件的，用人单位可以单方面解除聘用合同。

六、注意事项

（一）报名人员提交的报考信息和材料应当真实、准确、有效。凡提供虚假报考申请材料的，一经查实，即取消报考资格。

（二）报考的人数不足录用计划数三倍，将酌情核减招考计划，核减或取消的招考计划不做调剂，并在江干人才网予以公布。

（三）考试违纪、违规行为的认定和处理，参照《浙江省人事考试违纪违规行为处理规定》（浙考发〔2007〕32号）执行。

（四）本次公开招聘笔试成绩均将通过江干人才网进行公布（仅公布准考证号及笔试成绩）。准考证领取、笔试入围通知、面试入围通知、体检通知及拟聘用人员名单公示、领取各类通知的具体时间、地点等所有信息均通过江干人才网进行公布。

（五）报考人员对在江干人才网公布、公示的相关内容有异议的，可在公布、公示之日起7日内向纪检监察部门反映。

（六）本次招考不举办也不委托任何机构举办考试辅导培训班。若出现，均与主管部门无关，与本次考试无关。

本公告由江干区人力资源和社会保障局负责解释。

咨询电话：86031796

江干区人力资源和社会保障局

2013年11月27日

? 思考

完整的招聘公告应该包括哪些内容？

2．社区人力资源的培养

社区人力资源是社区建设的重要力量，这支队伍将拥有更多的敬业奉献精神和更高的职业技能水平，将成为一支专业化、综合素质全面的人才队伍，将具备一定的自治意识，具备自我管理、自我教育、自我服务、自我监督的自治能力和水平。这些能力的提高一方面来自个人先天的性格，另一方面则靠后天的教育与培养。社区人力资源的培养类型和内容主要包括以下几点。

（1）社区工作者的业务素质培训。业务素质培训的内容包括社区政策的分析能力、基层动员的能力、综合社会服务的能力等，这些能力是社区工作者必须具备的素质能力。

（2）社区工作者的学历培训。对于社区工作者来说，进行学历培训也是很有必要的。学历培训方式一般有两种：一是社区与高校联合进行，这种方式一般可由街道办事处或当地政府组织；二是社区工作者到相应的高等学府进行培训。学历培养所获得的个人的人力资源通常由社区和社区工作者共同享有，因此此类培训的费用可由社区和个人共同承担。

（3）社区工作者的技术和技能培训。随着社会的进步，科学技术水平进一步提高，社区必须引进现代化的管理手段，如社区信息化管理系统等。高速发展的科学技术迫使社区工作者必须学习新的技术，技术与技能培训是实用性很强、现时效应十分明显的培训。社区应有规划地结合所引进的新设备和新技术的特点，对社区工作者进行培训。

（4）社区工作者的晋升和转岗培训。社区工作者无论是因提拔或提升需要而面对新的岗位，还是因工作的需要进行轮岗或转岗，都需要加以培训。此类培训通常是小批量甚至个案的。

（5）新社区工作者的上岗培训。新社区工作者的上岗培训对新员工、对社区都是一件十分重要的事情。新社区工作者十分重视自己在新岗位上的表现，只有务实的和有效的上岗培训才能使新员工尽快熟悉并胜任自己的工作。对社区而言，新社区工作者能迅速地胜任自己的工作，既是节约人力资本，也是社区有序、高效工作的保证。

新社区工作者上岗培训对于社区来说是非常重要的，其意义有以下几点。

1）使新社区工作者熟悉工作场所，了解社区管理的规章制度和薪资水平，清楚社区组织结构和发展目标，利于新社区工作者适应新的环境。

2）使新社区工作者明确工作职责，适应新的职业运作程序，掌握特定的操作技能，逐步胜任工作。通过员工手册、岗位说明书、必要的参观活动和一定的技能培训，使新社区工作者明确自己的工作任务、职责权限和上下级汇报关系，熟悉新的工作流程，对自己所从事的工作不再感到陌生，有利于新员工胜任工作。

3）有利于建立良好的人际关系，增强社区工作者的团队意识和合作精神，促使转变角色。

4）为招聘、甄选和录用、职业生涯管理等提供信息反馈。通过岗位培训，新社区工作者在招聘与甄选活动中"制造"的假象会暴露出来，招聘负责人的错误认识和主观偏见会得到检验，而且新社区工作者也会充分地表现自己的全面形象，这些都会给社区招聘、甄选和职业生涯管理等提供信息反馈。

新社区工作者培训的内容主要包括社区的地理位置和工作环境，社区的发展历史，社区的主要人员构成，社区的主要领导，社区规范的岗位说明书、规章制度和相关的法律文件等。

培训对于社区和社区工作者来说都是投资和开发，同时也都必将获取应有的回报，并以此确保社区和社区工作者同步发展，最大限度地利用社区人力资源潜能，提高社区的社会效益。

学习活动 5

社区工作者今后须"持证上岗"

俗话说，"上头千根线，下面一根针"，可见基层干部的作用非常关键。记者昨日从市委组织部获悉，我市计划通过5年努力，打造一支素质较高、以40岁左右人员为主体、年龄梯次结构合理的社区工作者队伍，他们将在构建和谐社区中为广大老百姓提供更加优质高效的服务。

1．大学生可经选举进入社区居民委员会

一直以来，不少地方都存在基层干部年龄结构偏大、文化水平偏低等问题。今后，在社区居民委员会换届选举中，我市将引导选民把那些有精力、有能力、有文化、热心为居民服务的社区优秀人才提名为候选人，特别是鼓励和引导应、历届大学生进入社区工作，由街道聘为社区居民委员会干事，其中持有社会工作师（初级以上）职业资格的，可优先聘用。对于聘用人员中符合条件、胜任社区居民委员会工作且在当地居住1年以上的，可通过法定选举程序进入社区居民委员会，成为社区居民委员会成员。

据悉，到2015年，每个城市社区拥有的高校毕业生比例将不低于50%，每个农村社区拥有至少1名以上高校毕业生。

2．社区工作者须"持证上岗"

今后，社区工作者并不是"想做就能做"，而要"持证上岗"。据悉，在我市新录用的社区工作者必须参加社会工作者职业水平考试，并在5年内取得（助理）社会工作师职业资格。现有社区工作者中40周岁以下的社区工作者，一般应取得社会工作师（初级以上）职业资格。到2015年，全市城市社区工作者中获得（助理）社会工作师职业资格的比例不低于30%，并随着资格考试普及而不断提高比例。

此外，凡年龄在40周岁以下的社区工作者，都必须参加专科以上学历教育。在社区工

作期间,对于那些取得国家承认专科及以上学历的人员,相关部门将按规定给予学费补贴。同时,社区工作者参加与本职工作相关的各类专业技术考试并获得相应证书,也可获得适当补贴。

3. 工资参照全市职工平均工资

到社区工作,福利待遇究竟如何?"社区工作者待遇由基本工资、奖金福利、社会保险等部分组成。"市委组织部有关负责人说,城市社区工作者基本工资统一按照全市(当地县)职工平均工资标准发放,奖金福利由各县市区结合实际通过补贴形式做出适当调整,福利待遇实行正常增长机制,并参照国家有关标准享受养老、医疗等社会保险待遇。

社区工作者在社区任职期间,是否履行相应职责?各县市区相关部门计划对社区工作者实行年度考核评议。考核以他们的岗位职责和所承担的工作任务为基本依据,考核内容包括德、能、勤、绩、廉五个方面,重点考核工作实绩。考核分为优秀、合格、基本合格、不合格四个等次,连续两年基本合格视为不合格,考核结果将作为社区工作者续聘、解聘、奖惩、调整岗位和晋升工资的重要依据。

提案人:中国民主促进会中央委员会

(资料来源:合肥在线网站,http://news. Hf365.com/system/2012/03/19/011432793.shtml)

? 思考

为促进我国社区社会工作者队伍的发展,你有什么建议?

📁 课后练习

一、填空题

岗位分析又称职位分析、工作分析,是指对某一特定的_____做出_____、任务、内容等方面的明确规定,并确定完成这一工作所需的_____和行为的过程。岗位分析由两大部分组成:_____和_____。岗位分析是人力资源管理活动的基础工作。

二、名词解释

1. 岗位说明
2. 岗位规范

三、简答题

1. 岗位分析的基本问题是什么?
2. 完整的社区招聘公告应该包括哪些内容?

第 7 章 社区民主政治建设

引言

扩大基层民主是发展社会主义民主的基础性工作。健全基层自治组织的民主管理制度，完善公开办事制度，保证人民群众依法直接行使民主权利、管理基层公共事务，对加强党的执政能力建设、增强社区党组织的凝聚力和战斗力、完善城市居民自治、建设管理有序与文明祥和的新型社区具有重要意义。本章我们将学习社区民主政治建设的重要意义和内容，了解目前社区民主建设过程中出现的问题及对策。

学习目标

1. 了解当前我国社区民主政治建设的含义和重要意义。
2. 理解社区民主政治建设的内容。
3. 掌握民主选举的操作流程。
4. 综合运用民主政治的思想分析社区民主政治建设过程中出现的问题。

学习导航

```
                              ┌──────────────────┐     ┌──────────────────────┐
                         ┌───▶│ 社区民主政治建设概述 ├────▶│ 社区民主政治建设的含义 │
                         │    └──────────────────┘     ├──────────────────────┤
                         │                             └▶│ 社区民主政治建设的地位和作用 │
                         │                               └──────────────────────┘
  ┌───┐                  │                               ┌──────────┐
  │社│                   │                          ┌───▶│ 民主选举 │
  │区│                   │                          │    ├──────────┤
  │民│                   │    ┌──────────────────┐  ├───▶│ 民主决策 │
  │主│──────────────────┼───▶│ 社区民主政治建设的内容 ├──┤    ├──────────┤
  │政│                   │    └──────────────────┘  ├───▶│ 民主管理 │
  │治│                   │                          │    ├──────────┤
  │建│                   │                          └───▶│ 民主监督 │
  │设│                   │                               └──────────┘
  └───┘                  │    ┌────────────────────────┐  ┌────────────────────────┐
                         └───▶│ 社区民主政治建设中存在的问题与对策 ├─▶│ 社区民主政治建设中存在的问题 │
                              └────────────────────────┘  ├────────────────────────┤
                                                          └▶│ 社区民主政治建设的对策 │
                                                            └────────────────────────┘
```

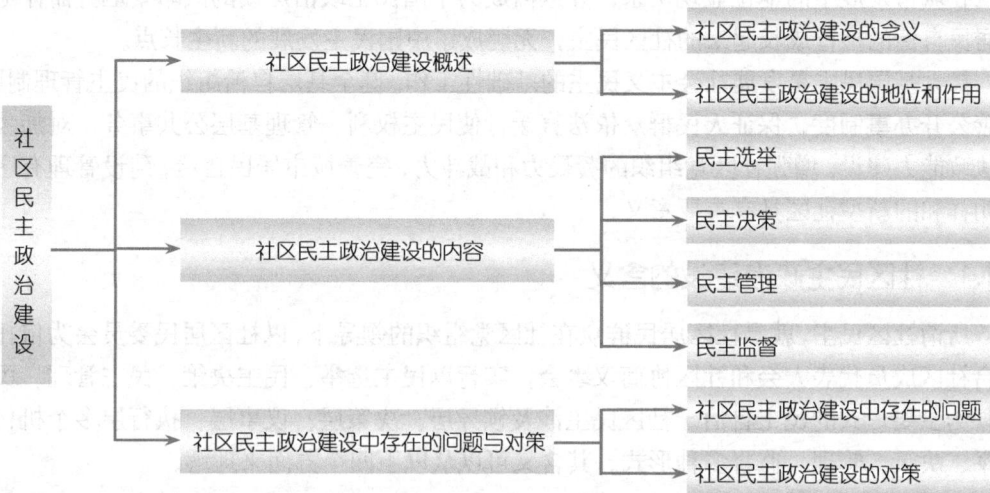

7.1　社区民主政治建设概述

随着城市单位体制改革的进行，大部分城市居民已经由早期的"单位人"向"社会人"转化，社区在城市发展中的地位日益凸显出来。正是由于这种治理结构的重构，所以需要建立起新型的城市社会公共产品供给体系，以弥补社会管理的缺位，从而长期有效地满足居民对社会公共物品的需求。社区正逐渐成为我国民主政治建设的战略要地。社区民主为我国民主发展提供了合格的民主主体、广阔的社会空间和日益成熟的社会直接参与机制。新时期、新阶段推进社区民主政治建设，构建和谐社会，应重点做好完善社区民主的运行机制和完善社区民主的实践形式两项重要工作。

我国是一个后发型的现代化国家，几千年的高度中央集权的专制体制导致了民主传统的缺失，民主基础相对薄弱。如何有效地建设和发展社会主义民主，在理论界一直存在两种颇有代表性的设想：一种是主张从上到下推行民主，认为高层政治的民主化对中国民主的发展具有决定性的意义；另一种是主张从下到上建设民主，认为基层草根民主的实践对于推进整个民主化过程具有决定性的意义。其实，我国的民主政治建设是一个渐进的过程，要在民主传统和民主基础薄弱的条件下有效地推进民主成长，需要高层民主建设和基层民主建设相互配合，相得益彰。

随着现代民主政治和法治文明的发展，一种制度性的内在和谐才真正在民主的基础上建立起来。在 30 多年的改革开放和现代化建设实践中，我国一直坚持高层民主和基层民主建设"两手抓、两手硬"的方针，开创了社会主义民主建设的新局面。尤其是农村村民自治的推行，有力地推进了民主政治建设在农村基层的发展。随着城市单位体制改革的进行，社区在城市发展中的地位显现出来，并逐渐成为中国民主政治建设的战略要地。而伴随城市居民自治的推行成长起来的社区民主，无疑成了中国民主发展的新生长点。

扩大基层民主是发展社会主义民主的基础性工作。健全基层自治组织的民主管理制度，完善公开办事制度，保证人民群众依法直接行使民主权利、管理基层公共事务，对加强党的执政能力建设，增强社区党组织的凝聚力和战斗力，完善城市居民自治，建设管理有序、文明祥和的新型社区具有重要意义。

7.1.1 社区民主政治建设的含义

所谓社区民主，就是社区居民群众在社区党组织的领导下，以社区居民委员会为依托，结合社区成员代表大会和社区协商议事会，实行以民主选举、民主决策、民主管理、民主监督为主要形式的民主自治。社区民主涉及领导层、决策层、议事层、执行层多个机构和选举、决策、管理、监督多种形式。其含义可以从以下四个方面来理解。

1. 社区民主以社区党组织的核心领导为政治保障

社区民主建设是整个社会主义民主政治建设的有机组成部分，社区党组织作为党在城市社区的基层组织，是党的群众工作和战斗力的重要基础，在社区民主建设中起着领导核心的作用。社区党组织通过把党的基本路线及党中央的重大方针、政策与社区居民建设的实际结合起来，加强对居民民主自治发展的科学规划与决策，为社区民主政治建设提供政治保障。

2. 社区民主以社区居民委员会为基本运行载体

《中华人民共和国城市居民委员会组织法》第二条规定，居民委员会是居民自我管理、自我教育、自我服务的基层群众性自治组织。因此，社区居民委员会是社区的法定代表组织，是社区民主自治的主体性机构和基本运行载体。

3. 社区民主以领导层、决策层、议事层、执行层的有效联动为运行机制

社区党组织作为领导层，起到思想领导和政治保障作用；社区成员代表大会作为决策层，是社区最高权力机构；社区协商议事会作为议事层，是社区的议事监督机构；社区居民委员会作为执行层，是社区成员代表大会的工作机构。社区党组织发挥领导核心作用，提供政治保障；社区居民委员会提交草案、自觉执行；社区协商议事会成员初步审核；社区成员代表大会最终决策。

4. 社区民主以民主选举、民主决策、民主管理、民主监督为主要形式

《中华人民共和国城市居民委员会组织法》第八条赋予社区居民在社区自治中拥有选举

和被选举的权利。

社区居民自治紧紧围绕自我管理、自我教育、自我服务、自我监督来进行。这里的核心是"自我"，体现居民群众自治的主动性、积极性、创造性，最大限度地调动和保护社区居民参与管理社区公共事务和公益事业的积极性，最广泛地动员和组织社区居民开展社区自治的实践活动。

7.1.2　社区民主政治建设的地位和作用

社区民主政治建设是社会主义民主政治建设的重要组成部分。党的十八大报告指出："在城乡社区治理、基层公共事务和公益事业中实行群众自我管理、自我服务、自我教育、自我监督，是人民依法直接行使民主权利的重要方式。发挥基层各类组织协同作用，实现政府管理和基层民主有机结合。"以下详细介绍社区民主政治建设的地位和作用。

1．加强社区民主政治建设是社区建设的必然要求

（1）加强社区民主政治建设是社区现代化建设的本质要求。党的十一届三中全会以来，党致力于推进政治体制改革的根本目标，就是实现社会主义民主政治的制度化、规范化和程序化，以实现和发展人民民主为己任，保证人民群众更好地当家做主，行使民主权利，依法管理国家和社会事务。社区民主政治建设为社区现代化建设提供了民主基础，有利于社区各项事业的健康发展；社区现代化建设又为社区民主政治建设提供了广阔的实验场地和物质条件。两者相辅相成，互为促进。

（2）加强社区民主政治建设是深化社区改革发展的客观要求。经济的发展和社会的全面进步，必然会对社区民主政治建设提出新的任务和要求。不断加强社区民主政治建设，充分发挥社区居民自治优势和特点，有利于克服和抵制官僚主义、形式主义、以权谋私、滥用权力等一系列问题对社区改革发展的制约，从而达到进一步深化社区改革发展的目的。

（3）加强社区民主政治建设是社区民主制度自我完善和发展的需要。社会主义社会是一个不断发展和完善的社会，社会主义政治制度也有一个不断发展和完善的过程。只有根据经济文化发展和社区居民群众日益增长的民主要求，不断发展社区民主政治，才能保持社区民主制度的生机和活力。加强社区民主政治建设，应该在坚持和完善人民民主专政的国体和人民代表大会制度的政体的同时，积极探索社区民主政治建设的实现形式，完善与社会主义初级阶段的国情相适应的社区民主制度，使社区民主制度成为充满生机和活力的民主实践。

2．加强社区民主政治建设是扩大社区基层民主的重要手段

扩大社区基层民主是发展社会主义民主的基础性工作和全面建设小康社会的重要任务，而不断加强社区民主政治建设，努力实现社区民主的制度化、规范化、程序化，是扩大社区基层民主的重要手段。

（1）坚持民主选举是落实社区党员和居民群众选举权的必然要求。民主选举作为社区党组织和社区居民委员会最重要的民主活动之一，在社区居民自治过程中处于基础地位，是社区民主决策、民主管理、民主监督的基础和前提。坚持民主选举，就是要使广大社区党员和居民群众充分发挥主人翁的责任感，积极参政议政，通过民主权利的正确行使，选举出坚强有力的社区党组织班子和社区居民委员会班子。最近几年，在各地进行的居民委员会换届选举工作中，有的地方先选举产生居民委员会代表，然后由代表选举产生居民委员会主任、委员；也有一些地方直接选举（海选）产生居民委员会主任和委员。

（2）坚持民主决策是落实社区党员和居民群众参与权的客观需要。民主决策在社区居民自治过程中起着关键作用。社区内重大事项的决策，关系到居民群众的日常生活和难点、热点问题是否能够得到及时有效的解决。而社区内广大党员和居民群众的广泛参与是提高社区民主决策科学化、民主化的前提，是做好社区工作的基础。只有社区党员和居民群众广泛参与，不断增强民主参与意识，才能保证民主决策的正确性。

（3）坚持民主管理是落实社区党员和居民群众管理权的重要内容。民主管理是实现社区居民自治的重点，这是居民自治的本质要求。《中华人民共和国城市居民委员会组织法》规定，居民委员会是居民自我管理、自我教育、自我服务的基层群众性自治组织。从广义上说，居民自治的过程就是民主管理的过程。搞好民主管理，除居民群众的广泛参与外，更重要的是建立健全各项民主管理制度，靠制度管人、管事，逐步实现居民群众民主管理的规范化。

（4）坚持民主监督是落实社区党员和居民群众监督权的重要措施。民主监督在居民自治过程中发挥着重要的保障作用。民主监督贯穿于社区民主政治建设的各个方面，离开民主监督，民主选举、民主决策、民主管理就会流于形式。目前看来，社区内实行的以社区事务为主要内容的居务公开，以党支部组织、制度、活动、党员身份、党员表现为主要内容的社区党务公开，就是落实党员和居民群众监督权的最好形式之一。

7.2 社区民主政治建设的内容

社区民主政治建设包括民主选举、民主决策、民主管理和民主监督四个方面的内容。社区民主政治建设要紧紧围绕民主选举、民主决策、民主管理、民主监督来进行。民主选举，就是由社区居民直接选举居民委员会；民主决策，就是社区内涉及居民切身利益的重大事务由社区绝大多数居民自己来决定；民主管理，就是由社区居民自己来管理社区内的事务；民主监督，就是由社区居民或居民代表对社区居民委员会、社会工作者的工作进行监督。民主体现的是人民当家做主，要求的是充分尊重社区居民的民主权利。

7.2.1　民主选举

《中华人民共和国城市居民委员会组织法》第八条赋予社区居民在社区自治中拥有选举和被选举的权利。民主选举是社区民主的一个基本表现，社区居民有权通过其赞同或认可的形式选举和被选为居民代表、居民小组长及社区成员代表大会成员、社区协商议事会成员和社区居民委员会成员。民主选举遵循"选民登记—公布条件—报名—资格审查—初步选举—正式选举"的选举程序，贯彻差额选举、双过半数、公开计票、无记名投票等原则，结合直接选举和间接选举两种方式，整个过程要求公开、公平、公正。

目前，社区民主选举已在全国普遍推行。作为基层民主法治建设的一个重要体现，社区民主选举是社区实现民主决策、民主管理、民主监督的基础，是实现居民自治的首要环节，是解决有人办事的关键所在，是构建和谐社区的必然选择。就社区选举的整个情况来看，可以说成效不小，但问题也不少，我们对此必须有一个清醒的认识。

1．社区民主选举取得的成效

作为我国民主生活一个重要组成部分的社区民主选举，自 1999 年在全国 26 个城区试点到全面铺开以来，与村民选举、人大选举、政协选举和党内选举等有机结合，构成中国特色的民主选举。近年来，社区民主选举在探索中取得了很大进展。

（1）认识程度明显提高。从中央到群众普遍认为，民主选举是社区民主法治建设的第一程序。通过民主选举，可以更广泛地调动广大居民自觉参与"自我管理、自我教育、自我服务"的积极性，化解社区各种矛盾，规范社区干部行为，促进社区和谐发展。通过民主选举，可以选出居民信得过、能为居民代言和服务的好代表、好组长、好居民委员会。

（2）民主化程度明显提高。从全国选举来看，虽然选举届别不同，但选举的形式都经历了或正经历着由"指派居民委员会干部"到"自选当家人"，候选人由提名到自荐，由等额选举到差额选举，由间接选举（代议制）到直接选举（海选，又称普选），由无竞争性到竞争性，由当面举手表决到使用秘密划票间的民主过程。一些地方连选民的资格也打破了地域、身份和居住时间的限制。所有这些，都说明社区自治的民主化进程不断加快。

（3）居民参与程度明显提高。通过宣传教育和选举实践，居民的民主法治理念被进一步强化，居民对选举的要求越来越高，参与竞选面越来越广，参与过程在延伸，参与程度在提高。这表现为主动看公告的居民多了，非户籍居民争取选民资格的多了，要求竞选的居民多了，与选举有关的信访多了，参加竞选的居民多了，登记时居民的热情高了。这标志着居民越来越关心自己的话语权和选举权。

2．社区民主选举的程序

（1）宣传发动阶段。

1）成立选举领导机构。建立选举街道（镇）指导小组和居民选举委员会，街道（镇）

向居民委员会派联络员，指导选举工作。

居民选举委员会一般由 5～7 人组成。居民选举委员会成员由居民代表会议推选产生，并报街道办事处（镇人民政府）备案。其主要职责是宣传选举的目的、意义和有关法律、法规、政策，解答选民提出的有关选举方面的问题；制定选举工作实施方案；确定和培训选举工作人员；审查选民资格，登记并公布选民名单，受理对选民名单不同意见的申诉；组织选民依法直接初提名，以姓氏笔画为序公布初提名候选人名单；户代表预选确定正式候选人，以得票多少公布正式候选人名单；准备居民委员会成员选票和其他表格，确定并公布选举地点和具体时间；推选计票员、监票员和唱票员，组织投票选举，公布选举结果，并报街道（镇）居民委员会换届选举指导小组备案；总结和上报选举工作情况，建立选举工作档案。

2）认真做好宣传动员工作。广泛采用广播、标语、会议等多种形式，深入宣传居民委员会组织法及换届选举的目的和意义，提高广大群众的民主意识和参政议政意识，激发广大居民当家做主的政治热情，使他们积极踊跃参加选举。同时要有针对性地做好群众的思想工作，避免发生突发事件，保证选举工作顺利进行。

3）培训选举工作人员。选举工作人员由居民选举委员会提名，居民代表会议通过。以镇和居民委员会相结合的方式，培训选举工作人员，使他们掌握组织选举中的登记、发票、监票、唱票、计票等选举程序和具体方法。

4）召开居民代表会，根据居民委员会实际情况表决确定新一届居民委员会组成的具体数额和职位设置。

（2）选民登记确定候选人阶段。

1）依法进行选民登记。依照直选的原则，对年满 18 周岁的居民（按照法律被剥夺政治权利的除外）进行登记、公布，使居民明确自己的权利。按规定，居民选举委员会在正式选举日前 20 日张榜公布选民名单，居民对公布的选民名单有异议的，可以在正式选举前 10 日向居民选举委员会提出，居民选举委员会应在 3 日内做出解释或纠正（具体时间各地有所差异）。

2）产生初步候选人。

第一，候选人的资格。居民委员会干部候选人应具备以下条件：坚持党的四项基本原则，认真执行党的路线、方针、政策和国家法律、法规、政策；学习科学技术知识，有开拓精神，能带领群众勤劳致富；廉洁正直、办事公道、作风民主、热心为居民服务；具有一定文化水平和组织领导能力，在群众中有较高的威望，身体健康；同时还要考虑到部分成员应有担任会计（文书）的能力。居民代表候选人应具备以下条件：有群众威信，秉公办事，坚持正气；有一定的文化知识和参政议政管理决策能力；年龄结构应做到老、中、青三结合。

第二，选民提名初步候选人的方式。主要采用选民直接提名候选人的方式进行，按职位等额提名。

第三，初步候选人的提名。居民选举委员会负责组织初步候选人提名。在各小组设立初步提名投票站，由选民直接等额提名并由居民选举委员会汇总，然后按姓氏笔画顺序在选举日前 15 日张榜公布初步候选人。提名人不得少于全体选民的 1/2。

第四，确定正式候选人。主任、副主任、委员正式候选人的名额，由居民代表会议按照法律规定，结合居民委员会实际，本着精干、差额的原则，在广泛征求有关方面的意见后确定。主任、副主任分别应有 2 个以上候选人，委员应比应选人数至少多 1~2 名。正式候选人的确定，在组织群众反复酝酿的基础上，必须召开户代表会，按照确定的候选人名额，由户代表按无记名投票预选，按得票多少的简单多数法产生。选出正式候选人后，必须在选举日前 5 日，按得票多少及时张榜公布。候选人自愿放弃候选人资格时，应向居民选举委员会书面申请，由此造成的不足名额在初步候选人中按得票多少递补；不得等额选举，否则将重新组织提名，必须实行差额选举，并在选举日的 3 日前公布。居民选举委员会成员被确定为居民委员会成员正式候选人的，其所在居民选举委员会中的职务自行终止，由此造成居民选举委员会组成人员缺额需要补充的，由居民代表会议另行推选。

3）民主竞选主任。在居民选举委员会领导下，组织主任候选人在居民委员会选举大会上进行竞选演讲。允许选民提问，也允许候选人之间提问。通过竞选，把德才兼备的优秀人才选到主任岗位上。

学习活动 1

（1）宁波市海曙区明确规定"单位人"享有选举权。海曙区社区居民委员会直选"在选民资格确认上采取了较宽松的方案，包括三种对象：一是户口在老三区内的，以现居住社区登记；二是工作单位在本社区的，也可登记；三是外来人员居住半年以上的"。

（2）广州市棠德北社区在 2002 年进行了社区居民委员会直接选举，选举工作实施方案规定，同时具备如下三个条件的居民具有选民资格：第一，年满 18 周岁；第二，户口在本社区或户口不在本社区的常住居民，在本社区居住半年以上又有固定住所和稳定、合法经济来源的；第三，享有政治权利。

❓ 思考

（1）上述两个地方对社区选举时选民资格的认定有何不同？

（2）对于工作在该社区，但是在该社区并没有固定住所的居民，你认为是否应当给予他们选民资格？

（3）投票选举阶段。

1）做好开会准备。首先，按照规定确定和公告选举日；其次，布置选举会场；最后，选举办公室统一印制选票，各居民选举委员会准备秘密划票室、公共代写处和投票箱，居民选举委员会主任为居民委员会选举大会主持人。

2）召开选举大会。居民委员会选举大会由依法登记并公布的选民参加。

3）清点人数，发选票。

4）秘密划票。正式投票选举前，各投票站根据选民的多少设立若干秘密划票室（填写选票的地方）和公共代写处，秘密划票室应指定工作人员维持秩序，选民凭票依次进行划票，每次只能进去一人；不识字的选民可以委托公共代写处工作人员划票，被委托的划票人不得违背委托人的意志。

5）组织投票。对主任、副主任、委员应分别划票、一次投票，严格禁止先选定委员，再由委员选主任、副主任的违法选举。

6）公开唱票、计票。必须在选举会场当众开箱，在两名监票人的监督下当众唱票、计票；监票、计票员不能由同一个人担任。

7）当场公布选举结果，宣布选举是否有效。有效选举必须是享有选举权的选民过半数参加投票的选举，由户代表参加选举大会的，必须有 2/3 的户代表参加投票，候选人获得参加选举的居民或户代表的过半数选票方能当选。如果得票数相等，不能确定当选人时，应就票数相等的候选人重新投票，以得票多者当选；如果发生选票超过选举人数，则选举无效，应当重新选举。选举确定有效时应当即发给当选证书，最后将选举结果报街道办事处（镇人民政府）备案，选票密封报送县、市或街道、乡镇民政部门入档保存。

（4）完善健全阶段。

1）健全组织。① 根据需要设立人民调解治安委员会等，或者让居民委员会成员分工负责有关工作。② 完成居民委员会成员分工。会计、文书及下属工作委员会一般由居民委员会成员兼任。提名居民委员会成员以外的人员任职的，需居民代表会议表决通过方可任职。③ 选举居民小组长。居民小组长选举工作由居民委员会主持，召开居民小组会议直接提名小组长候选人，用简单多数法差额确定正式候选人，直接选举产生小组长。④ 建立居民代表会议制度。居民代表的名额数，根据本居民委员会人口、居住情况，由居民代表会议确定。一般 10～15 户推选 1 名代表，1 个居民委员会至少 20 名代表，最多不超过 80 名。居民代表由居民小组会议选举产生，统一发给当选证书，每届任期与居民委员会任期相同。⑤ 选举居务公开监督小组成员。居务公开监督小组成员由居民代表会议在居民代表中推选产生，一般不少于 9 人。居民委员会干部及其配偶、直系亲属不得担任居务公开监督小组成员。⑥ 选举居民民主理财小组成员。居民民主理财小组成员由居民代表会议在居务公开监督小组成员中推选产生，一般不少于 3 人，并在居民民主理财小组成员中推选一人任组长。

2）建章立制。① 在居民公约的基础上，修订居民自治章程，经居民代表会议讨论通过，规范干部和群众的行为。② 制定居民委员会任期目标、发展规划，修订各项制度。依据章程规定，明确各自的工作职责和任务，修订和完善会议、工作、学习、廉政、财务和档案管理等制度，并公布上墙。③ 建立、健全居务公开制度。首先，要完善居务公开的内容。其次，设立固定居务公开栏。一般的居务事项至少每季度公开一次，涉及居民利益的重大问题及群众关心的事项要及时公开；集体财务往来较多的居民委员会，财务收支情况每月公布一次。最后，建立居务公开监督小组，监督居务公开制度的落实，负责对居务公开方案进行审查、补充、完善。④ 建立、健全民主理财制度。居民民主理财小组负责对本居民委员会集体财务活动进行民主监督，参与制定本居民委员会集体的财务计划和各项财务管理制度，有权检查、审核财务账目及相关的经济活动事项，有权否决不合理开支。⑤ 建立居民委员会及干部、居民档案。街道（镇）民政部门建立居民委员会干部和选举档案，居民委员会建立居民档案。对年满 18 周岁的居民进行登记，按一人一表、一户一档（居民委员会干部一人一档）的要求建立居民档案。

（5）检查验收阶段。居民委员会选举结束后，各选举指导小组要及时组织检查验收，街道（镇）选举指导小组和民政办将对各村进行检查。对检查不合格的，除依法责成重新选举外，对有关人员指导失误造成违法选举的要追究相关责任。

检查验收工作的重点如下。① 居民选举委员会和选举工作人员由居民代表会议选举产生。② 公开候选人条件。③ 最初候选人必须真正由群众提名，居民选举委员会汇总公布。④ 正式候选人由居民户代表会议按照确定的候选人名额，由户代表按无记名投票选举产生。⑤ 张榜公布正式候选人名单。⑥ 对主任职务，在正式选举之前，组织进行诸如演讲等形式的民主竞争。⑦ 选民进行秘密划票。⑧ 主任、副主任、委员候选人分别比应选名额多 1～2 人；召开选举大会，由选民实行差额无记名投票方式直接选举，参选率达 51%以上。⑨ 居民小组长、居民代表由居民小组会议选举产生。⑩ 居务公开监督小组、居民民主理财小组由居民代表选举产生。

检查验收主要采用听居民委员会干部汇报、查看选举登记和选票、询问居民代表和群众等办法进行。

3．社区民主选举的注意事项

（1）必须坚持平等、直接、公开、差额、竞争、无记名、秘密划票的选举原则。选举中，既要注重发挥居民代表会议的作用，又不能以居民代表会议代替居民大会的法定选举形式。

（2）对本次换届选举中正常落选的干部要做好思想工作，肯定他们的工作成绩，鼓励他们继续为居民委员会建设做贡献。

（3）用暴力、威胁、恐吓、欺骗、贿赂、打击、报复等手段扰乱、破坏选举工作的，要给予批评或行政处罚；触犯法律的，要依法追究相应责任。

(4) 选举工作结束后，各社区务必须将选举总结和居民委员会选举统计表报街道（镇）民政办。

学习活动 2

新一届社区居民委员会选举"流产"

6 月 5 日 14 时 30 分，沈阳市和平区某社区的 50 余名代表来到一个由车库改成的会议室里，准备再次进行新一届社区居民委员会候选人选举。而在 6 月 3 日，同样的会议在一片吵闹声中"流产"。

1．喧闹选举：为啥不能选老书记

该社区共有 73 名居民代表，此次只到场 50 余名。

对于上次选举"流产"的原因，一名居民代表直言不讳："我们就想选原来的社区书记，但是街道办事处说王书记超过了 50 周岁，不能再参加选举。我们对此非常不理解。"

说起原社区书记王某，居民代表能举出很多让大家信服的事例："去年小区整治小招贴，正赶上八九月最热的天气，王书记不顾 50 多岁的年纪，带着社区干部一层层地爬楼，清除小招贴。我们就需要这样办实事的干部。"

"按照和平区有关规定，此次社区换届选举，'一把手'的年龄必须在 50 周岁以下。"会上，尽管街道办事处的副主任多次向代表们解释，但仍有不少代表对此不满，甚至有代表多次准备离场。

工作人员为让会议顺利进行下去，有劝离场的代表回座的，有让正在议论的代表保持会场肃静的，选举现场一片喧闹。

2．沉默表决：只有 1 名代表举手

经过近 30 分钟的工作，会场终于安静下来。此时，在场的居民代表只剩下 37 位。

5 位候选人的自我介绍得到了代表们礼貌性的掌声，但这并不意味着他们获得了代表们的认可。当主持人让代表们举手表决候选人时，37 名代表中只有 1 人举手，会议再次停了下来。又经过 20 余分钟的工作，居民代表们对候选人开始表决，结果通过人数为 19 人，刚好超过半数，会议草草结束。一名举过手的代表喃喃自语："我都举手了，该让我走了吧，我还得回家做饭呢。"

3．街道：发展基层民主任重而道远

即将卸任的王书记仍有着如此高的威望，这对候选人的压力是毋庸置疑的。一位候选人在会后向记者表示："希望社区代表们能够给我们机会，让我们像老书记一样，做让老百姓信服的社区干部。"

对于居民的支持，王书记显然更别有滋味："我做了 10 年社区干部，真的舍不得社区居民，但我又必须服从组织安排。"但王书记也有自己的看法："既然是民主选举，就应该尊重民意。"

对于王书记，街道办事处副主任给出了高度的评价，但居民代表们表现出的状态，让副主任感到发展基层民主"任重道远"。

和平区民政局局长接受记者采访时表示："从和平区来说，1 000 多名社区干部中超过50 岁的占 60%，社区干部年轻化、知识化、专业化是一个必然的趋势。"该局长表示，有关该社区选举的详细情况，他还需要了解一下。

❓ 思考

(1) 社区民主选举的意义是什么？

(2) 你怎么看待这个事件中街道办事处和社区居民的态度？

7.2.2　民主决策

民主决策是社区民主的第二种表现形式，社区成员代表大会是社区民主决策的主要机构。社区的重大事项由社区成员代表大会决定，特殊情况下还须召开全体社区成员大会表决，社区居民委员会负责执行。在日常事务的决策中，主要是社区居民委员会和社区党组织讨论形成初步意见，再交社区协商议事会讨论通过。在民主决策的过程中要充分考虑社区居民的意见，重视社区居民的参与。正如美国政治家科恩所讲，民主是一种社会管理体制，在该体制中，社会成员大体上能直接或间接地参与或可以影响全体成员的决策。

民主决策包括以下几层含义。

1．凡与居民切身利益密切相关的事项必须实行民主决策

为了保证决策的科学化、民主化，减少决策失误，对需提交社区党委研究决定的重大事项，必须进行决策前的咨询和执行过程中的咨询，注意收集群众的反馈意见。在执行决策的过程中，应由主管部门或分管领导向该项决策涉及的部门和有关群众进行咨询，注意收集各方面的反馈意见，以便及时掌握该项决策的正确与否，同时为提交党委复议提供依据。

2．民主决策的基本组织形式是居民会议

社区的重大事项由居民会议决定（居民会议包括全体社区成员大会和社区成员代表大会，一般指社区成员代表大会）。居民会议可以由全体 18 周岁以上的居民或者每户派代表参加，也可以由每个居民小组选举代表 2~3 人参加。居民会议必须有全体 18 周岁以上的居民、户的代表或者居民小组选举代表的过半数出席，才能举行。会议的决定，应由出席人的过半数通过才能执行。

3．社区民主决策的程序需要规范

涉及社区民主利益的事项，原则上要遵循以下决策程序。

（1）由社区党组织、居民委员会、社区集体经济组织、1/10 以上居民联名或 1/5 以上居民代表联名提出议案。

（2）由社区党组织统一受理议案，并召集社区党组织和社区居民委员会联席会议，研究提出具体意见或建议。

（3）由居民委员会召集居民会议或居民代表会议讨论决定。

（4）由社区党组织、居民委员会组织实施并公布社区民主决策事项的办理及结果。

对提交社区居民会议或社区居民代表会议讨论决定的事项，会前要向社区居民或居民代表公告，广泛征求意见，会后要及时公布表决结果。对决定事项的实施情况，要及时公布，自觉接受群众监督。涉及社区居民利益的重大事项，必须按照决策程序提请社区居民会议或社区居民代表会议讨论决定。

4．民主决策的内容广泛

涉及全体居民利益的重要问题，居民委员会必须提请社区成员代表大会讨论决定。社区成员代表大会民主决策的内容主要有以下四项。

（1）需社区成员代表大会审议的居民委员会的工作报告、财务收支情况和上一次社区成员代表大会决定的执行情况的报告。

（2）需社区成员代表了解并做群众工作，以按期完成的上级政府交办的任务，如计划生育、义务教育、服兵役等。

（3）需社区成员代表讨论、表决的社区内重大的自治事务，如社区内公共事务和公益事业，社区办企业的立项、扩建和签订合同等。

（4）居民提出的急需社区成员代表大会讨论的其他"一事一议"等问题。

5．建立民主决策责任追究制度

对重大事项的决策，因未按规定程序进行广泛调查研究、征求有关方面的意见而造成决策失误的，要追究有关人员责任。除发生自然灾害等紧急情况外，社区居民会议或社区居民代表会议依法形成的决议不得随意更改，如因情况发生变化确需更改的，要通过社区居民会议或社区居民代表会议讨论决定。社区居民会议或社区居民代表会议讨论决定的事项，要形成书面记录并妥善保存。未经社区居民会议或社区居民代表会议讨论决定，任何组织或个人擅自以集体名义借贷、变更与处置社区集体的土地、企业、设备、设施等，均为无效，社区居民有权拒绝，造成的损失由责任人承担，构成违纪的给予党纪、政纪处分，涉嫌犯罪的移交司法机关依法处理。

学习活动 3

浦东新区的"民声决策机制"

浦东新区第一条由居民集体决策的社区巴士线路不久前投入运营，成为上海浦东新区正在探索建立的"民声决策机制"的又一成功案例。

所谓"民声决策机制"，就是政府在涉及社会民生的公共决策过程中，不仅要充分听取民众意见，更要让民众意见成为决策的根据。通俗地说，政府决策不仅要听取老百姓的意见，还要让他们说了算。

浦东新区政府决定在 3 年内开通 40 条社区巴士线路，以推动公交优先发展战略。与传统公交线路不同，社区巴士主要以某一特定区域内的居民为服务对象，政府因此决定通过"民声决策机制"，以居民听证会的方式来确定线路方案。

2007 年 3 月 22 日，花木社区的社区巴士听证会在浦东新区市民中心举行，近 20 名社区居民在会上畅所欲言，他们的意见最终转化为花木社区的社区巴士运营方案。根据居民意见，巴士车型由原先票价 2 元的空调车改为票价 1 元的非空调车，运营时间比原方案增加了 1 小时，站点也进行了相应的调整。

参与听证会的浦东新区公共交通投资发展有限公司负责人朱国祥说："过去公交线路都由行业部门采取包办制'一锤定音'，这次才发现有许多居民意见是政府部门和公交公司不曾考虑到的。"浦东新区决定，未来新辟社区巴士和公交短驳线的规划阶段，都要召开居民听证会，听取线路沿线居民意见。

采取"民声决策机制"的还有浦东新区的规划部门。按照"老规划"的行话来说，过去的规划都是"藏在自己家里的"，虽然在批规划、审规划的时候，也要征求专家意见，但这项与老百姓息息相关的权力在运作过程中却缺乏公众参与。

这种情况如今已不复存在。浦东新区规划部门已明确要求，详细规划在得到批准之前，必须征求当地老百姓意见，其中包括 5 天预告期、20 天规划草案公示期和 5 天截止日期。规划的总平面图和结构图都要公示，公示时要组织群众意见会，老百姓新区可以当场提问或事后提问，公示完后还要组织反馈意见。根据"民声"，浦东新区"浦江两岸 ES2 地块"规划中增加了一个菜市场，"北蔡六街坊"规划中将道路局部进行了线形调整，以减少对居民造成的噪音影响。2007 年，浦东新区已组织了十多场群众意见会，新批规划中经常可以看见老百姓意见的痕迹。

? 思考

(1) 社区民主决策应该包括哪些含义？

(2) 该案例是否采取了民主决策？它有什么意义？

7.2.3 民主管理

民主管理是社区民主的第三种表现形式。社区居民委员会是社区民主管理的主要机构，代表社区居民管理社区公共事务。社区民主管理以建立在社区居民同意基础上的权威的合法性为基础，以少数服从多数为组织原则，以社区文化、社区治安、社区教育、社区环境、社区服务、社区卫生为主要内容。社区民主管理依靠社区居民，强调社区居民的参与。

1．民主管理原则

社区的民主管理应遵循以下原则。① 党管干部原则。② 群众公认、注重原则。③ 精干、高效、协调原则。④ 民主集中制原则。⑤ 依法办事原则。⑥ 接受群众监管原则。

2．社区干部的选拔任免

社区干部的选拔任免要按照有关法律、规章的要求，分以下三个阶段进行。

（1）民主推荐。党内干部由社区居民推荐，党委把关；其他组织也要进行广泛的推荐。要对推荐对象进行资格审查，必要时可以举行社区干部录用考试。

（2）考察。考察工作具体由社区党委配合街道党委开展。考察应坚持群众路线，充分发扬民主，采用个别谈话、座谈会、民意测验、专项调查与考察对象面谈等方法，全面了解考察对象的德、能、绩表现。考察应形成书面材料，内容包括德才表现、主要特长、主要缺点与不足。考察材料交街道组织办保存。

（3）决定任用。社区党委在充分考察的基础上，提出使用意见，呈报街道党委审批决定。

3．社区干部的考核奖惩

对社区居民委员会干部和工作人员的考核，由街道党委统一组织实施。其具体工作程序如下。

（1）社区成立考核领导小组，主任任组长，具体负责考核的准备与实施。

（2）召开民主考评会议，被考核对象做述职报告。参加会议人员为社区党员、居民代表会议组成人员及主要企事业单位负责人；与会人员评议考核对象，并进行定量打分。

（3）考核结果以书面形式反馈给本人，并作为干部调整、发放年终报酬和奖励的重要依据。

7.2.4 民主监督

民主监督是社区民主的第四种表现形式，其主要机构是社区协商议事会。该委员会除了行使民主议事功能外，还承担日常监督职能，主要对社区居民委员会工作及成员进行监督。此外，社区成员代表大会及社区居民群众均是社区民主监督的主体。社区民主监督的主要对象是社区居民委员会及其成员。对于居民群众直接监督来说，由于监督主体与监督客体间存在直接的利益关系，他们在社区民主监督中起着重要作用。

目前，居务公开和民主评议是民主监督的主要形式。

为了增加社区办事的透明度，强化居民的社区自治职能，促进社会和经济的协调发展，社区民主监督的内容主要有以下几个方面。

（1）成立居民代表会议、居民民主议事小组等居民监督机构。

（2）设立居民举报、投诉信箱，投诉电话，以及居民投诉接待、处理工作组。

（3）社区工作必须自觉地接受居民及居民代表的监督，如财务现金收支和固定资产账目的真实性；各部门工作计划的完成和各事项的实施情况；社会公共福利的分配；应征入伍青年的选拔；计划生育工作的生育指标分配和超计划怀孕生育的处理情况；城市管理的举措及执法情况；社会治安综合治理目标管理责任制的落实情况；商品服务的程序情况。

（4）财务、政务、制度情况和各部门的工作必须每半年向居民代表会议出具书面报告。

（5）居民委员会全体干部、职工对居民的监督不得压制和打击报复。

学习活动 4

九堡镇格畈社区居务监督委员会念好民主监督"三字经"

八月，杭城持续高温。然而最近，每天距离上班还有半小时，格畈社区居务监督委员会成员就早早来到社区会议室，审核社区往月财务收支情况，与往常一样，一张张认真查验审核厚厚的财务票据，将发现的问题做好记录并递交给社区。

记者了解到，这些居务监督委员会成员从居民代表中推选产生，基本都是在居民中德高望重的老党员、老会计。自从 2012 年格畈社区居务监督委员会正式成立至今，他们负责对社区的重大居务决策、财务公开、工程建设等项目进行全程监督，有效促进了社区民主监督工作的全面推进。

1．盯：大事小事阳光监督

格畈社区是一个撤村建居型社区，除了承担一般社区各项民生服务，还承担着社区配套设施建设、序化巡防管理、居民股份分红等事务。越复杂的事务，牵涉的资金量就越大，居民对事务的关注程度也就越高，而居务监督委员会一项主要的职能就是负责社区财务收支监督。

就拿社区慰问困难群众的慰问品来说，如需在社区财务报销，就必须有购物发票和详细清单，并注明购买日期和用途，由经手人、证明人、审核人、审批人签名及居务监督委员会盖章才行。缺少了其中任意一项，居务监督委员会就会在每月审核中将其退回，不予报销。像这样，社区在什么地方花钱，花了多少钱，派了什么用场，通过财务公开，居民们就能一清二楚。

除了监督财务公开，居务监督委员会还对重大居务决策、工程建设项目及社区工作者履职施行全程监督。委员会成员一致认为："居务监督委员会不仅要会盯钱，更要盯人、盯事，督促社区把各项民生实事办好、办实。"

2．省：集体资金开源节流

格畈社区北苑公寓楼基本为半封闭状态，巷道多，加之周边又有农居出租户，如何制定停车管理方案成了一大难题。

于是，居务监督委员会成员与社区工作人员积极走访公寓楼住户，认真收集提车收费管理意见、建议，并与社区积极商讨，最终采取安装地锁并定时派人巡逻的管理方案，将原本采用设卡管理的近 30 万元的投入经费压缩到不足 7 万元，大大减少了社区前期的资金投入，减少人工管理费用开支。

此外，社区老年活动室每年购买的茶叶数量较多，价格不一。然而，活动室所用茶叶没有统一调配及限制。就此，社区及时采纳居务监督委员会的意见，由社区统一采购茶叶，并定期安排工作人员统一到社区领取。仅 2012 年，社区南苑老年活动室茶叶开支就由 2011 年的 4 668 元减少到 3 812 元，每年节省集体开支近千元。

3．谋：居民事务同商共议

"成立居务监督委员会，除了进行日常居务事务的民主监督外，其最大的效用发挥在居民参与社区事务决策，参与社区管理服务的作用上。"社区党组织负责人如是说。

2013 年，格畈社区又在九堡镇纪委的指导帮助下，通过"三务"公开信息平台，结合新改造提升的一门式服务大厅，为收集民情民意、开展居务监督搭建了平台。

居民刘大妈告诉记者，党务公开、政务公开、居务公开是老百姓早就期盼的事，现在老百姓可以知道社区干部打算干什么、干了什么、结果如何，有异议的还可以提出意见。"社区内的大事小事都全程在居民的监督和参与下进行，感到自己真正起到了当家做主的作用，心里很踏实。"

（资料来源：杭州网，2013 年 8 月 4 日，http://ori.hangzhou.com.cn/ornews/c content/2013-08/04/content_4838159.htm）

? 思考

（1）社区民主监督的意义和内容是什么？

（2）你如何看待居务监督委员会？

7.3　社区民主政治建设中存在的问题与对策

7.3.1　社区民主政治建设中存在的问题

中国政治发展最令世人瞩目的成绩不是轰轰烈烈的国家层面的政治体制改革的进展，而是悄无声息的基层民主政治的诞生与逐步拓展。党的十一届三中全会以后，中国基层民主政治建设，包括农村村民自治、城市居民自治和企事业单位的民主管理全面推进，尤其农村村民自治的发展非常显著，已经受到国内外政界和学术界的广泛关注，成为中国政治现代化的起点之一。然而，城市居民自治和企事业单位的民主管理进程相对缓慢，还存在许多需要克服和解决的矛盾与问题。正是这些矛盾和问题制约了基层民主政治建设的进一步发展和提升。

1. 宏观问题

从整体层面上看，一些宏观发展问题对社区民主政治建设的深入开展有重要影响。这些问题包括：民主制度还不够健全，人民在社会主义市场经济条件下当家做主管理国家和社会事务、管理经济和文化事业的权利在某些方面还没有得到充分实现；有法不依、执法不严、违法不究的现象依然存在；官僚主义作风、腐败现象在一些部门和地方滋生和蔓延；对权力运行进行制约和监督的有效机制有待进一步完善；全社会的民主观念和法律意识有待进一步提高；公民有序的政治参与尚需扩大等。

2. 微观问题

（1）社区直选还不能完全体现社区的民主政治建设。社区直选是社区民主政治建设和社区居民自治的基础。① 很多地方的社区居民委员会换届选举中，参选率鲜有在八成以下的。毋庸置疑，这样高的参选率，是在社区工作人员做大量前期准备工作的前提下达到的，并不能说明社区居民的真正参与度。② 从社区居民委员会直选后的班子结构来看，社区居民委员会成员有一半左右是兼职的，他们能否在今后的社区工作中真正实行民主决策和民主管理，如何去了解社区居民在想什么、社区建设中要求解决什么，这些都是值得进一步探讨的问题。③ 很多社区目前都比较重视硬件建设，忽略了社区的人文建设、道德建设，尤其缺乏对民主自治方面的探索和研究。

（2）社区管理的职责、权利还不够明确。社区目前存在三种组织层次关系和职责，在实际操作中会碰到一些矛盾和交叉。现在的问题在于社区居民委员与社会工作者的关系。如果说社区事务由居民委员会决策，具体工作由社会工作者去做，那么就会变成决策的不干事、干事的无权决策，决策者情况不明难决策、执行者情况清楚难过问的状况。社区要实行真正的民主自治，社区的管理权限又如何赋予，要赋予哪些权限，也是需要进一步探讨的问题。例如，对于民主决策权，哪些事社区可以决策，决策的事有没有能力办；对于事务管理权，哪些事社区有权管理，哪些事社区可以办理；对于财务自主权，首先经费来源不足，难以满足社区事务的办理需求，其次是财务管理权问题；现在各部门什么事都往社区压，社区成了一只箩筐，今后与社区没有关系或过多务虚的工作，社区能否推却。社区没有一定的权限，要想推进社区民主自治是十分困难的。

（3）社区居民对民主自治的认识还不到位。由于社区居民成分构成的复杂性，大多数居民在政治、经济和社会生活的各个方面与社区的关联度不高。社区居民与社区民主政治建设和社区自治的关系，很大程度上取决于经济关系和社会事务的管理与被管理关系。由于城市社区不像农村有一个共同的经济利益关系，社区对社区居民的社会事务又缺少一些明显的管理权限，因而居民很少有"社区是我家"的感觉，难以激起参与社区自治的热情。居民委员会牵头举办的各类活动，部分居民被动参与，根本没有主动参与意识，辖区单位也认为活动是他们的额外负担，很少主动参加社区活动。很多社区活动由于是政府部门要求的，有的群众认为内容枯燥、手段单一、流于形式，很难体现社区的自主性和居民的主动性。有的群众片面认为社区居民委员会委员是社区居民选的，只能代表居民的利益，而不能代表政府及政府的相关部门。社区各种宣传活动，多数都停留在标语、口号上，缺少实质性内容，社区居民说这是做做样子。政府干预过多，民主自治只是一句空话，甚至会养成老百姓有事指望政府干预、懒于自治的心理。

城市居民委员会是中国城市居民实现自我管理、自我教育、自我服务的基层群众性自治组织，是在城市基层实现直接民主的重要形式。在我国社会主义民主政治建设的理论研究和实践过程中，仍存在忽视或轻视基层民主政治建设的倾向。就实践而言，有的地方领导一谈起民主政治建设，就仅关注人民代表大会制度建设，而很少关心基层民主政治建设；有的认为基层民主政治不正规，没有多大意思；有的甚至把基层民主政治建设作为一些业务部门的"自留地"，不闻不问。就理论研究而言，学术界、知识界介入的人不多，而有价值的著作和研究报告更是少得可怜。这些现象都是制约基层民主政治建设不可忽视的因素。

7.3.2 社区民主政治建设的对策

基层民主政治建设是中国政治现代化的起点和基础。从宏观层面来讲，基层民主政治建设需要国家政策进行规范，否则基层干部遇到政策上的矛盾便无所适从。

1. 在三方面做出努力

就社区来讲，推进社区民主政治建设需要在以下三方面做出努力。

（1）在民主决策方面，要以社区居民民主决策为主体，通过社区居民会议、协商议事会、听证会等有效形式和渠道，对社区内公共事务进行民主决策。

（2）在民主管理方面，居民委员会要依法办事，按照社区居民自治章程和规定规范工作，努力增强居民当家做主意识，实现"社区的事大家管"。

（3）在民主监督方面，实行居民委员会事务公开，凡居民关心的热点、难点问题和涉及全体居民切身利益的重大事务，都要及时向居民公开，并通过召开居民评议会，听取居民意见，接受居民监督。

2. 重点做好两项工作

具体而言，新时期推进社区民主政治建设，应重点做好两项工作，即完善社区民主的运行机制和完善社区民主的实践形式。以下详细论述。

（1）完善社区民主的运行机制，加强社区组织建设及各主体间的联动。作为领导层，社区党组织是社区民主政治建设的领导核心，为社区民主自治发展提供政治保证。因此，加强社区党组织建设，有效地发挥其领导核心作用，可以为社区民主发展提供更有力的政治保证。在新的形势下加强社区党组织建设，主要从以下三个方面着手。

1）加强社区基层党组织的政治素质建设。通过组织社区党组织成员，尤其党支部主要负责人系统地学习国家大政方针、社会主义市场经济运行规律、现代管理知识等，提高他们的素质，从而更有效地进行科学的决策和深入的社区思想政治工作。

2）加强社区党组织内部民主建设。党内民主对党外民主有很强的表率和辐射作用。以开展党内民主生活为契机，促进社区党组织内部管理和决策民主化，有助于凝聚社区党员力量，在社区民主建设中发挥整体优势，推动社区民主建设。

3）加强社区党员的教育和管理，充分发挥党员的先锋模范作用。社区党员的构成日益复杂，通过有效地教育和管理，将他们组织起来，发挥他们在社区工作中的先锋模范作用，更好地为社区居民群众服务，充分调动社区居民参与社区民主建设的积极性，帮助社区居民明确社区民主建设的政治导向，保证社区民主建设的健康发展。

作为议事层，社区协商议事委员会是社区自治组织"议行分设"改革的产物，行使民主协商议事和民主监督的职能。社区协商议事委员会应积极地听取和反映社区居民群众的意见和建议，吸收更多辖区单位和社区精英加入，提高协商议事的科学化水平，有效地整合社区资源，推进社区民主建设。

作为执行层，社区居民委员会负责社区成员代表大会的召集和主持，以及社区日常事务的处理，是社区民主的基本运行载体，实际上也是权责统一的管理实体。突出社区居民委员会在社区民主自治中的中心地位，合理地界定其执行的"委办事务"和"自治事务"，将其主要精力放在公共事务和公益事业的管理上，以及社区民主政治的建设和发展上；加强社区居民委员会工作的透明化，使居务公开制度化；改善社区居民委员会成员的构成，鼓励和推广以直接选举的方式产生居民委员会成员，提高管理能力和办事能力。

社区党组织、社区协商议事委员会和社区居民委员会的有效联动是社区民主成功运行的关键。社区党组织要根据权限，积极地配合社区协商议事委员会和社区居民委员会处理日常工作，并加强思想政治领导；社区成员代表大会要适时召开，听取社区居民委员会成员的述职并进行评议；社区协商议事委员会要定期听取社区居民委员会成员报告工作，加强与社区党组织的联系，做好议事、监督和日常决策工作；社区居民委员会要定期向社区协商议事委员会报告工作，适时向社区成员代表大会述职，并接受居民代表和居民的评议，居民会议也可以依法撤换不称职的居民委员会成员。

（2）完善社区民主的实践形式，促进民主选举、民主决策、民主管理、民主监督的协商共进。在社区"四民主"（民主选举、民主决策、民主管理、民主监督）中，民主选举处于基础地位，推进社区民主政治建设首先要把好民主选举关。目前城市社区选举实际上多采用间接选举的方式，往往采用选举委员会提名候选人的方法产生候选人，并且投票场所秩序控制存在欠缺。完善社区民主选举，就要扩大直接选举范围，体现更大多数乃至全部符合法定资格的选民的意愿；改革选举的提名制度，以居民群众提名的社区居民委员会成员候选人为主，以选举委员会提名的社区居民委员会候选人为辅；严格维护投票现场的秩序，避免混乱场面，切实体现公平、公正、公开的原则。

民主决策是社区居民民主自治的直接体现。实现民主决策应充分发挥居民大会和社区协商议事委员会的作用，实行走访居民制度、临时扩大会议制度及居民报名列席旁听居民代表会议制度，广开吸纳民意、积聚民智的渠道，使更多居民群众参与民主决策。通过制度变革建立一种社会性的妥协对话机制，是避免剧烈社会冲突的基本条件。"和谐"二字从字面上理解，是"众口皆言"，是让大家都能说话。公众交流平台的建构有利于形成社会学上的"安全阀"效应，并能造成人民群众心理上的"决策人效应"，增强人们对于决策后果的社会承受能力，因而完善社区居民自治组织对化解基层矛盾、维护社会的和谐稳定是必不可少的。

民主管理是社区居民民主自治的重要内容。推进民主管理应依靠社区居民，在管理机制上将行政调控机制和居民自治机制结合起来，不断增强社区居民的参与意识，建立社区居民参与管理的固定渠道，使社区居民能够与社区民主管理的主要机构保持经常性的联系，实现社区组织与社区居民之间的良性互动，提高社区居民参与社区公益事业和社会公共事务管理的积极性，提高其自我管理能力，促进社区管理的民主化。

行之有效的民主监督机制是保证社区民主自治良性运行必不可少的条件。建立行之有效的民主监督机制应加大居务公开和民主评议的力度，将居务公开的内容扩充到社区政策执行、社区居民委员会办事程序、财务收支状况、流动人口管理、社区居民委员会成员的工作目标及工资待遇等方面，在社区居民委员会开设民主评议栏，加强居民的随时评议和社区成员代表大会上的专门评议，充分发挥社区党组织、社区议事协商委员会尤其社区居民在民主监督中的作用。

民主选举、民主决策、民主管理、民主监督的发展都离不开社区居民的参与，而社区居民的制度化参与是社区"四民主"协调共进、向纵深发展的关键。因此，要积极引导社区居民有序、理性、周期性地参与，提高其参与的意识和能力，促进社区居民参与的制度化，从而推动社区"四民主"运行的制度化，为建设和谐社区奠定坚实的社会基础。

📁 课后练习

一、填空题

所谓社区民主，就是社区居民群众在＿＿＿的领导下，以＿＿＿为依托，结合＿＿＿和＿＿＿，实行以民主选举、民主决策、民主管理、民主监督为主要形式的民主自治。

二、名词解释

1．民主选举
2．民主决策
3．民主管理
4．民主监督

三、简答题

一次完整的社区民主选举需要经过哪些步骤？

第 **8** 章 社区宣传与社区档案管理

引言

　　社区是构成社会结构的基本单位，是精神文明建设的重要阵地。加强社区宣传工作，对适应社区新变化、实现社区发展目标具有重要的意义。新时期，我们的社会结构、社会条件和人的思想观念、生活习惯都发生了深刻变化，宣传工作原有的工作方式、基本阵地也应当适应这种变化。

　　在新的历史时期，社区建设已成为城市的中心工作和主体。与此同时，在社区建设中将会形成大量的反映社区历史面貌的档案。社区档案不仅反映了城市基层组织建设、社区服务、社区卫生、社区文化、社区环境、社区治安、社会保障等方面的基本历史面貌，也反映了城市经济、社会和环境协调发展的状况。有效地进行社区档案管理对社区的发展具有重要意义。

学习目标

1. 掌握社区宣传工作的概念与分类。
2. 掌握社区宣传工作的主要内容和方式。
3. 掌握社区宣传工作存在的问题及对策。
4. 掌握宣传资料的收集与管理。
5. 掌握社区公文的适用范围及主要格式。
6. 掌握常用社区公文的写作方法。
7. 掌握社区档案的内容和分类。
8. 掌握社区档案管理的原则和制度。

学习导航

```
                          ┌─→ 社区宣传工作的概念与分类
                          │
              ┌─ 社区宣传工作 ┼─→ 社区宣传工作的主要内容与资料的收集管理
              │           │
              │           ├─→ 社区宣传工作的主要方式
社              │           │
区              │           └─→ 社区宣传工作存在的问题及对策
宣              │
传              │           ┌─→ 社区公文的概念与分类
与              │           │
社 ─────────────┼─ 社区公文写作 ┼─→ 社区公文的主要格式
区              │           │
档              │           └─→ 常用社区公文的写作
案              │
管              │           ┌─→ 社区档案与社区档案管理工作的特点
理              │           │
              └─ 社区档案管理 ┼─→ 社区档案的分类和内容
                          │
                          ├─→ 社区档案管理的原则和制度
                          │
                          └─→ 社区档案管理工作存在的问题及对策
```

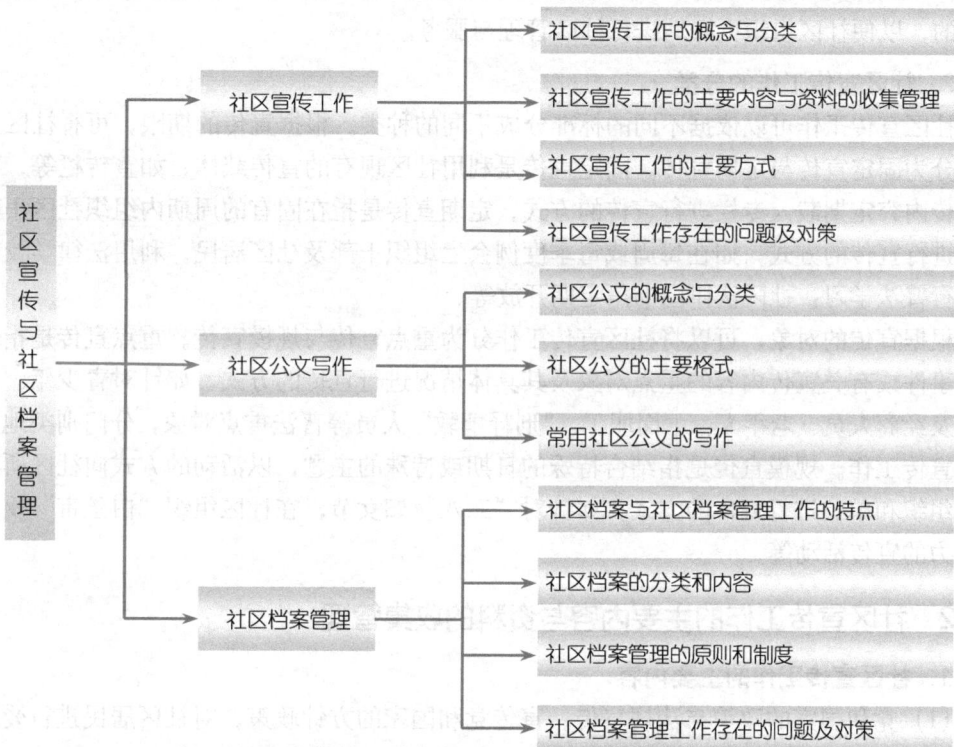

8.1　社区宣传工作

　　随着社区功能的日益拓展和社区建设的深入进行，社区宣传工作已经成为党在基层和群众中贯彻重要思想，加强社会主义物质文明、政治文明和精神文明建设，完善民主自治，加快城市现代化建设和管理，维护社会稳定的重要阵地；同时社区宣传工作也为丰富社区居民文化生活起到了重要作用。社区宣传工作越来越受到社区的重视。

8.1.1　社区宣传工作的概念与分类

1. 社区宣传工作的概念

　　广义的社区宣传工作包括社区的对外宣传和社区的对内宣传。社区的对外宣传是指社区组织通过一些宣传媒介或宣传方式，向社会或其他社区宣传社区的事件，以达到向外推广社区的目的，帮助社区争取更多的资源。

狭义的社区宣传工作只包括社区的对内宣传。社区的对内宣传是指社区组织通过一些宣传媒介或宣传方式，向本社区的居民或组织宣传有关党和国家的方针政策、法律规章与制度，以及有关的社区事件和社区活动等，以此达到让本社区的居民了解社区、认同社区的目的，以便社区组织更好地进行社区管理与服务。

2．社区宣传工作的分类

社区宣传工作可以依据不同的标准分成不同的种类。根据宣传的期限，可将社区宣传工作分为固定宣传与定期宣传。固定宣传是利用社区现有的宣传载体，如宣传栏等，将有关宣传内容定期载入专栏进行宣传的方式。定期宣传是指在固有的周期内组织社区干部及居民进行宣传的方式，如在每周或每季度例会上组织干部及社区居民，利用法律学校或课堂进行普法学习；社区法律图书角定期开放等。

根据宣传的对象，可以将社区宣传工作分为重点宣传与规模宣传。重点宣传是指针对有关事件或有关宣传内容的重点对象及其具体情况进行宣传的方式，如针对青少年、外来务工及经商人员、老年人、下岗职工、"刑释解教"人员等普法重点对象，分门别类地做好普法宣传工作。规模宣传是指结合特殊的日期或特殊的主题，以活动的方式向社区所有居民、组织和单位进行宣传的方式，如针对"三八"妇女节，在社区组织"白丝带"反对家庭暴力的宣传活动等。

8.1.2　社区宣传工作的主要内容与资料的收集管理

1．社区宣传工作的主要内容

（1）党和国家的政策与法规宣传。宣传党和国家的方针政策，对社区居民进行爱国主义教育；宣传政府的各项法规，对社区居民进行遵纪守法的法规教育等。

（2）社会主义精神文明宣传。对社区居民进行文明风纪教育宣传；宣传社区的新人、新事、新风尚，对社区居民进行爱护社区的集体主义教育，增强居民对社区的归属感和认同感等。

（3）社区管理与服务的宣传。宣传社区各项规定；宣传有关社区事务或物业管理的一些通知；社区内重要活动的一些通知，可以配合每次中、大型社区活动开展宣传。

（4）对社区居民的综合宣传。包括向社区居民宣传一些生活小常识；也包括社区组织进行的一些让居民进行文艺欣赏的活动等。

（5）对外宣传。包括通过网络和新闻媒介向社会和其他社区宣传本社区的事件或人物等。

学习活动 1

社区宣传口号

1. 社区是我家，建设靠大家

2. 以人为本，服务居民

3. 创展文明社区，建美好家园

4. 老有所养、老有所医、老有所乐、老有所为、老有所学

5. 打造平安大院，构建和谐社会

6. 加强社区建设，创建美好家园

7. 以诚相待、恩爱相伴、孝敬老人、教抚小孩、和睦相处、幸福永远

8. 以邻为友、以让为先、互相帮助、祥和平安

9. 把社区建设成"三土"，即热土、净土、乐土；建设成"三园"，即家园、学园、花园

10. 树立社会新风，争做文明市民

11. 你我齐心携手，共创和谐城区

12. 用我们的爱心和双手，共建温馨美好的家园

13. 青年服务社区，社区培育青年

14. 优化社区秩序、美化社区环境、完善社区服务，形成和谐的社区人际关系

15. 尽我们所能，服务居民所求

16. 改善社区环境，提高生活质量

17. 人人为社区，社区为人人

18. 社区是大家，帮助你我他

19. 热心公益，互助友爱

20. 以人为本，服务居民

21. 共建文明家园，同享创建成果

22. 提高参与意识，推进社区自治

23. 推进城市居民自治，建设管理有序、文明和谐的新型社区

24. 社区居民委员会是居民自我管理、自我教育、自我服务的群众性自治组织

25. 热爱社区工作，热心为居民服务

26. 你的家，我的家，连在一起是大家；你帮我，我帮你，宛如幸福大家庭

27. 清洁环境，人人有责

28. 服务进社区，文明进万家

29．奉献、友爱、互助、进步

30．弘扬志愿精神，构建和谐社会

31．普及志愿服务理念，促进和谐社区建设

32．社区文明，从我做起

33．社区和谐是社会和谐的基础

❓ 思考

你如何看待这些社区宣传口号？

2．社区宣传工作资料的收集管理

在社区宣传工作中，宣传资料的收集管理也是一个很重要的内容。社区宣传资料的收集范围主要包括以下几个方面。

（1）国家法令法规、时事资料等。

（2）社区的重大事件资料。包括党和国家领导人、上级党政机关主要领导人、著名专家学者、各界名人和著名国际友人在本社区发表讲话的文字稿、录音带、录像带；本社区组织的重大活动，本社区组织的丰富居民生活的文艺活动的文字稿、录音带、录像带及配套的文字材料；本社区与其他社区和组织交流时形成的各种资料等。

（3）本社区宣传过的重要资料。包括宣传的新闻和具有保存价值的专题、专栏节目的文字稿、录音带、录像带等；本社区宣传的阐明党和国家方针、政策的评论的文字稿、录音带、录像带；本社区采访、拍摄、编辑、录制的具有保存价值的文字稿、录音带、录像带等。

（4）本社区在宣传活动中形成的、社区组织或社区居民认为具有保存价值的文字、声像材料等。

社区宣传工作可以在居民中发展义务通信员，对社区的新事物、新风尚编写新闻报道，通过报刊、电台、电视台、宣传栏等形式进行报道；每期宣传资料内容由社区活动负责人审定，外送新闻媒介的宣传稿件由管理处主任审批；对每次活动的原始资料、照片及说明分期装订。宣传资料的管理可参照 8.3.3 节社区档案管理的原则和制度进行。

┃学习活动 2

大张旗鼓宣传社区

某社区为了加快社区建设的步伐，大张旗鼓地开展社区建设宣传周活动。活动期间出动 4 辆宣传车，散发宣传材料 1.5 万份，还有 4 支文艺宣传队在广场演出以社区建设为题材的、丰富多彩的文艺节目。通过宣传周造势，进一步提高了广大居民对"社区是我家，建设靠大家"的共识，激发了居民参与社区建设的积极性。

？ **思考**

（1）该案例中社区宣传的内容是什么？

（2）该案例中社区宣传的方式是什么？

（3）该案例中社区宣传效果如何？

8.1.3　社区宣传工作的主要方式

宣传方式对宣传效果有着重要的意义，以群众喜闻乐见的方式进行宣传一般会收到更好的宣传效果。目前，我国进行社区宣传工作的方式主要有以下几种。

1．宣传栏或宣传橱窗

根据党和政府工作重点、国家时事及物业管理方面的工作，组织资料，采用图文并茂的形式，在一定周期内出版一期专栏，张贴在宣传栏或宣传橱窗内。不过，这种宣传方式比较被动，必须要有吸引人的图文来抓住群众的眼球。例如，深圳市在全市 55 个街道劳动保障事务所和 622 个社区劳动保障服务平台设立宣传橱窗，张贴宣传海报，印制办事指南、基本常识问答、咨询投诉电话等内容，图文并茂，方便前来办事的群众了解；并在全市各大工业区、劳务工生活区、社区等人群密集的地方设置普法宣传栏 420 多个，累计制作劳动保障政策法规宣传专栏 3 000 多期，针对社会热点问题，及时更新求职、维权、社保知识等方面的内容，为深圳市民服务。

2．阅览室

在社区内设立阅览室，常年订购政治、时事、科学、生活常识、老年人生活、青少年文艺等方面的报刊杂志，供社区居民阅读。这也是一种很好的宣传方式。但这种方式宣传目标不明确，宣传范围有限，对于没有较多业余时间或不太喜好阅读的居民起不到宣传效果。

3．小宣传板

在每个楼道口安装小宣传板，并及时张贴有关物业管理方面或其他方面的宣传资料和通知。这种方式多用于宣传物业管理方面的资料或通知，宣传面较大，但成本较高，方式单一，吸引力有限。

4．宣传牌、横幅或广告

制作有教育意义和倡导性的宣传牌、横幅或广告，这种宣传方式的宣传效果较好，但宣传费用较高，社区应该根据具体情况进行选择。例如，可以制作一些大型立柱灯箱广告牌，打出一些有益的标语；可以在车站、办公楼、厂房和居民住宅楼等张贴电梯宣传海报和宣传画等；也可通过发布墙体户外、电子大屏幕、横幅广告和电视、广播、网站广告等形式进行宣传。为增强这种宣传方式的宣传效果，可以提炼出一些叫得响的宣传口号，如

"就业是民生之本，工资是民生之源，社保是民生之福"、"社会保险，利国利民"等；同时结合社区的实际，总结出具有本社区特色和时代特点的理念性用语。

5．宣传品

通过制作并发放大量成本低、实用性强的宣传品进行宣传。这种方式成本较低，居民易于接受，但宣传面有限。例如，走入社区免费向群众发放印有宣传内容的茶杯、扑克、雨伞、小台历、小日历卡、小笔记本等，深受群众欢迎。

6．开展活动

举办各种活动不仅能很好地达到宣传目的，同时也能丰富居民的业余文化生活，是一种值得推荐的宣传方式。这种方式费用较高，并且吸引的人群可能带有倾向性。例如，围绕建设"和谐社区"主题，开展各种法制宣传活动，使居民学法、用法成为一种自觉行动；举办动画设计与制作职业技能竞赛，以动漫设计制作成果来宣传工伤保险和工伤预防工作，通俗有趣，成效明显；利用形式新颖的拼图竞赛宣传社会保险工作等。

7．文艺宣传

建立社区法制文艺队伍，开展居民喜闻乐见的文艺演出。这种方式居民乐于接受，但居民的参与可能有限，所以如何增强居民的参与度应该是这种方式关注的重点。例如，组织文艺晚会，通过相声、小品、歌舞、诗朗诵等群众喜闻乐见的文艺形式吸引群众观看，在节目中穿插有宣传的知识问答和游戏，对参与者发放毛巾等生活必需品和宣传资料，寓教于乐；还可以组织电影放映进社区，每场电影放映前加有关宣传专题片。

8．网络宣传

充分发挥网络宣传作用，一方面，可以建立社区的网站，既可以在网站上通知或宣传社区的各项工作和活动，又可以通过社区论坛很好地与社区居民进行互动，使社区组织可以及时地了解社区居民的需求，吸纳社区居民对社区建设提出的好的建议，调动社区居民参与社区管理的积极性，同时还可以向社会和其他社区宣传本社区；另一方面，社区可以通过在其他有影响的网站或论坛宣传本社区，或通过网络解决本社区的一些问题。目前网络宣传中运用微博进行宣传的越来越多，也越来越被社区居民认可。网络宣传方式宣传面广，宣传效果好，也便于宣传资料的收集，但对于不会使用计算机和互联网的人则达不到宣传效果。

9．QQ、飞信群、微信宣传

QQ、飞信群、微信都是手机客户端，理论上只要对方手机安装了客户端，接入 WiFi 都可以使用。这三种新兴的宣传方式在社区宣传当中所起的作用日益重要。在针对社区特定人群进行宣传时，这三种宣传方式的优越性无可替代。

学习活动 3

垡头街道二区社区居民委员会官方微博

（北京市朝阳区垡头街道二区社区居民委员会官方微博内容）为广泛地宣传糖尿病防治知识，增强社区中老年人的自我保健意识，提高居民对糖尿病的认识和对糖尿病治疗的重视，11 月 5 日下午，我社区在社区党员活动中心举办了居民糖尿病防治的健康知识讲。社区邀请了垡头卫生院的闫医生为社区内的糖尿病患者及中老年人讲课，讲座得到了广大老年居民的一致好评。

？ 思考

你如何看待这种宣传方式？

8.1.4　社区宣传工作存在的问题及对策

目前，现有的宣传方式、宣传载体与群众的接受力之间都存在差距。尽管有些社区成立了阅览室、文娱活动中心，并开展各类文艺活动、咨询活动，但真正吸引群众的却不多，往往出现宣传者很急，接受者却很冷淡的尴尬局面。这虽然与群众的文化素质有关，但更主要的还是由于宣传没有搭准群众的脉搏，手段保守，形式单调。群众的年龄结构、文化层次、兴趣爱好不同，客观上要求宣传方式、宣传载体更加灵活多样，这样才会提高宣传工作的影响力。一些长期从事基层宣传工作的人道出了他们的经验："别指望有包治百病的灵丹妙药，关键是要给群众主动参与的机会。""未必一定要达到什么目的，只要能使群众改变一些落后意识，了解并认同社区，就达到宣传目的了。"

具体来说，要使宣传收到良好效果，社区宣传工作者还必须做好以下三个方面的工作。

（1）培养群众主动参与的意识。让群众从后台走向前台，从台下走到台上，从对其单向灌输变为台上台下双向互动。例如，有些街道建立领导干部联系基层社区制度，与社区群众直接交流，改变以往单一的辅导讲座式的理论政策宣讲，让宣讲人员与群众坐在一起，面对面交流，组织讨论，一定程度上使群众能表达自己对理论政策的理解与体会，得以直接解疑、释惑，更具说服力。

（2）创新宣传方式。传统的宣传手段投资少、见效快，可以老招新用，经过"重新包装"，成为群众喜爱的宣传方式，体现其无可替代的宣传效应。例如，可以利用当地有特色的戏剧表演形式，利用社区的老年人文艺队等组织，组织志愿者将各时期的宣传内容编成节目，茶余饭后在社区内演出，完全可以成为宣传工作的一支"主力军"；在各种大型的咨询活动中，可以增加色彩鲜艳的彩图广告做宣传。

（3）抓项目，虚功实做。宣传工作弹性太大，干好干坏、做多做少，绩效不好衡量，缺乏一个科学的评价体系。其实宣传工作也可以抓项目，办实事，每年集中建设一两个功能全、档次高的社区宣传文化龙头载体，精心组织一批能起到轰动效应的活动，寓教于乐；多组织文艺工作者、理论工作者到社区宣传，有效地服务于群众的需要，在宣传的同时还可以丰富居民的业余文化生活。

学习活动 4

在家门口主办宣传栏

（苏蕴华）我1998年离开工作岗位。2003年，北京天桥街道加大社区宣传阵地建设力度，在我们虎坊桥社区搭建了两架不锈钢宣传橱窗，有一架正好建在我家门口。我想，这可好了，我有"用武"之地了！我将自己想承办宣传栏的想法告诉了社区，正巧，社区也在物色人选。于是，凭借对美术和编辑的爱好，我成了这个宣传栏的主编。我又提议请景淑华为副主编、徐琪为编辑，编辑部很快就成立了。没有编辑场所，我就把编辑部设在自己家中。现在这个小小的编辑部已发展到了6位成员。

为了让宣传内容贴近群众，除必要的摘抄外，大部分稿件都从居民来稿中筛选。我们设计的栏目内容丰富多彩，为了让宣传内容更具时效性，我们在密切关注时事动态和形势任务时，还及时刊登"爱心在延续"类型的稿件，使更多的人能加入关注公益事业、积极献爱心的行列。宣传栏每月15日更换一次，我们经常向居民征求意见。有居民反映，打印的字体不如手写体鲜活、亲切，我们很快就改为手写，果然效果比以前更好了。由于每期都精心设计和制作，阅览我们的宣传栏已经成为社区居民生活中不可缺少的一部分。特别在更换版面时，总有不少人特地前来观看，有的甚至还把自己关注的内容抄录下来……有一位残疾人，每期展出后都拄着双拐前来观看；社区附近北京友谊医院的医务工作者也是这个宣传栏的常年读者；与我们相邻的长禄街社区还组织了20多人来我们这里"取经"呢！我家住的是旧楼房，40多平方米的生活空间生活着我、老伴和孙女三人，一下子挤进个编辑部，尤其装饰版面要占用很大地方，使本来就不宽敞的房间更加拥挤。老伴抱怨："人家请你教课还有报酬，你不肯去，却整天在家里辛辛苦苦地鼓捣这个……"我说："办宣传栏能发挥我的特长，老有所为嘛！"后来，老伴看到居民们登门送稿的积极性，看到市、区领导来家走访时对我的赞许，很是感动，主动帮我做起了买菜、照顾孙女的事儿。她看着我们蹲在地上排版很费劲儿，就特意腾出了小房间，还找来一块大板子，亲手为我们搭了一个大工作台。有时我们忙不过来，她就成了我们的替补编辑。在办宣传栏的过程中，我也曾听到风言风语："不好好歇着，这么辛苦，指不定上面给了什么好处呢！"对此我不做任何解释，只用社区更多群众的话来回答："自从苏老师承办宣传栏后，咱社区的好人好事多了，文明楼院多了，邻里关系更加和睦了……"

?　**思考**

（1）该案例用到了哪些宣传方式？对社区有何意义？

（2）学完社区公文写作后，试以一名社区工作者的身份写一份有关该事件的汇报。

8.2　社区公文写作

写作社区对内、对外的常用公文是社区工作者的一项基本技能。在建设和谐社区的进程中，需要社区工作者撰写大量的社区公文。同时，随着社区建设的发展，社区公文的形式和内容也在变化。

8.2.1　社区公文的概念与分类

1．社区公文的概念

公文，即公务文书的简称，属于应用文。公文有广义和狭义之分。广义的公文是指党政机关、社会团体、企事业单位为处理公务而形成的文字材料。狭义的公文是指党政机关处理公务时所使用的公文。社区公文是用于社区公务活动的一种应用文书，是社区组织管理社区、处理社区事务时用来颁布规章制度、传达政策法令、请示和答复问题、汇报情况、联系工作、制定计划及记载社区活动的重要工具。社区公文出自法定的社区组织，具有处理公务的合法效用。

2．社区公文的分类

社区公文可以从不同的角度进行不同的分类。

（1）从行文关系上分，公文可分为上行文、平行文和下行文三种。上行文是指下级机关向上级机关报送的公文，如请示、报告等。下行文是指上级机关向所属下级机关的行文，如决定、指示、公告、通知、通报等。平行文是指同级机关或不同隶属机关之间的行文，如函等。通知、会议纪要有时也可作为平行文。

（2）从文件的机密性分，公文可分为绝密文件、机密文件、秘密文件和普通文件四种。绝密、机密、秘密文件又称保密文件，是指内容涉及党和国家的机密，需要控制知密范围和知密对象的文件。文件的密级越高，传达、阅办、保管的要求也越严。

（3）从文件的时限要求分，公文可分为特急公文、急办公文和常规公文三种。公文内容有时限要求，需迅速传递办理的，称紧急公文。紧急公文可分为特急公文和急办公文两种。紧急公文应随到随办，时限要求越高，传递、办理的速度也就要求越快，但要"快中求准"。随着社会的发展，对公文的时效要求也越来越高，即使常规公文，也应随到随办，以提高办理效率。

此外，从文件的使用范围分，公文可分为通用文件、专用文件等；从文件的来源和使用范围分，公文可分为对外文件、收来文件、内部文件三种。

3．社区公文的种类

作为传达、贯彻党和国家的方针政策，联系、处理有关公务的工具，社区公文体现着组织的意志，表达着组织的主张，显现着组织活动的行为目的。因此，公文的种类和体式取决于公文的性质和公务活动的内容与方式。不同的文种反映着公文不同的内容与作用。社区组织在拟制公文时，必须从实际需要出发，根据本组织的职权范围、所处地位与发文目的，正确使用文种。

根据国务院 2001 年 1 月 1 日开始施行的《国家行政机关公文处理办法》的规定，行政机关的公文种类主要有命令（令）、决定、公告、通告、通知、通报、议案、报告、请示、批复、意见、函、会议纪要 13 种。还有一些文种虽不在正式规定之内，实际上应用也很广泛，同样可能具有公文的性质，或在一定条件下具有公文的性质，如某些章程、办法、计划、协议书、电报、记录、简报、调查研究、领导讲话稿等。

社区公文的种类可以比照行政公文，但与行政公文相比，社区公文的正式程度要低一些，种类也要简单一些，常用的包括章程、通告、决议、汇报、申请、证明、回执等。

学习活动 5

上网查阅一份社区公文，试说明它的种类。

8.2.2　社区公文的主要格式

正式公文的基本组成部分是标题、正文、作者、日期、印章或签署、主题词。正式公文体式的完整结构包括发文机关、发文号、秘密等级、紧急程度、签发人、标题、主送机关、正文、附件、印章、成文时间、附注、主题词、抄报机关、抄送机关、印发机关。

1．文头部分

（1）发文机关。发文机关名称或规范化简称加文件种类构成文件头，用套红大字居中印在公文首页上部，以示庄重。

（2）发文号。发文号又称公文编号，是发文机关同一年度公文排列的顺序号，由发文机关代字、发文年份和文件序号组成。如国务院文件"国发[2008]3 号"中，"国发"是发文机关代字，"2008"是发文年份，"3 号"为文件序号，表明这份文件是国务院在 2008 年度制发的第 3 号文件。发文号只是用于在检索和引用文件时提供专指性较强的代号，为统计和管理公文提供依据。因此，发文号不是社区公文的必要组成部分。社区公文一般没有发文号。

（3）秘密等级。公文内容涉及国家机密的，应根据机密程度，在公文头的左角或右角，也可在正标题的左上方标明"绝密"、"机密"、"秘密"字样。

（4）紧急程度。公文内容紧急，在时间上要求紧急递送的，应根据紧急程度在正文标题左上角注明"急"、"紧急"、"特急"、"限时送达"字样。

（5）签发人。上报公文应当在发文号右侧标注"签发人"，"签发人"后面标明签发人姓名。

2．行文部分

（1）标题。根据字数，标题可占几行，排列正中，位于发文号下方，字号比文头部分的字号小些，比正文的字号大些。标题通常由发文机关名称、公文的事由和文种三部分组成。

（2）主送机关。主送机关是公文的制发对象，应标注在标题之下、正文之上靠左，并顶格书写，其后用冒号。标注主送机关，要写明其全称、规范性简称或同类型机关的统称，其名称之前不能标出"主送"字样。

（3）正文。正文是公文的主体和核心内容。正文字号不能太小，字距、行距要清晰；要求一文一事，文字准确、简练，逻辑清楚，标点正确。

（4）附件。附件是附属于公文正文之后的文字材料，是公文的重要组成部分。如有附件，应在正文之后、成文时间之前注明附件顺序和名称。

3．文尾部分

（1）印章。印章是公文制发机关对公文生效负责的凭证。除会议纪要和有特定版头的普发性公文外，其他公文都应当加盖发文机关印章。

（2）成文时间。成文时间是公文生效的日期。成文时间应标注在公文"落款"即发文机关署名的下面，如无落款，可直接写在正文右下方，必须以汉字标注。

（3）附注。附注是用以对文内某些内容事项进行解释说明的格式项目，标注在公文生效标识域以下、主题词检索标识域以上。

（4）主题词。主题词是用以确切表达公文主旨的规范化名词或名词性词组。主题词必须准确，不能与标题混为一谈。它的位置在文件尾部横线之上，即抄送机关之上，由左向右排列，词与词之间要空一格，不能用标点符号。

（5）抄报机关、抄送机关。抄报机关、抄送机关是受文的机关单位，标注在文件尾部的横线之下，分列两段，抄报机关在上，名称要使用全称或规范性简称。

（6）印发机关。印发机关指发文机关的办理部门。在抄报、抄送栏之下设印发机关栏，要标明公文印发机关或部门的全称及印发时间。这里的印发时间与成文时间不一样，应晚于成文时间。

8.2.3　常用社区公文的写作

常用社区公文大体上可以分为章程、通告、决议、汇报、申请、证明、回执和社区工作报告等。

1．章程

章程是规定社区管理的宗旨、组织原则和管理办法等事项的文件，是关于社区组织及活动的基本规则。章程是关于社区组织和行为的基本规范，它不仅是社区的自治法规，而且是社区自我管理的重要依据。章程是确定社区组织权利、义务关系的基本法律文件，一经制定，即具有法律效力，受国家法律保护。

章程制定后一般须由居民代表大会通过。章程的内容通常包括以下几个方面。

（1）第一章：总则。总则部分主要说明章程制定的依据（如《中华人民共和国城市居民委员会组织法》)和章程制定的目的，以及章程的适用范围、实施单位与监督执行单位等。

（2）第二章：居民组织。这一部分需要说明居民组织成立的原则与目的；居民代表如何产生；居民会议的职责；居民会议在讨论和决策事件时遵循的原则；居民委员会主任、副主任的职责；居民委员会成员的产生与任期；居民委员会的职责及居民委员会下属各工作委员会（如社区事务管理委员会、治安保卫委员会、精神文明建设委员会、老龄工作委员会、社区公共卫生委员会、人民调解委员会等）的职责；居民组织的工作制度等。

（3）第三章：自治管理。这一部分包括居民委员会的内部管理，以及居民的自我管理、自我服务、自我教育和自我监督等。

（4）附则。附则部分主要为了说明章程的执行起止日期、章程的解释权，以及章程与国家法律、法规相抵触时应该如何处理等附属问题。

2．通告

通告是行政机关和企事业单位在一定范围内公布应当遵守或周知的事项时使用的公文。社区通告一般用于通知社区成员一些政府部门有关社区的政策规定和社区制定的规章制度，以及一些关系到部分或全体居民的重要信息。

通告除具有公开性和告知性特点外，还具有如下特点。

（1）强制性。通告公布的大都是让人们遵守或照此执行的法规性事项，具有较强的强制性和约束力。

（2）广泛性。通告不仅内容广泛，包括公布法规、政策和一些具体事务，而且使用通告的单位也比较广泛，国家机关、人民团体或企事业单位都可以使用这一文种来公布有关事项。

（3）专业性。在一些带有专业性的政策规定或具体事务的通告中，往往涉及许多专业知识和专业术语。

通告一般由标题和称谓、正文、落款和时间等几部分构成。

（1）标题和称谓。标题可以为"通知"、"紧急通知"或"关于××的通知"等不同形式。称谓则根据通告所要传达的目标对象来确定，如"×××社区全体居民"、"××楼栋全体居民"、"××市场全体商户"等。

（2）正文。正文是通告的主体部分，要简明扼要地向通告对象说明发生了什么事情、事情发生的基本原因、有关部门的意见和决议、对通告对象有何种要求等。通告正文的结构一般由开头、主体、结尾和结语四部分组成。

1）开头。开头主要交代缘由、根据，要求概括说明发出通告的原因和目的。法规性通告一般还要求写清法律依据，以增强通告的法律效力。缘由后面常用习惯用语"通告如下"、"特做如下通告"等过渡到下文。

2）主体。主体即通告事项部分，主要说明通告的具体内容。这一部分由于事项比较多，常常采用标序列述的方法来写，要求做到主旨鲜明、事项具体、条理清晰、简洁通俗、便于理解执行。

3）结尾。结尾提出执行要求或号召，有的通告没有结尾段。

4）结语。结语一般单独设段，用"特此通告"做结，以体现通告的规范性和严肃性。

（3）落款和时间。落款是通告的发出单位，可以是"××社区居民委员会"、"××社区成员代表大会"、"××社区党支部"、"××社区治安保卫委员会"等。时间即为通告发出、张贴的时间。通告的落款与标题有关，标题有发布单位的，后面则无落款；标题没有发布单位的，落款则注明发布单位。发布通告的时间写在标题之后、内容之前，或者写在落款后面都可以。

学习活动 6

梅园社区治安管理通告

开摩托车、电动车进入梅园社区的人员请注意，由于近期社区盗窃案件比较多，为了确保您的车辆安全，请您将车辆停放到三大门口（梅园社区南大门、西大门、北大门）的免费停车点上，那里有专人看管。谢谢您的配合！

梅园社区居民委员会
梅园治安保卫委员会
2013 年 4 月 1 日

？ 思考

走入社区，学习写作社区通告。

3．决议

决议是指社区有关机关就重要事项，经会议讨论通过其决策，并要求贯彻执行的重要指导性公文。决议是社区行使自我管理、自我教育、自我服务的自治权利的体现。决议是经过社区有关会议讨论通过才能生效并由社区有关机关发布的，所以具有一定的权威性。

决议的内容事关重要决策事项，一经公布，全社区上下都应当坚决执行。决议表述的观点和对事项的评价都具有指导意义，所以决议还具有指导性。

根据内容、性质的不同，决议可以分为事项性决议和重大问题决议两种。事项性决议是对会议讨论通过的具体事项的决议；重大问题决议是对会议关于重大问题讨论后做出的总结性决议。

作为社区的基本公文，决议主要由首部和正文两部分组成。

（1）首部。首部包括标题和成文时间两个项目。

1）标题。决议的标题有两种形式：一种由发文机关、事由和文种构成；另一种由事由和文种构成。在标题部分，主要写明关于什么事情的决议，使人一目了然。

2）成文时间。成文时间即决议正式通过的日期。

（2）正文。正文由决议根据和决议事项两部分组成。其写法有两种形式：一种适用于内容单一的决议，把议定的事项直接叙写出来；另一种适用于内容比较复杂的决议，将决议事项分条列项表述出来。正文要简明地说清楚这个决议因何种原因而做出，哪个部门或哪些人参与了决议的拟定，决议决定进行何种工作、达到何种目标、需要运用哪些资源、由哪个部门负责实施等。

学习活动 7

××市××区××镇街道××社区居民委员会第二届第六次居民代表会议
关于修改居民委员会章程的决议

（2012 年 1 月 17 日居民代表会议第六次会议通过）

2007 届居民代表会议第九次会议批准，经社区事务管理委员会提出，因社区民主建设的发展，以及专业委员会的调整，原来通过的居民委员会章程已不能适应基层民主建设的需要，为此要求修改居民委员会章程，请求大会审议。

? 思考

分析这份决议是否符合写作要求。

值得注意的是，社区章程、决议、通告等文件由于一般涉及面较大，会对社区许多居民和社区公共事务产生重要影响，因此在起草它们时需要做详细的考察和周全的思考。起草这些文件一般要经过如下步骤。

（1）确定为什么要起草和制定这些文件，也就是搞清楚它们的目标。只有这样，才能起草出有针对性的文件。

（2）确定文件的适用范围和效力。一个文件可能是综合的，如社区章程之类；也可能是单项的，如针对某个专门问题的决议和通告等。在起草这些文件时，应该确定它们的适用范围，使之具有一定的效力。

（3）起草文件要注意在居民和文件所涉及的人群中进行摸底探访，问问他们对一些有争议的问题的看法，吸取他们有见地的意见。必要的时候，应该进行有组织的座谈和调研，尽量把所有可能影响文件实施的因素加以思考，做到文件有群众基础和自身的周全性。

（4）一些重要文件还需要与相关的法律法规和政府政策相一致，起草时要确定不违背这些法律法规和政府政策。

（5）文件起草完毕之后，交付相关组织机构审议通过。未经通过，不可外泄使用，以保证审议机构的权威性。

4. 汇报

汇报一般分为专题汇报和综合汇报两种。根据汇报要求的不同，汇报有不同的写作格式。专题汇报要紧紧围绕一个或几个相关的主题展开，综合汇报则要求将所有工作整理成有体系的结构进行说明。汇报的一般写法包括以下几个步骤。

（1）根据汇报要求，收集、整理相关资料和信息，确保汇报情况的准确性。

（2）将社区相关的情况、问题，社区所提出或采用的解决方案、需要的支持等系统地在汇报中说明，为汇报的对象（上级政府部门、社区居民代表等）了解问题、搞清事实、采取相应策略和行动提供参考。

（3）说明所汇报情况和问题的可能性发展及社区工作者对这些情况和问题的应对和计划。由于汇报内容不同，汇报中有些部分可以省略，但基本上要做到信息的准确性和组织的条理性，要说明社区工作者的工作情况和计划等。

> **学习活动 8**

关于桃园社区南大门改造方案征求居民意见情况的汇报

自 3 月 12 日贴出桃园社区南大门改造的公示以来，截至 3 月 22 日，桃园社区居民委员会、桃园业主委员会接到桃园居民来电、来访及书面意见等共 29 人次（张）。其中，大多数居民赞成南大门改造，并提出了要求南大门实现车辆分流等意见。这些意见中居民群众最关心的事情是车辆通行后老年人出行的安全问题。另外，有部分居民提出，由于桃园社区街坊基金出现大笔亏空，南大门改造的经费应由政府出资。

针对上述情况，桃园社区居民委员会、业主委员会、街道市政科在 3 月 23 日上午召开了南大门周边居民征求意见座谈会。参加会议的大部分是居民代表和业主代表，共 24 人。会议由桃园社区党总支书记主持。会上，桃园居民委员会和业主委员会成员分别介绍了南大门改造的起因和方案，居民们也谈了自己的看法和要求。意见集中表现为：① 目前桃园社区的汽车出行在西大门一个道口上，非常不安全，特别在下雨天和上下班高峰期间容易造成汽车拥堵，发生交通事故。② 大多数居民拥护桃园社区南大门的改造方案，理由有三点，一是有利于缓解桃园社区交通拥堵问题；二是有利于改善南大门出口脏、乱、差的现象；三是有利于提高桃园社区大门的整体形象。

居民群众主要的要求为：① 这次改造后的南大门要美观大方，成为桃园社区一道亮丽的风景线。② 改造后的南大门出口处要宽敞，形成一个喇叭口。③ 南大门车辆通行后要装减速板。④ 要在南大门安装警示、按喇叭的标志及减速标志。⑤ 温宿路和北大街口的红绿灯要延长间隙时间，保持南大门出口的顺畅。⑥ 在小区原来的道路两边铺上简易的人行道，取消南大门目前的停车点，同时严禁机动车和非机动车停放在主干道上。

最后有居民提出，在实行桃园社区"西进南出"的方案时，建议先实行高峰时段"西进南出"的方案，平时时段仍然维持西大门一个道口进出。

? 思考

这份汇报是向谁做出的？

5．申请

申请也是社区工作中经常需要写作的公文形式，是个人、单位、集体向组织、领导提出请求，要求批准或帮助解决问题的专用公文。申请的写作一般包括以下三方面内容。① 标题，表明申请的主题。② 正文，写明白申请的原因、条件，以及对于搞好所申请项目所做的前期工作等。③ 落款，写明申请单位或个人。

申请的使用范围相当广，种类也很多。按作者分类，申请可分为个人申请和单位、集体公务申请。写申请时需注意，申请的事项要清楚、具体，涉及的数据要准确无误；理由要充分、合理，实事求是，不能虚夸和杜撰，否则难以得到上级领导的批准；语言要准确、简洁，态度要诚恳、朴实。具体来讲，申请的写作主要包括以下几个部分。

(1) 标题。标题有两种写法，一是直接写"申请"；二是在"申请"前加上内容，如"××申请"等。一般采用第二种写法。

(2) 称谓。顶格写明接受申请的单位、组织或有关领导。

(3) 正文。正文部分是申请的主体，首先提出要求，其次说明理由。理由要写得客观、充分，事项要写得清楚、简洁。

(4) 结尾。写明惯用语"特此申请"、"恳请领导帮助解决"、"希望领导研究批准"等，也可用"此致"、"敬礼"等礼貌用语。

(5) 署名、日期。个人申请要写清申请者姓名，单位申请要写明单位名称并加盖公章、注明日期。

学习活动 9

你所在的社区想申请参加市政府举办的文明社区竞选活动，请你为此写一份申请。

6．证明

证明是说明某件事情的正当性和个人身份的公文。证明是较为简单的公文。证明要写清楚什么人在什么时候做了什么事情或要做什么事情，请求有关部门或个人对于这件事情和个人给予支持。

证明主要包括以下几个部分。

（1）标题。一般直接写"证明"。

（2）正文。正文部分是证明的主体，要写明证明的内容或相关事件和原因。如果是向具体单位做出的证明，可以写上抬头。

（3）结尾。写明惯用语"特此证明"、"恳请贵单位予以接待"等。

（4）署名、日期。署名应加盖单位公章。

学习活动 10

请你为小区刚下岗的刘贵萍女士出具一份失业证明，以供她去办理失业登记，申请小额贷款。

7．回执

回执是社区工作中的重要公文。居民或成员单位会就社区内的一些事情向社区提出意见或建议，或者通过来信、来访的方式向社区工作者和社区工作机构反映问题。对此，社区工作者应该及时予以回答，将问题解决的方式和途径送达居民手中。回执的一般格式包括以下几个内容。

（1）标题。一般写关于某某问题的回执。

（2）对象。指反映意见和问题的个人或组织。

（3）正文。一般写明反映的问题采用何种方式解决，或者问题提交给何种机构、通过何种渠道在解决，还可以加上问题解决的时间期限及服务承诺等。

（4）落款。一般写社区工作机构的相关部门，有时还需要经手人的签名。

学习活动 11

关于 40 号居民楼附近的车棚管理的回执

××区××单位的一名员工：

你好！你反映的问题基本属实。关于 40 号居民楼附近的车棚管理严重混乱的问题，我们进行了认真的研究。经居民委员会研究，报街道乐家源公司（居民委员会经济由街道统一管理）批准，我们从 2013 年 2 月 1 日起更换了车棚管理人员。目前车棚的情况有了根本好转，群众反应良好。谢谢你对社区发展的关心！

山语社区居民委员会

2013-02-09

❓ 思考

学习回执的写作。

8. 社区工作报告

社区工作报告是社区工作者定期进行工作总结和思考，向社区居民和政府相关部门汇报工作成效的一种重要公文。社区工作报告一般分为月份工作报告、季度工作报告、年度工作报告和任期工作报告，也可以分为综合性工作报告和专题性工作报告。由于各种报告的审阅对象不同、功能不同、适用范围不同，它们也会有较大的差异。一般而言，起草社区工作报告要求做好以下几个方面的工作。

（1）根据工作报告的范围和功能，查找相关台账和记录，梳理报告中所需要的资料。

（2）根据工作的性质，将所掌握的工作资料进行适当的分类和概括，放在不同的部分来处理，这样可以使得报告不至于像流水账一般没有主题和重点。

（3）确定报告各个部分的重要程度和它们之间的相互联系，组织资料，写成初稿。

（4）将工作报告的初稿拿出来和一起工作的同事，以及一部分对社区工作较为关注的居民进行探讨，寻求修改意见，在深入思考的基础上，将这些意见反映到工作报告中。

学习活动 12

林语区居民委员会 2012 年工作报告

居民们：

2012 年已经过去，新的一年已经来临。在××镇街道党工委和办事处的领导和指导下，按照社区党总支 2007 年的工作要求，我居民委员会在依法组织居民实行民主自治、协助政府办事、努力为民办实事等方面全面完成了街道办事处、居民会议交给的各项任务。现在就 2012 年工作的基本情况向居民代表做一个汇报。

1. 基本实现居民的事居民办

什么是居民的事情？在社区中，只要不涉及政府部门（政府行政许可范围内）必须要办的事情，都是居民自己的事，如居民之间的调解、业主对物业公司的评议、社区范围内的治安、社区公共设施的管理、居民素质的提高、精神文明的创建、社区建设的规划、邻里之间的帮助等。我居民委员会就如何组织居民依法实行民主自治管理、提高居民自我服务能力方面做了如下工作。① 完善和规范六大专业工作委员会工作职责。② 调整调解委员会和老龄委员会主任的人选。③ 结合有关职能部门完善专业工作委员会职责。

2．协助政府办事

协助政府办事是国家与法律赋予居民委员会的工作职责，我们今年协助完成的政府布置的工作任务如下。① 动迁工作。② 社会救助工作。③ 计划生育工作。④ 老年人和妇女工作。⑤ 双拥工作。⑥ 天然气转换工作。⑦ 协助政府部门完成人口信息采集和家庭经济抽样调查工作。

3．指导和监督业主委员依法开展工作

（略）

4．实事工程基本完成

（1）西大门、南大门安装监控工程已完成。

（2）车棚改造（增加摩托车等停车车位）。30 弄部分居民完成 4 号门前的车棚改造；关于其他车棚，业主委员会考虑资金到位后，再进行改造。

（3）家园中心等残疾人设施改造已完成。

（4）安排下岗人员上岗 65 名（其中低保人员 9 名）。

（5）为社区居民提供方便生活的各种服务，如送菜、送水、电信、供水、理发等，已完成前期各种准备工作。

（6）华中大药房设医保卡使用点（方便老年人取药、看病）。9 月 14 日开始，华中大药房可以使用医保卡。

5．存在的问题

随着社会的不断进步，社区成员对社区各方面的需求越来越高；我们在过去的一年中还存在着不少问题，如专业委员会主任领导能力水平参差不齐、专业委员会内部人员沟通和联系不足、专业委员会独立开展工作缺乏经验、各专业委员会之间资金使用不平衡等。另外，社区的治安形势还是比较严峻的，对精神文明创建工作带来了一定的影响；社区中全体成员的整体素质也有待于进一步提高。

6．2013 年的主要工作

2013 年居民委员会的主要工作是做好三件大事、七件实事。三件大事如下：一是在今年 4 月搞好居民委员会的换届工作；二是完善居民自治工作规范化建设（从制度、内部管理、居民参与上下工夫）；三是在今年 10 月做好区人大代表选举工作。七件实事具体的内容如下。① 安排下岗人员上岗 45 名（其中低保人员 5 名）。② 继续做好宝塔形房子改造前期摸底工作。③ 完成二处车棚的改造。④ 家园中心成立婚姻介绍所。⑤ 完善社区服务中的各种服务项目。⑥ 在新民茶室设不定期的说书点。⑦ 完成城中路小学门面房外立面改造。

在街道党工委的正确领导和办事处的正确指导下，我们将认真落实"三个代表"重要思想和党的十六届四中、五中全会精神，保持和巩固先进性教育活动的成果，进一步促进社区班子及队伍建设；大力推进基层民主的制度化发展，强化发挥"三会"制度作用；因地制宜，以人为本，不断宣传好、引导好居民加入社区志愿者队伍；创新和完善社区管理制度和机制，提高社区党建、社区建设和社区管理的总体水平；认真落实社区党代会精神和居民会议决定的各项任务，积极协助政府做好社区各项工作；认真完成上述拟定的三件大事、七件实事，为建设"管理有序、服务完善、环境优美、文明祥和"的现代化新家园而努力奋斗。

2013 年 1 月 23 日

? 思考

如何完善该社区工作报告？

8.3 社区档案管理

社区档案是社区党群组织、社区成员（代表）大会、社区居民委员会及社区在实行"自我管理、自我教育、自我服务"的党群工作、居民自治、街政建设、经济活动等实践活动中直接形成的，对国家、社会和社区居民具有保存利用价值的各种文字、图表、声像、实物等不同形式的历史记录。在新的历史时期，社区建设已成为城市的中心工作和主体。与此同时，社区建设中将会形成大量的反映社区历史面貌的档案。社区档案不仅反映了城市基层组织建设、社区服务、社区卫生、社区文化、社区环境、社区治安、社会保障等方面的基本历史面貌，也反映了城市经济、社会和环境协调发展的状况。因此，有效地进行社区档案管理，对社区的发展具有重要意义。

8.3.1 社区档案与社区档案管理工作的特点

1. 社区档案的特点

社区档案主要具有以下三个特点。

（1）社区档案来源广泛。社区档案是以社区党群组织和社区居民委员会档案为核心，联结社区内所有单位档案（机关单位除外）和社区著名人士档案等的联合全宗。社区职能范围广，与社会各个层面都有千丝万缕的联系，其档案不仅来源于社区党群组织、社区居民委员会、社区内各居民小区业主委员会、物业公司、企业、事业、社会团体、个体工商户及社区内著名人士等一定的社会区域内的单位和个人参与社会实践活动的各个环节和领域，还来源于所在地的党组织、民政、公安、司法、文化、卫生、社保、劳动、计划生育、教育和体育等党政部门。

（2）社区档案内容丰富。社区档案是社区工作各方面的真实记录和反映。社区工作涉及组织、宣传、环保、卫生、公安、司法、城建、工商、文化、教育等所有的社会性问题，形成的档案就是对它们的真实记录和反映。社区档案门类齐全，有文书档案、科技档案、会计档案、特种载体档案、居民档案（包括居民健康档案）等；其内容丰富多彩，有社区党群管理、行政管理方面内容的档案；有社区服务组织建立的如文化卫生、劳动就业及社会保障等社区服务方面内容的档案。

（3）社区档案载体多样。城市社区档案来源的广泛性决定了社区档案载体的多样性。社区工作活动不拘于特定的形式、过程，形成的档案载体也丰富多彩，有社区所在的政府部门印发的各类正式"红头文件"，有社区居民委员会、各小区业主委员会民主选举的选民登记和选票，有与物业公司、社区共建单位等其他单位或组织签订的合同、协议，有开展文化艺术活动的书画、工艺品，有照片、录音、录像，有奖状、奖牌、社会活动纪念品等实物档案，也有通过转化而来的电子档案等。载体形式和载体规格都不会整齐划一。

2. 社区档案管理工作的特点

社区档案管理工作主要具有以下几个特点。

（1）社区档案管理工作具有极强的服务性。服务性是相对于机关、企事业单位而言的。社区服务组织人员名册、服务活动程序和效果、服务部门的资金筹措、服务工作取得的成绩等重要的档案资料，可以直接反映出社区服务工作的全貌，是该地区社区服务工作水平的最好说明。实际上，民政部门考核、检查社区服务工作，很大程度上也是依据档案资料进行的。社区档案是社区服务工作正常开展必不可少的工具。同时，社区居民也需要通过社区档案工作渠道，获取所处环境中党组织、政府部门和居民委员会的管理信息，参与和配合社会、社区公共事务的管理。因此，社区档案工作的开展必须顺应这一特点，强化社区档案信息服务功能。

（2）社区档案管理工作实践具有社会性。第一，社区档案工作源于社会各个阶层的社区居民在各个领域的社会实践活动。例如，由社区居民委员会民主选举的社会实践活动引发的对选举档案收集、整理、保管和利用等档案工作具体内容。第二，社区档案工作服务于社区社会实践活动，为社区社会活动提供智力支持和有效信息。第三，社区档案工作本身也是社区建设和社会实践的一个重要组成部分。社区档案工作应主动与社区建设的各个行业、各个部门进行沟通与合作，积极参与渗透、开发和提供档案信息，为城市的经济发展和社会稳定做好全方位的服务。

（3）社区档案管理工作具有高度的自治性。社区既不是机关单位，也不是企事业单位，是城市居民群众自治组织。社区居民委员会与街道办事处、政府及政府部门之间的关系是指导与协助的关系。街道办事处、政府及政府部门指导社区和社区居民委员会的管理和服务工作；社区居民委员会及各部门则协助政府参与和承担部分社会事务和服务性工作，通过社区自治活动实施社区的"自我管理、自我教育、自我服务、自我监督"。没有严格意义上的"上级主管部门"，社区档案管理工作也就不可能像机关档案工作那样实行"统一领导，分级管理"。

基层档案行政管理部门与社区档案工作之间是监督、指导的关系。监督就是依法监督社区居民委员会履行档案义务；指导就是根据国家档案工作标准指导社区居民委员会的具体档案业务建设。社区居民委员会依据社区建设和服务的需要，接受各级政府或政府部门的指导和引导，而不是接受各级政府或部门下达的工作任务。同时，社区档案的权属归社区居民委员会，不是"国家、集体所有的档案"，是"社会其他组织所有的对国家和社会具有保存和利用价值的档案"。

另外，社区办公用房少、公用设施设备简约、活动经费不足也限制了社区居民委员会在档案事务上的行为措施。城市一部分社区是在原来的城市居民委员会的基础上调整撤并而来的，一部分社区是由城市房地产开发城市居民住宅项目合并而成的。但无论哪种社区，社区居民委员会办公用房和服务设施用房都严重不足，有的甚至连居民委员会的办公用房都是借用的临时性简陋建筑。社区居民委员会组织活动经费由当地财政部门统筹安排，通常情况下财力有限。

8.3.2　社区档案的分类和内容

将社区居民委员会在各项活动中形成的具有保存和查考利用价值的各种文字、图表、声像等不同形式的材料收集齐全后，分类是首要问题。社区居民委员会的档案分类可以突破街道档案室以往普遍采用的年代—组织机构—问题分类法，而采用年代—类别分类法，即可根据居民委员会的工作实际，按照居民委员会的工作职责和工作范围，结合百姓的实际生活需要，将保存和形成的材料分门别类，进行建档。一般来说，根据居民委员会日常工作需要，社区居民委员会的档案管理可分为以下十大类。① 社区党群。② 基层政权建设。③ 社区服务。④ 社区保障。⑤ 社区就业。⑥ 社区环境。⑦ 社区治安。⑧ 社区计划生育。⑨ 社区文化教育。⑩ 社区退管。

根据不同的分类材料，社区档案可以分为以下不同的类型。

1. 根据社区档案的载体分类

（1）文字类档案。包括社区党群管理、组织机构、社会事务管理、社区服务业管理、社会治安综合治理、环境卫生管理、人口与计划生育管理、文教体育管理、社会保障工作等方面的文件材料；社区党政领导的工作笔记；上级机关下发的针对本社区的或需要贯彻执行的文件材料；其他具有参考利用价值的文件材料。

（2）图表类档案。包括本社区基建、设备、产品、科研形成的图纸，以及社区居民委员会财会类报表等材料。

（3）声像类档案。包括本社区重要活动、重大事件、庆功表彰等方面形成的照片、录音、录像等。

（4）实物类档案。包括本社区获得的各种奖杯、奖状、奖牌、锦旗、证书、印章等有纪念意义的凭证性实物。

（5）电子文件类档案。包括本社区的电子文件（磁带、磁盘、光盘）及相应支持软件、参数和相关数据等。

2．根据社区建设的实践分类

从社区建设的实践看，社区档案的分类大纲应不少于以下七类。

（1）社区组织、人事类。包括党的组织、社区居民委员会组织、社区社团组织、群众团体组织、社区居民基本情况、辖区企事业单位基本情况等。

（2）社区文书类。包括上级党政机关下发的文件材料、上级民政部门下发的文件材料、本社区党群组织形成的文件材料、本社区成员代表大会形成的文件材料、本社区居民委员会形成的文件材料和其他有查考利用价值的文件材料。

（3）财会类。包括社区居民委员会收支账簿、报表、凭证等。

（4）社区经济类。包括社区第三产业概况、中介机构情况、社区物业管理、家政服务、家电维修、再就业培训等。

（5）社区文化、卫生类。包括社区健康，社区科教、文化、体育设施，社区计划生育，社区医疗卫生等。

（6）社区综合治理类。包括社区警务工作、外来暂住人口、"两劳"人员、帮教对象管理、社区治安调解工作、群防群治工作、社区环境绿化工作等。

（7）社区福利工作类。包括烈军属工作，特困户、低保户、五保户工作，弱势、伤残群体工作等。

总之，社区建设需要档案为基础，而社区档案只有把握好社区工作的特点，因地制宜编制好档案目录，才能服务好社区建设，并随着社区建设的逐步完善，循序渐进地形成具有社区特色的档案管理服务网络。

8.3.3　社区档案管理的原则和制度

1．社区档案管理的原则

社区档案工作是社区文本工作中的一项基本工作，它的意义在于记录社区工作的过程，并备日后查询和使用。开展社区档案工作，主要是要确保社区工作得到如实准确的记录，并为评价社区工作成效、提高社区工作技能服务。所以，档案管理需要坚持以下原则。

（1）社区应按照集中统一管理的原则，建立健全社区档案工作，确保社区档案完整、安全和有效利用；制定社区档案工作制度，社区工作档案的日常管理和使用应该做到制度化，未经相关管理员同意，不能擅自借用，以确保档案的安全，避免遗失。

（2）档案工作制度的制定不得与《中华人民共和国档案法》及省市档案管理条例或办法相冲突。

（3）各种档案的记录、审定和归档应该由特定的社区工作者负责，以保证档案可以得到及时、准确的运用；负责档案管理工作的社区工作者应该经常学习并改善社区档案管理经验，提高档案管理水平。

（4）保持档案的准确性，记录入档应该真实、准确、全面，不能歪曲和隐瞒；档案归档之后不得私自删改和随意撤除。

（5）社区档案工作所需的必要经费一般由社区办公经费列支；社区档案工作在业务上接受上级档案行政管理部门和民政部门的监督与指导。

2．社区档案管理的制度

（1）社区档案管理的组织机构及其职责。社区居民委员会应依法建立健全档案工作，设立综合档案室（柜），配备专职或兼职档案管理人员。档案管理人员应具有一定的文化水平和一定的专业素质，掌握档案管理基本知识和基本技能。

社区综合档案室应具备以下条件。① 有专职或兼职档案员。② 有档案管理制度。③ 有档案保管箱、柜。④ 有档案实体保存。⑤ 有档案检索工具。

社区综合档案室的工作任务如下。① 宣传、贯彻、执行党和国家有关档案工作的法律、法规、规章和标准。② 指导、监督社区各组织机构文件材料的归档工作。③ 收集并集中管理社区的全部档案和资料。④ 利用档案和资料为社区各项工作和居民生活服务。

社区档案管理人员的工作职责如下。① 执行国家有关档案工作，特别是社区档案工作的法律、法规和技术标准，接受上级档案行政管理部门的监督和业务指导。② 根据本社区的实际情况和上级部门的要求，制定档案工作的年度计划，并负责组织实施。③ 按时收集、整理和管理本社区的各类档案。④ 对全部档案实行安全、规范、有效保管。⑤ 经区（市）档案行政管理部门依法授权，对社区各组织机构文件材料的归档工作进行监督和指导。⑥ 编制必要的档案检索工具，开发档案信息资源，尽力为档案利用创造条件。⑦ 密切配合社区各项工作，满足各方面对档案的利用需求。⑧ 及时、全面地掌握本社区档案工作的基本情况，按照上级档案行政管理部门的要求，按时报送档案工作基本情况报表，确保统计数字的准确、完整。⑨ 积极参加街道办事处和地方行政管理部门组织的档案业务培训和经验交流活动。

各级人民政府、街道办事处和社区居民委员会对社区档案工作成绩突出的人员应给予表彰和奖励；对工作失职造成档案损失的，应视情节轻重给予批评教育或行政处分；构成犯罪的，要移交司法部门依法追究刑事责任。

（2）档案收集与整理制度。

　　1）档案收集与归档制度。社区党组织、社区居民委员会、社区所属的企事业单位应建立健全文件材料收集、归档和档案管理制度。社区形成的凡反映社区工作活动、具有查考保存与利用价值的各种文件材料，均应按规定由社区档案管理人员或有关人员收集齐全、整理归档、集中管理，任何组织和个人不得据为己有、拒绝归档或擅自销毁。鼓励社区、居民向当地档案馆捐赠、寄存或转让其所有的、对国家和社会具有保存价值的档案。

　　社区归档文件材料应做到规格规范、字迹工整、齐全完整、真实反映社区情况。载体材料和书写材料应符合耐久性要求和有关技术标准，如有些社区会明文禁止使用圆珠笔、彩色笔、铅笔、纯蓝或红色墨水等书写材料。应归档的声像材料最好是原版、原件，底片与照片相符，图像清晰，声音清楚；应归档的电子文件如没有纸质等复制件，最好制成纸质文件或缩微品。

　　社区归档文件均应按时归档。可根据社区具体情况和相关要求规定各种材料归档的时间期限。一般来说，文书材料在办理完毕后，每半年集中归档一次，也可按年度于次年初归档；会计报表、账簿、凭证等材料由会计人员整理完毕后，在会计年度终了后的次年向档案室移交归档；基建、设备等科技文件材料在科技活动结束后的 1~3 个月内归档；声像档案由拍摄者、制作者在拍摄、制作后 1~3 个月内归档；设备类文件材料在设备开箱验收后及时归档；科技文件材料在科技活动结束 1 个月后归档；电子文件由形成者或信息管理人员定期向档案室移交，逻辑归档实时进行，物理归档与纸质文件归档同时进行；特种载体文件材料在形成后及时归档。

　　2）档案的整理与编号。社区各类档案按国家、地方政府的有关规定进行整理与编号。① 文书档案按中华人民共和国行业标准 DA/T 22—2000《归档文件整理规则》整理。可以根据社区的具体要求按年度—问题（包括社区党群管理、社区行政事务管理、社区服务管理、社区综合治安管理、社区人口与计划生育管理、社区环境卫生管理、社区文化、教育、科技、体育管理、社区社会保障管理等）分类，参照当地有关归档文件整理规范进行整理，按年度—问题—保管期限排列编号。② 会计档案可以按中华人民共和国国家档案局发布的《会计档案管理办法》整理。按年度—类别（包括凭证、账簿、报表和其他类）分类整理，按类别—年度排列编号。③ 基建档案、设备档案按 GB/T 11822—2008《科技档案案卷构成的一般要求》整理。基本建设档案按工程项目分类整理，按项目—时间排列编号；设备仪器档案按型号分类整理，按型号—时间排列编号。④ 社区居民档案可以按居民小组或楼号、门牌分类，按户整理，按居民小组—楼号—门牌顺序排列编号。⑤ 特种载体档案可以按载体形式分类整理，按载体形式—年度排列编号。照片档案按 GB/T 11821—2002《照片档案管理规范》整理；电子文件按 GB/T 18894—2002《电子文件归档与管理规范》整理；录音、录像档案按 DA/T 15—95《磁性载体档案管理与保护规范》整理。

　　一个社区构成立档单位，其所形成的档案为一个全宗。全宗名称由镇或街道和所在社区名称组成。规模较大的社区所属单位符合立档单位构成条件的，其形成的档案可以作为独立全宗，自行建档管理；不能构成独立全宗的，由社区综合档案室集中统一管理。

（3）档案的统计、鉴定、销毁和移交制度。社区档案室应建立各种档案统计台账，对档案的收进和移出、保管数量、借阅和利用效果、销毁等情况进行及时、准确的统计和登记，并按规定向上级组织报送档案工作基本情况统计表。

社区档案的保管可以以具体的需要设定期限，期限可设为永久和定期两种。定期保管的档案根据需要可保管 15～30 年。社区应开展档案鉴定工作，根据国家和地方政府的有关规定，对于应归档的文件材料确定保管期限，对已到保管期限的档案进行鉴定。对于失去保存价值的档案，应清点核对，编制《档案销毁清册》，经社区有关组织审批后，核准销毁。

严禁擅自销毁档案。销毁档案应按以下要求办理：在指定地点销毁，注意保密；不得出卖或用做其他用途；应指定监销人、经办人，两人以上共同执行，同时在销毁清册上签名，以示负责；销毁清册应归档保存，并报社区有关组织备案。

社区档案管理人员调离工作岗位时，应在离职前办妥档案交接手续。对列入地方综合档案馆进馆名册的社区档案，自形成之日起满一定年限后，可以根据国家和地方政府的相关要求，连同档案目录等检索工具一并向所在地档案馆移交。

（4）档案的保管和利用制度。

1）档案的保管制度。社区应根据档案工作的要求，采取必要的保管和保护措施，不断改善档案保管条件，确保档案的完整与安全。形成档案数量多、有条件的社区应设置专用库房保管档案。

社区存放档案要有适宜的柜架，具备防盗、防火、防潮、防高温、防光、防尘、防鼠、防虫等防护措施，以维护档案的完整与安全。档案管理人员应保持档案及库房、装具、设备的整洁，做到无尘、无霉、无虫蛀、无鼠害、无杂物。档案装具周围禁止吸烟和存放易燃、易爆物品。

社区档案实行专人保管。档案管理人员应定期对档案及保管状况进行全面清点、检查，并形成安全检查记录，确保档案不丢失、不损坏；发现破损、霉变、虫蛀、褪色或字迹模糊等现象时，应及时修补、复制或进行其他技术处理。对于特种载体档案，要对记录的信息进行定期检测，运用配备的设备进行检查、监测，确保信息记录的安全。档案室应建立全宗卷，以积累存储本社区有关档案案卷的立卷说明、分类方案、鉴定报告、交接凭证、销毁清册、检查记录、全宗介绍等材料。

2）档案的利用制度。社区档案管理人员要熟悉所保管档案的内容，根据社区各项工作的需求，积极做好提供利用工作。社区应编制适应利用需要的档案检索工具，围绕社区建设、社区居务公开、社区居民自治、社区服务等各项工作，积极主动地开展档案利用工作，逐步编写大事记、组织机构沿革、全宗指南（全宗介绍）、基础数字汇集、文件汇集、专题介绍、年鉴等各种编研材料，积极主动地开发档案信息资源，为社区各项工作服务。社区综合档案室应编制档案案卷目录、归档文件目录、文号对照表等必要的档案检索工具，为利用档案创造条件；有条件的要应用计算机建立档案文件级条目或重要档案全文数据库，进行档案的存贮与检索。

社区应制定档案借阅制度，根据档案的内容确定不同的利用范围和审批程序。社区综合档案室应建立和健全档案利用制度，查阅和借阅档案必须办理查阅、借阅手续。一般来说，本社区工作人员和居民因工作需要或生活需要，可以利用档案；外单位人员有正当理由并持有合法证件，经社区有关部门同意，也可利用档案。凡利用档案者都应按规定进行有关登记，写明利用者、利用目的、利用内容等；查阅档案应在社区办公室内进行，一般情况不得外借，如确需外借，则应填写有关借阅登记，并经有关领导同意。借阅档案必须按时归还，借阅时间应有期限的规定，到期仍需利用的，应办理延期借阅手续；借阅档案必须保管好档案，不得丢失和损坏；查阅有密级的档案（社区居民档案），需经社区有关领导批准后才可查阅，查阅者必须严守秘密；档案利用者必须维护档案的完整与安全，不得在档案上勾画，不得拆散、调换、抽取、涂改、污损及折叠档案，不得擅自传抄、复制档案，不得泄密。

社区档案的开发与提供利用必须严格遵守保密制度。

8.3.4　社区档案管理工作存在的问题及对策

1. 档案管理工作存在的主要问题

自我国改革开放以来，社区档案工作在全国发展很快，取得的成绩是显著的。但是，社区档案管理工作也存在一些问题。

（1）社区档案管理体制不明确。社区档案管理属于社区居民委员会的内部事务，是应由民政部门统一管理，还是由档案行政管理部门统一引导，还是应该"条块结合"，目前尚无定论，从而造成了目前社区档案管理体制的不明确。

（2）社区档案权属不清晰。社区档案属社区或社区居民委员会所有，同时社区档案也是国家档案的重要补充，其在所有权限上具有与一般档案不同的双重性。

（3）社区档案管理标准不统一。由于社区档案的管理体制不明确，各级档案行政管理部门，特别是区级档案行政管理部门及民政部门都制定了很多指导性文件，造成了管理标准的不统一。

（4）社区档案管理设施不配套。

以上问题是社区档案管理工作发展过程中难以避免的。这些问题的解决，除了依靠社区工作的完善外，档案界还需要统一认识、强化管理，把握好社区档案管理的发展趋势。

2．档案管理工作的对策

（1）社区档案管理要务实，要简单方便、高效实用。

（2）社区工作千头万绪，各方面都会产生一些动态数据，这些数据生动形象地说明了社区建设的状况，为城市发展决策提供了重要信息。对这些数据进行提炼、加工、管理，不仅可以减轻社区档案管理的工作量，也是社区档案优化的重要途径。

（3）利用现代化技术手段管理社区档案是发展趋势。

（4）社会档案管理要突出社区各自的鲜明特色。

（5）在管理社区档案时，社区居民委员会应有较大的自主性，应由以前的"国家档案模式"逐步转变为"社会档案模式"。这样，我们才能更有效地进行社区档案管理工作。

学习活动 13

结合实际谈谈如何解决社区档案管理中面临的问题。

课后练习

一、填空题

1．从行文关系上分，公文可分为_____、_____、_____三种。

2．从文件的机密性分，公文可分为_____、_____、_____和_____。

3．从文件的时限要求分，公文可分为_____、_____、_____三种。

4．社区常用公文大体上可以分为_____、_____、_____、_____、_____、_____等。

5．社区档案主要具有以下三个特点：_____、_____、_____。

6．社区居民委员会的档案管理可分为十大类：_____、_____、_____、_____、_____、_____、_____、_____、_____、_____。

二、名词解释

社区宣传工作

三、简答题

1．社区宣传工作的主要内容是什么？

2．社区档案管理工作主要具有哪些特点？

第9章 社区规划管理

引言

随着经济转型及现代化程度的加快，社区与家庭和个人利益关系更加紧密，城市社区层面将集中反映众多社会问题，社区规划将是每位规划师和设计师重视和研究的课题。社区是社会整合的主要载体和基础工程，社区的建设与发展离不开社区规划。本章将主要对社区规划的概念，社区规划的组织模式、决策，以及社区规划的实施和控制等相关方面的内容进行详细的阐述。

学习目标

1. 掌握社区规划的特征。
2. 了解社区规划的原则。
3. 掌握社区规划的主要内容。
4. 掌握社区规划的决策、组织、实施与控制。

学习导航

```
                                                    ┌──────────────────────┐
                                              ┌────▶│ 社区规划的相关概念和特征 │
                                              │     └──────────────────────┘
                        ┌──────────────┐      │     ┌──────────────────────┐
              ┌────────▶│ 社区规划的内容 │──────┼────▶│    社区规划的原则      │
              │         └──────────────┘      │     └──────────────────────┘
  社                                          │     ┌──────────────────────┐
  区                                          └────▶│   社区规划的主要内容    │
  规                                                └──────────────────────┘
  划
  管                                                ┌──────────────────────┐
  理                                          ┌────▶│    社区规划的决策      │
              │                               │     └──────────────────────┘
              │  ┌────────────────────────┐   │     ┌──────────────────────┐
              └─▶│ 社区规划的决策、组织、实施与控制 │──┼────▶│    社区规划的组织      │
                 └────────────────────────┘   │     └──────────────────────┘
                                              │     ┌──────────────────────┐
                                              └────▶│   社区规划的实施与控制  │
                                                    └──────────────────────┘
```

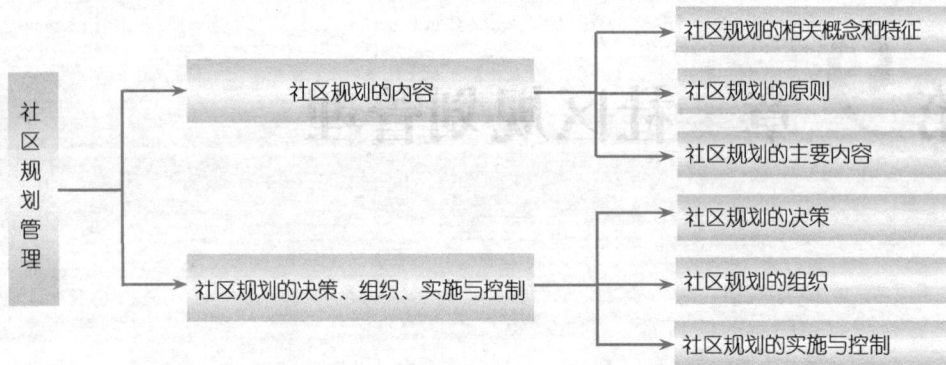

9.1　社区规划的内容

9.1.1　社区规划的相关概念和特征

社区规划（Community Planning）是对一定时期内社区发展目标、实现手段及人力资源的总体部署。具体而言，社区规划是为了有效地利用社区资源，合理配置生产力和城乡居民点，提高社会经济效益，保持良好的生态环境，促进社区开发与建设，从而制定比较全面的发展计划。

1. 社区规划的相关概念

"社区"的概念在我国使用较晚，以往较为常用的则是"邻里"、"村落"等。同样，"社区规划"一词目前也没有被普遍使用，相反，"居住区规划"则被大量使用，如 GB 50180—93《城市居住区规划设计规范》。

（1）居住的类型与等级规模。居住区根据居住人口规模进行分级配套是居住区规划的基本原则。分级的主要目的是配置满足不同层次居民基本的物质与文化生活所需的相关设施，决定配置水平的主要依据是人口（户）规模。《城市居住区规划设计规范》将居住区划分为居住区（30 000~50 000 人、10 000~16 000 户）、小区（10 000~15 000 人、3 000~5 000 户）、组团（1 000~3 000 人、300~1 000 户）三级规模。

1）居住区。泛指不同居住人口规模的居住生活聚居地和特指被城市干道或自然分界线所围合，并与居住人口规模（30 000~50 000 人）相对应，配建有一整套较完善的、能满足该区居民物质与文化生活所需的公共服务设施的居住生活聚居地。

2）居住小区。一般称小区，是指被城市道路或自然分界线所围合，并与居住人口规模

（10 000～15 000 人）相对应，配建有一套能满足该区居民基本的物质与文化生活所需的公共服务设施的居住生活聚居地。

3）居住组团。一般称组团，指一般被小区道路分隔，并与居住人口规模（1 000～3 000 人）相对应，配建有居民所需的基层公共服务设施的居住生活聚居地。

这里就出现一个有意思的问题，就是"居住区包括居住区、居住小区、居住组团三种类型规模"，出现了两个居住区。实际上，前面一个大的概念的居住区，我们今天可以理解为"社区"。这是因为《城市居住区规划设计规范》于 1993 年制定和 2002 年修订时，"社区"的概念并未普遍、广泛地得到认同。所以后面在表示包括居住区、居住小区、居住组团的总的含义的"居住区"时，统一称为"社区"。

社区的规划布局形式可采用居住区—居住小区—居住组团、居住区—居住组团、居住小区—居住组团及独立式居住组团等多种类型。配建设施必须与居住人口规模相对应。其配建设施的面积总指标，可根据规划布局形式统一安排、灵活使用。

（2）社区用地。社区用地是住宅用地、公建用地、道路用地和公共绿地四项用地的总称。

1）住宅用地。住宅用地是住宅建筑基底占地及其四周合理间距内的用地（含宅间绿地和宅间小路等）的总称。

2）公建用地。公建用地也称公共服务设施用地，是与居住人口规模相对应配建的、为居民服务和使用的各类设施的用地，应包括建筑基底占地及其所属场院、绿地和配建停车场等。

3）道路用地。道路用地包括居住区道路、居住小区道路、居住组团道路及非公建配建的居民汽车地面停放场地。

4）公共绿地。公共绿地是满足规定的日照要求，适合安排游憩活动设施的、供居民共享的集中绿地，包括居住区公园、居住小区游园和居住组团绿地及其他块状、带状绿地等。

（3）社区的环境组成。社区的环境由内部居住环境和外部生活环境组成。内部居住环境主要指住宅的内部环境和住宅楼的公共部分内部环境。外部生活环境主要指居民日常生活的户外活动环境，包括外部空间环境、大气环境、声环境、光环境、生态环境、小气候环境及邻里和社会环境。

1）外部空间环境。外部空间环境主要指能够提供给居民的日常户外活动场所及设施的水平、数量、质量、适宜度、便捷性等。

2）大气环境。大气环境主要指居住区的空气质量情况，如有害气体的浓度、大气环流、空气湿度等。

3）声环境。声环境主要指居住区内的噪声强度。

4）光环境。光环境指住宅的光照条件等。

5）生态环境。生态环境指绿化面积的生态效应，废物的处理与利用，"绿色材料"的使用，太阳能、风能、地热等天然能源的开发与利用等。

6）小气候环境。小气候环境指住宅区内各类布置、绿化等所带来的气温、日照、通风和防风等情况营造出来的局部气候环境。

7）邻里和社会环境。邻里和社会环境指住宅区环境内的社会风尚、治安安全、邻里关系、小区文化活动等。

学习活动 1

中兴路地区总用地面积为78.47公顷（1公顷=10 000平方米），总人口52 742人，包括原有湖贝村村民、外地转入常住人口及外来暂住人口三类人群。其中原有湖贝村村民约2 000人，在区内享有较优越的土地及房屋资源，然而他们普遍存在文化水平不高、就业能力较差的情况，房租收入成为其主要的收入；他们具有较强的地域归属感，对村股份公司（原村委的转型）具有相当的信任。外地转入常住人口约13 000人，一般都居住10年以上，呈现出深圳少有的社区老化趋势；居民社区活动主要依赖居民委员会开展，极少有其他社团组织；因为地区环境的逐步恶化，如今出现了外迁趋势。外来暂住人口约38 000人，主要为商业服务人口；他们流动性很大，没有社团组织，缺乏地域归属感。

区内现有小学两所，其中湖贝小学占地面积极小，为2 894平方米，建筑面积约4 700平方米。由于没有活动场地，该校学生已经7年未出操，有些公共活动，学生需步行400米到罗湖区文化公园内进行，因此学校改造工作势在必行。区内现有五所幼儿园，除清秀幼儿园外，其余幼儿园的规模及用地（对照深圳市城市规划标准与准则）均未达到标准，数量也远不能满足现有人口的需求，而且现有幼儿园分布也极不均衡。由于区内人口众多，而市场又远远不够，因此出现多处临时市场，它们多为铁皮房，建筑质量极差，是典型的"脏、乱、差"场所。区内缺乏公共休憩空间、开敞空间，没有建立良好的步行系统。区内，除文化公园外，绿地较少，而且由于文化公园被旧村所包围，不开敞，被孤立起来，没有得到充分有效的利用。

❓ 思考

（1）如何理解该案例中"社区"这一概念？

（2）该案例中的社区存在哪些问题？

2. 社区规划的特征

由于社区规划是以社区为单位的规划，是对社区的整体部署与设计，这就决定了它具有以下几个方面的一般特征。

（1）结构总体性。社区规划并非社区某一方面的发展部署和安排，而是对社区全方位建设做出的结构上具有总体性特征的战略部署，是一个完整的社区发展计划体系。社区规划并非社区各主要部分发展规划或社区建设各项计划的简单相加，而是具有自身的结构性和系统性的整体规划结构。社区规划的结构总体性特征是社区规划功能的集中体现，也是社区作为相对完整的社会实体的一种反映。

事实上，在美国关于社区规划更常使用的名词是"综合规划"（Comprehensive Plan），我国则习惯使用"总体规划"（Master Plan）。

（2）范围地域性。因为地理、人文、资源等各方面存在差异，社区规划的过程具有明显的范围地域性特征。不同社区具有不同的地域特征和资源条件，不同社区的社区规划当然也就具有各自不同的目标定位，确立各自不同的重点内容，选择各自不同的落实方案。

（3）目标预设性。社区规划是对社区未来发展的一种设想、设计和设定，社区规划方案具有目标预设性特征。社区规划是在对社区未来发展进行预测的基础上预设的一种发展目标，它的实现需要以规划的落实为保障。社区规划的成果分为社区规划方案和规划实施成效两种，不能以规划方案本身代替规划实施成效。社区规划必须为社区的未来发展指明方向，要预见到可能影响社区发展的有利条件和不利因素。好的规划要对社区发展的现状和未来有充分的认识，这样才能使社区规划的目标在规划期内（通常为 5 年、10 年乃至更久）保持必要的前瞻性。

（4）过程开放性。规划体系的过程开放性是指社区规划的体系应是一个开放的体系，而不是一个封闭的体系。社区规划所涉及的各项社区要素均处于动态发展之中，在快速社会转型时期更是如此。社区规划需要吸收各种外部资源和外部力量，才能使规划更加科学、合理、适用。正因如此，在社区规划中，一方面要注意对多种社区发展影响因素的考虑，另一方面应充分吸收各种社会力量，包括专业人士和利益相关群体，利用各种外部资源，全面提升社区规划的品位。

9.1.2　社区规划的原则

1. 以人为本原则

以人为本原则是指以人的需要、人的利益、人的发展作为社区规划的出发点和归宿点的原则。从满足人的需求出发，社区规划应该充分考虑居住环境的适居性、识别性与归属感及富有文化与活力的人文环境。

（1）居住环境的适居性。卫生、安全、方便和舒适是社区适居性的基本物质性内容。

卫生包含两方面的含义：一是环境卫生，如垃圾收集、转运及处理等；二是生理健康卫生，如日照、自然通风、自然采光、噪声与空气污染防治等。

安全也包含两方面的含义：一是人身安全，如交通安全、防灾减灾和抗灾等；二是治安安全，如防盗、防破坏等犯罪防治。

方便主要指居民日常生活的便利程度，如购物，教育（上学、入学等），交往，户内、户外公共活动（儿童游戏、青少年运动、老人健身、社区活动等），娱乐，出行等，包括各类、各项设施的项目设置与布局。

舒适包含的内容更加广泛，如居住密度、住房标准、绿地指标、设施标准、设计水平、环境私密性等。

（2）识别性与归属感。识别性与归属感是人对居住环境的社会心理需要，它反映出人对居住环境所体现的自身的社会地位、价值观念的需求。

社区规划设计应该注重场所的营造，使居民对自己的居住环境产生认同感，对自己的居住社区产生归属感。特征是具有识别性的基本条件之一。在社区物质空间环境的识别性方面，可以考虑的要素有建筑的风格、空间的尺度、绿化的配置、街道的线型、空间的格局、环境的氛围等。

（3）富有文化与活力的人文环境。融洽共处的人文环境是社区发展的基础，社区应该肩负起沟通住户的责任。

富有文化与活力的人文环境是营造文明社区的重要条件，丰富的社区文化、祥和的生活气息、融洽的邻里关系和文明的社会风尚是富有文化与活力的人文环境的重要内容。

社区规划设计应该通过有形的设施、无形的机制建立起居民对社区的认同、参与和肯定，它包括邻里关系、社区文化、精神文明和居住氛围等内容。

2．生态优化原则

通过积极应用新技术、开发新产品，充分合理地利用和营造当地的生态环境，改善社区及其周围的小气候，实现社区的自然通风与采光，减少机械通风与人工照明，综合考虑交通与停车系统、饮水供水系统、供热取暖系统、垃圾收集处理系统的建立与完善，节约能源、减少污染、营造生态，是现代社区规划设计应该考虑的基本要求。

社区规划的目的是为社区居民创造一个环境优美、方便舒适、安全卫生的生活居住环境，促进社区经济和社会的发展。目前，随着城市"蔓延"日趋严重及一系列城市问题的出现，社区规划者越来越注重生态优化，社区规划的生态优化也成为城市发展与设计中有待解决的最重要的问题之一。

社区规划在多元规划理念和多学科领域的影响下，其内涵渐显唯一性，即为社区人营造一个和谐、宜人居住、可持续发展的社会空间；而其外延却越来越宽泛，涉及多学科多领域，实现了多学科的融会贯通，推进了社区规划的发展。社区规划将是基于多学科的理论与实践分析基础，具有系统性、社会性、经济性、空间性、生态性、可持续性等多元属性的极具弹性的综合安排部署。

3．共享社区原则

社区规划设计应该充分考虑全体居民对社区财富的公平共享，包括共享设施、共享服务、共享景象、公众参与。

共享要求社区规划设计应该在设施选择上注意类型、项目、标准和消费费用的大众化，在设施布局上注意均衡性与选择性，在服务方式与管理机制上注意整体性与到位程度，以直接面向社区自身的居住对象。

公众参与是社区全体居民共同参与社区事务的保证机制和重要过程。公众参与包括居民参与社区管理、社区发展决策、社区后续建设和社区信息交流等社区事务内容，它反映了居民应该享有的公平权益，同时也是使居民热爱社区、爱护社区、关心社区、对社区产生归属感和建设文明社区的一种重要方式。

社区规划的实质是一种社会规划管理，目的是实现城市生态、经济建设、社区发展之间的动态平衡，推进城市经济可持续发展。实现社会和谐是社会发展的最终目标，社会和谐的重要推动力就是社区和谐，而社区规划对社区建设与发展起着积极的、决定性的作用。当前我国社会处于重大转型期，有必要对社区规划进行理论探索和对策研究，这既有利于以社区发展求社会和谐，又有利于实现城市经济可持续发展。

学习活动 2

社区规划应体现"五亲"空间

所谓"五亲"空间，是清华大学金笠铭、金薇在绿色文化与绿色社区的策划思考后提出的新理念，是对建构"理想家园"得出的一个主旨结论。

一是亲绿。最大限度地让人进入绿地，赋予绿化人们喜爱的文化品位或艺术风格，亲近它、熟悉它、热爱它，并真正拥有它，这有利于人们进一步了解自然、呵护自然，与自然和谐相处。

二是亲地。增加居民接触地面的机会，创造适合各类人群活动的室外场地和各种形式的屋顶花园、人造台地，多设花池与绿地，使人感到亲切。

三是亲水。重视水的文化含义，借水抒情，以水传情；挖掘水的深刻文化内涵，体现东方理水文化，融合西方造园文化；营造安全的近水空间和看水、听水、戏水、闻水、赏水活动的场所，做到安全、近人、长流不息。

四是亲子。居住社区精心考虑儿童活动的场所和设施，形成良好的养育、教育环境，锻炼独生子女的坚强意志，培养互助友爱、热爱劳动、尊重他人的社会责任感，设立或举办坚强俱乐部、生存能力夏令营、自愿者协会、绿色促进会、兴趣小组等。

五是亲合。营建社区居民参与各项社会事务的社会风气，策划各类有助于形成这种风气的活动，建立促成居民积极参与的组织和制度；创造有利于社会交往的场所和空间，构筑充满人间乐趣和天伦之乐的亲合空间链。

"五亲"空间满足各种人群的思想、道德、行为、生存、享受、休憩、娱乐等多种需求，源于自然、融于自然、呵护自然，人与自然相伴共存、和谐发展。

? 思考

(1) 如何理解该案例中的社区规划？它是通过什么方式实现的？

(2) 该案例中的"五亲"体现了什么思想？

9.1.3 社区规划的主要内容

从整体上讲，社区规划所涉及的内容与整个城市的规划具有一致性，但社区规划毕竟更加接近于市民的生活，而现有的城市规划体系更多的是建设性规划或项目安排性规划。社区规划用地应包括居住区用地和其他用地两类。居住区用地应包括住宅用地和公共服务设施用地（公建用地）两部分。在社区规划总用地内的其他用地的设置，应符合无污染、不扰民的要求。社区规划用地平衡控制指标如表 9-1 所示。

表 9-1　社区规划用地平衡控制指标

用地构成	居住区（%）	居民小区（%）	居民组团（%）
住宅用地	50～60	55～65	70～80
公建用地	15～25	12～22	6～12
道路用地	10～18	9～17	7～15
绿　　地	7.5～18	5～15	3～6
合　　计	100	100	100

1. 住宅用地

住宅建筑的规划设计，应综合考虑用地条件、选型、朝向、间距、绿地、层数与密度、布置方式、群体组合、空间环境和不同使用者的需要等因素确定。宜安排一定比例的老年人居住建筑。住宅设计标准，应符合现行国家标准《住宅设计规范》（GB50096—2011）的规定，宜采用多种户型和多种面积标准。

2. 公共服务设施用地

公共服务设施应包括教育、医疗卫生、文化体育、商业服务、金融邮电、社区服务、市政公用和行政管理及其他八类设施。

在城市社区规划中，公共服务设施设置的项目、数量和规模一般应根据相应的分级规模进行配置，既要考虑居民住、用的便捷性，也应考虑各类设施设置和运营的经济性。

社区公共服务设施项目分级配建如表 9-2 所示。

表 9-2　社区公共服务设施项目分级配建

类　别	项　目	居住区	居住小区	居住组团
教育	托儿所	——	▲	△
	幼儿园	——	▲	
	小学	——	▲	——
	中学	▲	——	——
医疗卫生	医院（200～300 床）	▲		
	门诊所	▲		
	卫生站	——	▲	
	护理院	△		
文化体育	文化活动中心（含青少年活动中心、老年活动中心）	▲	——	
	文化活动站（含青少年、老年活动站）	——	▲	
	居民运动场馆	△		
	居民健身设施（含老年户外活动场地）		▲	△
商业服务	综合食品店	▲	▲	
	综合百货店	▲	▲	
	餐饮	▲	▲	
	中西药店	▲	△	
	书店	▲	△	
	市场	▲	△	
	便民店	——	——	▲
	其他第三产业设施	▲	▲	
金融邮电	银行	△		
	储蓄所	——	▲	
	电信支局	△		
	邮电所	——	▲	
社区服务	社区服务中心（含老年人服务中心）		▲	
	养老院	△		
	托老所		△	
	残疾人托养中心	△		
	治安联防站	——	——	▲

续表

类　　别	项　　目	居住区	居住小区	居住组团
社区服务	居民委员会（社区用房）	——	——	▲
	物业管理	——	▲	——
市政公用	供热站或热交换站	△	△	△
	变电室	——	▲	△
	开闭所	▲	——	——
	路灯配电室	——	▲	——
	燃气调压站	△	△	——
	高压水泵房	——	——	△
	公共厕所	▲	▲	△
	垃圾转运站	△	△	——
	垃圾收集点	——	——	▲
	居民存车处	——	——	▲
	居民停车场、库	△	△	△
	公交始末站	△	△	——
	消防站	△	——	——
	燃料供应站	△	△	——
行政管理及其他	街道办事处	▲	——	——
	市政管理机构（所）	▲	——	——
	派出所	▲	——	——
	其他管理用房	▲	△	——
	防空地下室	△	△	△

注：①▲为应配建的项目；△为宜设置的项目。

②在国家确定的一、二类人民防空重点城市，应按人民防空有关规定配建防空地下室。

根据不同项目的使用性质和居住区的规划布局形式，应采用相对集中与适当分散相结合的方式合理布局，并应利于发挥设施效益，方便经营管理、使用和减少干扰。

商业服务与金融邮电、文化体育等有关项目宜集中布置，形成居住区各级公共活动中心。

社区服务设施的设置应方便居民，满足服务半径的要求。

市政公用项目的规划布局和设计应考虑发展需要。

　　居住区内公共活动中心、集贸市场和人流较多的公共建筑，必须相应配建公共停车场（库）。

学习活动 3

社区公共服务设施实况调查表

设施类型		每天使用	每周使用	每月使用	其　　他
商业设施	百货商场				
	食品店				
	餐饮店				
	粮油店				
	菜市场				
	超市				
	修配店				
	理发店				
	银行				
	邮政				
文化设施	社区活动中心				
	老人活动中心				
	青少年活动中心				
体育设施					
娱乐设施					
居民委员会					
物业管理公司					
您认为还需要什么设施					

❓ 思考

　　请选择适宜的社区，对其进行实况调查，了解相关公共设施的使用情况。

3. 道路用地

　　交通组织方式一般可分为人车分行、人车混行两种基本形式。道路用地的布局应充分考虑地形以及其他自然环境因素，因地制宜，力求保持自然环境，减少建设工程量。

　　（1）道路用地规划的原则。

　　1）根据地形、气候、用地规模和用地四周的环境条件、城市交通系统及居民的出行方式，应选择经济、便捷的道路系统和道路断面形式。

2）小区内应避免过境车辆穿行、道路通而不畅、往返迂回，应适于消防车、救护车、商店货车和垃圾车等的通行。

3）有利于居住区内各类用地的划分和有机联系，以及建筑物布置的多样化。

4）当公共交通线路引入居住区级道路时，应减少交通噪声对居民的干扰。

5）在地震烈度不低于六度的地区，应考虑防灾、救灾要求。

6）满足居住区的日照通风和地下工程管线的埋设要求。

7）城市旧区改建，其道路系统应充分考虑原有道路特点，保留和利用有历史文化价值的街道。

8）应便于居民汽车的通行。

（2）社区道路的分类。社区道路可分为居住区道路、居住小区道路、居住组团道路和宅间小路四级。其道路宽度应符合下列规定。

1）居住区道路。红线宽度不宜小于 20 米。

2）居住小区道路：路面宽 6～9 米。建筑控制线之间的宽度，需敷设供热管线的不宜小于 14 米，无供热管线的不宜小于 10 米。

3）居住组团道路。路面宽 3～5 米。建筑控制线之间的宽度，采暖区不宜小于 10 米，非采暖区不宜小于 8 米。

4）宅间小路。路面宽不宜小于 2.5 米。

在多雪地区，应考虑堆积清扫道路积雪的面积，道路宽度可酌情放宽，但应符合当地城市规划行政主管部门的有关规定。

4．绿地

社区内绿地，包括公共绿地、宅旁绿地、公共服务设施（配套公建）所属绿地和道路绿地，其中包括满足当地植树绿化覆土要求、方便居民出入的地下或半地下建筑的屋顶绿地。

一切可绿化的用地均应绿化，并发展垂直绿化。宅旁绿地应精心规划与设计。新区建设绿地率不应低于 30%，旧区改建绿地率不宜低于 25%。

绿地规划应根据社区规划布局形式、环境特点及用地的具体条件，采用集中与分散相结合，点、线、面相结合的绿地系统，并宜保留和利用规划范围内的已有树木和绿地。

居住区内的公共绿地，应根据居住区不同的规划布局形式设置相应的中心绿地，以及老年人、儿童活动场地和其他块状、带状公共绿地等。

绿地布局应以达到环境与景观共享、自然与人工共融为目标，充分考虑住宅区生态建设方面的要求，充分考虑保持和利用自然的地形和地貌，发挥其最大的效益。

绿地布局应与住宅区的步行游憩布局结合，并将住宅区的户外活动场地纳入其中。绿地系统不宜被车行道路过多地分隔或穿越，也不宜与车行系统重合。

带状公共绿地宽度不小于 8 米，面积不小于 400 平方米。

各级中心绿地设置规定如表 9-3 所示。

表 9-3 各级中心绿地设置规定

中心绿地名称	设置内容	要　求	最小规模（HA）
居住区公园	花木草坪、花坛水面、凉亭雕塑、小卖茶座、老幼设施、停车场地和铺装地面	园内布局应有明确的功能划分	1.0
居住小区游园	花木草坪、花坛水面、雕塑、儿童设施和铺装地面	园内布局应有一定的功能划分	0.4
居住组团绿地	花木草坪、桌椅、简易儿童设施等	灵活布局	0.04

5．户外场地设施

住宅区的户外场地设施包括户外活动场地、各类活动设施和配套设施。户外活动场地在住宅区中有幼儿游戏场地、儿童游戏场地、青少年活动与运动场地和包括老年人健身与休闲场地在内的社会性活动场地。各类户外活动场地应与住宅区的步行和绿地系统紧密联系或结合，其位置和通路应具有良好的通达性。幼儿和儿童游戏场地应接近住宅并易于监护，青少年活动与运动场地应避免其对居民正常生活的影响，老年人健身与休闲场地宜相对集中。

各类活动设施包括幼儿和儿童的游戏器具、青少年运动的运动器械和老年人健身与休闲使用的设施。

配套设施包括各类场地中必要的桌凳、亭廊、构架、废物箱、照明灯、矮墙，以及景观性小品如雕塑、喷泉等。

绿化是户外场地设施必备的要素，它起着营造环境、分隔空间、构筑景观的作用，绿地布局、绿化设计是户外场地设施规划与设计必须考虑的内容。

户外活动场地的配置与设计应该以居民的年龄结构为基础，其分类与设计是根据不同年龄组人群的活动的生理和心理需要及行为特征来进行的。

幼儿游戏场地的位置应该尽可能地接近住户或住宅单元，以便家长能够及时、方便地甚至在户内进行监护，一般希望有一个相对围合的空间。住宅院落是一个理想的场地，但要保证基本没有交通，特别是机动车交通的穿越。它的服务半径不宜大于 50 米，或每 20～30 个幼儿（或每 30～60 户）设一处。

儿童游戏场地宜设在住宅群落空间中，可设在住宅院落的出入口附近，有可能时宜设在相对独立的空间中。若干个住宅院落组成的住宅群落（约 150 户，或 100 个儿童）设一处儿童游戏场地，服务半径不宜大于 150 米，相当于居住区中的一个居住组团。

青少年活动与运动场地应设在住宅区内相对独立的地段，约 200 户设一处，服务半径不大于 200 米。

幼儿和儿童游戏场地一般需要考虑家长监护或陪伴时使用的休息设施，并考虑到成年人或老年人在监护或陪伴时相互交往的可能。

老年人健身与休闲场地具有多样性、综合性的特点，在不同的时间段往往会有不同的使用内容和使用对象。早晨是老年人晨练的主要时间，下午主要是老年人碰面和交流的时间，这两个时间段可以主要用做老年人健身与休闲场地；其他时间还可能作为青少年或家庭户外活动（如游玩、散步、读书等）的空间；假日时更多地用做住宅区居民家庭户外活动的场所，有时也会是社区活动的地点。因此，老年人健身与休闲场地应该考虑多样化的用途，位置宜布局在住宅区各种形式的集中绿地内，服务半径一般在 200~300 米。

学习活动 4

社区规划师制度

我国注册城市规划师制度刚刚开始推行。随着加入 WTO 后规划市场的放开，规划师角色也产生了分化。从规划服务对象、研究领域和职业目标等方面考虑，今后将可能存在政府规划师、执业规划师和社区规划师等主要形式。社区规划师是致力于社区管理、更新和复兴等事项的管理型规划人员，也是城市街道机构的政府规划师。社区规划师的职业目标是在不侵犯其他社区发展机遇、不妨碍城市整体长期利益的基础上，为本社区谋求长远利益和最大利益，主要工作内容涉及社区更新改造、社区形象塑造、社区投资筛选、建设项目评估、社区发展评价、社区建设资料汇总等工作，为政府规划师进行城市研究和公共政策制定提供可靠的材料。社区规划师除了要具有公益心、公正心外，还应具备劝说、谈判、协调、综合等技能，以便能达成共识，创造有归属感、人情味和富有活力的社区。

我国的社区工作人员大多不具备社区规划的专业知识。为保证社区规划的科学编制和实施，提高社区管理水平，建立社区规划师制度将是一项行之有效的方法。我国台湾地区已建立"社区规划师驻点服务制度"，可供借鉴（见表9-4）。

表9-4　台北市"社区规划师驻点服务制度"概要

项　　目	内　　容
制度建立的目的	落实市民参与社区规划，为社区提供专业咨询或地区环境诊断的专业规划设计等义务性工作，形成社区营造参与机制，进而激励、培育并提升社区自主关切社区生活品质，建构"市民化的城市"，以市民为主体的城市经营体制
社区规划师的角色定位	(1) 必须具备环境空间的专业背景，并具有服务社区的精神 (2) 作为介于政府与社区之间的角色，需具有自主性，保持专业价值观，并发挥其专

续表

项　目	内　容
社区规划师的角色定位	业职能与素养，以处理"公共空间"的议题为主要范畴，而非处理私人或营利属性的事务 （3）应具有"在地化"特质，即社区规划师应对其服务地区环境具有相当深度的了解或地域情感 （4）利用工作场所及市府主动提供的、位于各社区中的"社区规划师工作室"，开放有关社区居民就近洽询的日常生活领域，涉及建筑、都市计划与公共环境议题的专业咨询 （5）协同社区向市府提出社区环境发展策略建言，或编制环境改造专业规划，推进社区公共空间品质与景观环境的改善
社区规划师的工作范畴	（1）设置"社区规划师工作室"，为社区居民提供有关物业管理、建筑物环境、建筑技术与法令、都市计划法令及其他相关公共环境专业议题的专业咨询服务 （2）研拟地区发展计划书 （3）义务性出席相关会议，担任政府部门相关计划咨询顾问 （4）协助办理相关事务
居民参与社区规划的途径	居民意见表达渠道： （1）社区规划师网站，或电话、邮寄，或至"社区规划师工作室"接洽 （2）有社区规划师出席的居民大会或社区公听会 居民意见处理： （1）居民提出意见陈述后，社区规划师均会立即或迅速回复 （2）若居民所提问题或意见无法立即回复，或涉及部门、单位，可召开工作协商会议，或者将汇整问题意见在都市发展局定期召开的"社区规划师会议"上提出报告与讨论，并邀请市府社区联络人及社区代表出席研商。会议可形成决议，交由市府相关行政机关依权责办理

（资料来源：根据"台北市都市发展局社区规划资讯网"有关内容整理）

？ 思考

台北市"社区规划师驻点服务制度"的主要内容包括哪些？

9.2　社区规划的决策、组织、实施与控制

社区规划的根本目标是为居住在其中的公众提供优良的生活和工作环境。社区规划的编制和实施需要广大公众、有关企业、社区（非政府）组织、规划编制单位及政府管理部门共同参与。探索建立公众、社区组织、政府等与市场在社区规划和建设中的相互协调机

制具有十分重要的意义。

9.2.1 社区规划的决策

1．决策的概念

决策（Decision-Making）作为人类有意识的活动，自人类产生以来就存在。我国先秦时期就有了"决策"一说，《韩非子·孤愤》中就提出了"智者决策于愚人，贤士程行于不肖，则贤智之士羞而人主之论悖矣"。"楚汉之争"时期，韩信提出了"决策东乡，争权天下"的战略决策思想。

而我国有文字记载的决策活动可以追溯到两千多年前，如《二十四史》主要就是一部国家最高决策者的历史。在我国的历史发展史上，《资治通鉴》是最高统治者决策经验与教训总结的典籍；《孙子兵法》是春秋时期大小频繁的千百次战争决策经验的总结，它指导将帅如何对战争做出正确的决策。我国历史上不缺乏优秀的决策者，张良就是被汉高祖刘邦誉为"运筹于帷幄之中，决胜于千里之外"的优秀军事决策者。

尽管人类的决策活动由来已久，关于决策的思想观念亦散见于各种历史文献中，但决策作为一门科学，其发展的历程并不长。现代意义上的决策理论源于西方管理学。近代以来，西方科学技术和生产力的高度发展，使人类认识到管理决策的重要性。从 1903 年到 1930 年，美国人泰勒、吉尔勃斯夫妇、甘特、易默生等提出了科学管理理论，这种管理理论是顺应大工业生产方式而产生的。

20 世纪 30 年代，美国学者切斯特·巴纳德（Chester I. Barnard）最早把决策概念引进管理理论中，对于企业选定投资项目、确定生产指标和开拓营销渠道等方面都起到了极大的促进作用。1947 年，赫伯特·A·西蒙（Herbert A.Simon）出版了《管理行为——管理组织决策过程的研究》一书，这标志着管理决策理论时代的来临。

对决策的理解，学术界有不同的看法。编者认为，决策就是做出决定，即对未来行动的方向、目标、原则、步骤和方法做出决定。决策是组织对外进行信息交换和施加影响力的主要手段。一般而言，决策是组织领导者的主要功能。

决策有广义和狭义之分。狭义的定义仅仅把决策看做一个选择的过程，即在业已制定好的各种方案中选择其一，这种定义并不包括选择之前与之后的其他环节。决策的广义定义则将决策看做一个完整的过程，包括提出问题、收集情报、设计方案、评估方案并选择方案、实施方案和信息反馈等一系列环节。从决策的过程来看，决策的关键是做出选择，即个人或群体为了达到某种目的，在某种价值观或信念的支配下，运用有关知识对相关方案做出的最后选择。

2．社区规划的决策过程

决策过程通常被描述为"在不同方案中进行选择"的活动。决策学者赫伯特·A·西蒙认为，合理的、科学的决策过程必须包括如下四个步骤：找出制定决策的理由；找到可能的行动方案；在诸行动方案中进行抉择；对已进行的抉择方案进行评价。西蒙把这四个步骤相应地称为情报活动阶段、设计活动阶段、抉择活动阶段和审查活动阶段[①]。尽管学者们在步骤的划分上有各种不同的分法，但西蒙认为的决策的四个步骤的主要内容则是各种规范的决策过程都不可缺少的。以下结合社区规划，介绍决策过程。

（1）情报活动阶段。找出制定决策的理由，即找出问题所在，确定决策目标。这是决策的起点。决策问题纳入决策者视野后，决策者要通过调查研究来确定决策问题涉及的领域和范围、问题产生的原因和发展程度、问题解决所要求的时间表等事项。调查研究在决策中具有很重要的地位。"没有调查就没有发言权"，没有对决策事项深入细致的了解，任何决策也就无从谈起。调查研究要求做到完全真实和尽可能全面，采用的调查方法可以是整体调查与重点调查相结合，随机抽样调查与典型抽样调查相结合。通过调查可以掌握或预测决策问题的性质与发展趋势，发现并收集公众对问题的看法与意见，使决策者对决策问题形成一个初步印象。

在决策者通过亲自调查或委托他人调查，弄清决策问题的基本情况后，下一步就是确定决策目标。决策目标是在预测的基础上，决策方案实施后所要达到的目的和结果。确定决策目标是决策过程中的关键一步，它为决策指明了方向。只有在正确、合理的决策目标的指引下，决策过程才会是科学合理的。任何决策目标的确定，都要与该部门的层级相符合，不能超越职权来确定决策目标。目标的针对性和现实可行性是决策要着重考虑的问题。罔顾现实的经济和社会环境的制约，一味地人为拔高决策目标，对行政组织和社会都会产生极大的危害。

（2）设计活动阶段。对决策问题展开调查研究并确定决策目标之后，决策工作小组就要拟订多种供选择的决策实施方案。第一阶段的调查研究和确定决策目标都是为设计决策方案而做的准备。决策工作小组通过前期准备工作，就可拟订多种实施方案。决策的核心要义就是选择，因此，现代决策都要求准备多个备选方案供决策者进行最后抉择。科学决策的关键就在于这种选择性。拟订各决策方案的基本要求是：准确预测未来；方案设计要尽量周全；方案之间要有排斥，兼容度不能太大。决策方案的拟订，尤其长期决策方案的拟订，公共部门要具备战略眼光，要进行科学的预测。

决策方案的拟订不能仅仅局限于目前问题的解决，还要顾及可能的环境变化，避免在原问题解决后出现新的问题。例如，进行城市规划就要考虑到未来城市生活市民所需要的

[①] 不同的学者对公共部门决策过程做了不同的归纳。安德森认为决策制定分五个阶段，即问题识别和议程组织、制定、采纳、实施及评估；奎德也认为决策制定分五个阶段，即问题的确定、研究备选方案、预测将来的环境、模拟各种备选方案的影响和评估各种备选方案。斯蒂芬·P·罗宾斯认为决策制定分八个阶段，即识别问题、确定决策标准、给标准分配权重、拟定决策方案、分析方案、选择方案、实施方案和评价决策效果。

各种社区功能，不能只规划市民的居住环境，还要给市民提供休憩、娱乐的场所。方案设计要有周全性，即要求各备选方案不能只提供某个局部问题的解决方案，而不提供其他问题的解决方案。例如，社区灾后重建项目决策方案的拟定，就不仅是设施的重建和恢复，还包括项目对传统文化的继承方案，以及社区未来发展重新定位等。

此外，社区规划的方案设计要有相互排斥性，即要求各方案之间要有一定的区别度，彼此之间不能等同或有较大的趋同度。这是决策选择性特性存在的前提。如果各个方案之间是非常相似的，决策者就无法进行选择，所谓的科学决策也就无法进行。这并不是说选定某个方案后就不能将其他方案的优秀设计吸收进去，而是方案的最后抉择要以某个方案为主，以其他方案为辅。公共部门特有的科层组织特征也是影响方案设计的因素。如果决策问题涉及多个部门，就需要通过协商的手段取得相关部门的支持与配合，这样方案的设计才能顺利完成。

（3）抉择活动阶段。抉择即公共部门官员在多个方案中进行选择，确定公共部门将要实行的是哪个方案。这是决策最关键的阶段。在决策者不同的价值标准下，各个方案尽管都是可行的，却有优劣高低之分。决策者的抉择活动，就是要通过分析对比，从各个方案中选出一个具有比较优势的方案，或者将各种方案综合成一个最佳方案。

随着社会经济和社会环境的发展与变化，公共部门的决策问题所包含的不确定因素日趋增加，公共部门所要考虑的目标也增加；随着科学技术的发展和进步，以及公共部门人员素质的提高和决策智囊的充分运用，公共部门实现目标的手段和方式也随之增加。因此，公共部门决策问题的复杂性亦增加，在现场就拍板决策的决策方式的作用范围会呈现出一种减少的趋势。在这种态势下，为保证决策实施后的行政组织有最佳的收益，制定决策方案和抉择决策方案的工作就要分开进行。

对备选方案的抉择，都要依据一定的决策标准。决策的最关键的标准是要确保业以确定的决策目标以有效的方式得以实现。作为社会系统的个体，公共部门的决策者也会有其关于某一决策问题的价值标准，这种价值标准自然会对抉择方案产生影响。而"价值判断在开放系统决策模型中的许多阶段都会发生作用，管理者的个人信念和价值观对他们的战略和战术决策有着明显的影响"，在这种时候，决策者的个人价值判断一定要服从于决策目标这一最高标准；在这个前提下，决策者个人间不同的价值标准可以有一定的妥协。但总体来说，决策方案的经济性、适应性、风险性、决策收益都是决策者抉择时要考虑的因素，决策的实施更不能伤害区域或国家的整体利益。

由于现代决策问题的复杂性不断增强，仅凭决策者个人的知识和经验去抉择方案是不够的，还必须借助于有关专家的专业知识。各领域的专家从决策的必要性、可行性、经济收益、社会收益、财政支持等方面做出论证，给决策者提供有益的建议，作为决策时参考的依据。但决策者要明白，专家的作用是为决策者提供咨询性质的建议，并不能主导决策者进行决策，更不能被专家的意见牵着鼻子走。当然，决策者也不能预先已属意于某决策方案，而只是让专家论证来做做样子，充充门面，以标榜决策之科学与民主；专家也不应看决策者的眼色行事，丧失自己在专业领域的独立发言权。

（4）审查活动阶段。审查即决策方案付诸实践后，决策者通过反馈意见，对原有决策方案进行审查，并对决策方案进行修正或补充的阶段。决策方案的确定并不意味着决策过程的终结。由于决策方案进入实施阶段以后，可能会出现一些与决策目标不相符或决策方案尚未预测到的问题，干扰决策的顺利执行，此时就需要进行跟踪决策。为确保决策方案能够整体有效地实施，跟踪决策是非常必要的。跟踪决策的前提是对决策方案实施的反馈。

在决策方案的局部试验或全面实施过程中，决策者要和决策各层级的具体实施者保持密切联系，及时了解实施情况，在决策目标的指引下，针对他们的反馈意见对决策方案进行必要的修正，使方案能符合决策目标、解决现实问题。如果反馈表明决策方案与实际环境存在严重冲突，就要对实施过程甚至决策目标进行彻底审查：假若决策过程存在问题，则可以进一步完善决策方案，甚至重新决策；假若决策目标不适合已经变化了的现实环境，则要停止决策方案的执行，重定决策目标，进行新的决策。

9.2.2　社区规划的组织

与现代社区建设和发展相配套，我国需要建立全新的国家与社会的互动机制，需要建立能够调动、开发和利用各种社会资源及其能动性的社区管理体制。与西方国家相比，在我国以公有制为主体、其他多种经济成分并存的所有制结构大背景下，政府掌握了更多的资源分配与使用的权力。

1. 社区规划的组织模式

城市社区以"行政社区"为主，社区管理与行政管理密不可分，这一观点已逐步为多数学者所认同。上海作为我国最大的工商业城市和金融中心，率先提出"两级政府、三级管理、四级网络"的社区管理模式，推动市、区两级政府及各有关职能部门权力下放和分权，以街道办事处为主体，强化政府在街道社区层面的行政权力与行政效能，同时构筑居民委员会所属的居民小区第四级管理与服务网络，从而形成"小政府或强政府、大社会"的新的管理体制。

以此为基础，有的学者提出建立"市（实）—区（虚）—街道（实）—社区（自治体）"两实一虚的三级管理网络的行政社区体系。有的学者则提出"新邻里观"，倡导建立"居住区—小区—邻里"的社会管理模式。对邻里规模的界定，提出以约 300 人（或约 90 户）为宜，邻里以院落围合的方式设计，促进形成密切的邻里关系，形成个人的社会支持网络；同时倡导面向社区、自下而上的规划体系，引导公众参与，小规模改造城市，实现社区文脉的继承与发展。

在工作组织操作模式上，当今的社区规划还可分为政府主导型和民间自发型两种。前者由政府统一组织，提供经费，自上而下开展，如美国纽约就借助有官方背景的社区工作委员会开展社区规划。后者则纯粹由民间社区根据需要自己委托开展，作为自治自理的参考，甚至有的时候还作为与政府进行沟通和争取社区发展权益的手段。

2．社区规划的类型

在考虑社区规划的普及推广时，我们有必要对社区规划的工作内容进行分类。钱征寒等结合现有的政府管理模式，将我国开展的社区规划分为两类：物质型社区规划和综合型社区规划。

（1）物质型社区规划。顾名思义，物质型社区规划的工作重点是社区微观层面物质空间的改善，主要包括社区住房、商业、交通、公共配套、绿地游憩等各类设施的完善和景观环境的整治提升等内容，其目的在于塑造宜人的社区感知空间和人居环境。这种类型的规划并不脱离规划师的常规工作框架，但在工作中也应充分体现"以人为本"的理念，在充分了解、分析人群需求（尤其是特殊人群）的基础上进行。同时，在规划内容上应保持与详规等蓝图式规划之间的距离，在尊重发展蓝图的前提下，着眼于蓝图实现的路径，关注近期、关注动态调整。

社区物质环境空间大部分属于公共物品，在政府提供公共服务的职能范畴之内，因此物质空间型规划在推广时可采用自上而下的组织形式，在地方政府社区建设规划（或计划）的框架下开展。在具体操作方式上，可由政府机构（主要是发改部门、民政部门和规划部门）和社区基层组织联合委托，政府机构主要进行宏观层面的指导和经费控制，将更多权力下放给基层组织。规划成果可作为社区级公共设施和环境建设的项目实施依托和拨款依据。

（2）综合型社区规划。综合型社区规划应对物质层面和非物质层面的内容同时进行研究，其工作范围不局限于规划师擅长的物质空间方面，还应对社区经济、社会、组织管理等各个方面加以研究，提出问题解决方案。一般说来，此类社区规划的工作可从产业与经济、人口与社会、组织与管理、物质与空间四个方面入手，其目的是挖掘发现社区发展各个方面的问题，提升社区软硬件环境，创造和谐宜居的社区可持续发展氛围。

综合型社区规划并不是事无巨细地解决社区发展中的所有问题，其工作重点应该放在困扰社区发展的关键问题和核心问题上。这些问题可能互为交织，存在内在的逻辑联系，也可能互相独立，需要平行解决。由于涉及大量社会学、经济学、管理学等方面的内容，此类工作必须吸纳规划师之外的相关专业人士参加，并强调内容的针对性和操作性。

由于综合型社区规划更为接近编者所述的"真正意义上的社区规划"，因此由社区基层组织自下而上自发组织开展较为合适。考虑到我国社区，尤其是城市社区缺乏开展民主自治方面的有效财政保障，政府可安排专项资金或基金，由社区自行申请经费开展工作。

　　值得注意的是，社区规划虽然不可避免地包括物质形态规划，但这只是促进社区可持续发展的一种手段。因此，"真正意义上的社区规划"应该是基于自下而上理念、综合考虑社区各个方面发展需求的综合发展规划。同时，为避免与其他规划类型产生混淆，将社区规划视为一种有明确空间范围的规划类型较为合适。

　　3．社区规划的过程

　　社区规划的工作要求较为深入，工作内容较为细节化，同时也强调工作的针对性和操作性。此外，由于社区的行为主体是感性人群，社区成员的感知直接决定社区环境的建设要求，这就决定了社区规划工作过程较为琐细。根据国外经验，社区规划在工作过程要求方面可以抽象地概括为以下几个阶段：组织策划和前期准备；调研与信息收集；设立愿景（社区成员对社区发展所向往的前景）；创建目标；制定行动计划；实施与评估。

9.2.3　社区规划的实施与控制

　　1．社区规划的实施

　　社区规划制定出来后，无论近期规划，还是中期规划或远期规划，也无论总体规划还是专业规划，都需要一个连续的实施过程。在这个实施过程中，可能会产生各种矛盾与政策性问题，不解决这些问题将导致社区工作规划搁浅。另外，一个概括性较强的中长期规划也需要分成若干个循序渐进的执行阶段。总之，制定规划的最终效果取决于它的实施，所以社区规划需要最有利的保障条件，以保证其顺利实施。这些条件可以概括为以下几点。

　　（1）广泛宣传和引导社区成员共同参与。规划制定之后，应该组织广大党员干部对社区工作规划的总体目标、各项具体目标及实现目标的意义在社区成员中进行宣传，使这些目标为社区居民所了解和关心，使社区居民最终成为实施社区规划的监督者和参与者，从而使社区规划目标的实现成为社区全体党员、群众共同努力奋斗的方向。

　　（2）整合社区内各种社会力量，形成社区建设与管理的合力。社区规划的实施是一个系统工程，它涉及各个方面，牵涉的社区因素有职能部门和企事业单位。所以，社区规划单靠一方面的力量是不可能顺利实施的，必须动员各种社会力量，才能形成系统的行动。

　　（3）发挥社区资源的整体优势。在实施社区规划时，要将社区的资源置于社区整体中来考虑，强调整个社区范围内的资源优化配置，以便达到事半功倍的效果。在解决城市社区各种巨大社会需求时，也应该注意利用社区各种社会力量，发掘所有社会资源，在大范围内优化目标。

　　（4）发展街区经济，拓展资金渠道。开展社区建设，资金是基础。在现阶段的财政体制下，需要政府加强财政拨款的力度，同时社区经济是社区建设必不可少的资金来源。

　　（5）制定实施计划，加强监督检查。社区发展规划的实施需要强有力的组织保障。应该根据总体规划和各项规划的目标和任务，组织力量，分工负责，将责任落实到有关部门的具体成员，务必使人员到位，责任到身。除日常工作外，每年定期对规划实施情况进行监督，协助解决困难；每年对实施规划的有关部门与人员进行一次总结性评比，要有激励机制，要将工作总结向街道党工委与办事处做汇报，召开居民代表会议通报规划实施情况；规划实施过程中如果实际情况发生变化，可对规划的实施提出必要的调整和修改意见，提交街道办事处及有关单位共同研究。

2．社区规划的控制

社区规划的进行需要一定程度的控制方可有效进行。在社会规划控制的过程中，应注意以下相关方面的问题。

（1）加强社区规划理论研究。社区规划是一个新的规划领域，其水平的提高离不开理论的指导。加强有关理论研究将是社区规划研究的重要内容。

（2）开展社区规划实践，探索社区规划的基本框架。社区规划操作体系的建立必须以规划实践为基础。广泛开展社区规划实践，不断积累规划实践经验，探索建立社区规划的基本框架和操作体系是发挥社区规划社会效应的重要途径。

（3）培育良好的社区规划环境。培育良好的社区规划环境，即建立公众、企业、社区组织、规划机构和政府部门相互协调的机制。社区规划的根本目标是为居住在其中的公众提供优良的生活和工作环境。社区规划的编制和实施需要广大公众、有关企业、社区（非政府）组织、规划编制单位及政府管理部门的共同参与。探索建立公众、社区组织、政府等与市场在社区规划和建设中的相互协调机制具有十分重要的意义。

（4）引进国外先进的经验、理论与方法。社区规划需要引进国外先进的经验、理论与方法，开展不同学科之间的交流。西方国家开展社区规划的理论研究和实践较早，积累了丰富的经验。我国社区规划研究起步晚，理论体系和研究方法不完善，需要借鉴国外先进的经验与理论方法。社区规划研究涉及范围广，属于社会学、地理学和规划学等多个学科研究的交叉领域。加强不同学科之间社区研究成果的交流，组织不同学科的人员共同参与研究的课题和项目，以多学科的队伍开展多层次的实证研究，在具体的研究过程中相互补充、相互启发，加强研究的深度和广度，将会更加有效地指导我国的社区建设与发展工作。

社区规划是一项系统性很强的工作，任何一个环节的疏漏都会影响最终的实施效果。只有自始至终地调动社区本身的力量，尤其动员广大社区群众参与，才能使社区工作规划出实效，促进社区协调发展。为了更好地适应社会经济发展的需要，满足人们的需求，充分发挥学科的综合效益，社区规划应创新与发展其规划理念、开发模式、方法、协调与保障，以及评价体系等，逐步完善社区规划体系，实现多元化转变，从而更有效地指导社区规划的各项实践工作。

学习活动 5

宜昌中心城区拟设 104 个社区，社区规划请市民提意见

一项与每个市民都有关的社区建设规划即将出台。记者从市规划局获悉，宜昌中心城区拟设 104 个社区，这些社区该如何规划，市规划局请市民提出意见。

此次社区建设规划的目标是合理划分社区，使每个社区定位准确、人口适度、地缘关系明确、地域范围清晰，便于社区资源开发利用，让居民有认同感、归属感。

根据规划原则，这 104 个社区的划分将以城市的路网来确定，尽量不跨越城市主次干路。此次规划以 1 500 户、5 000 人左右为标准，调整社区居民委员会的规模，将住宅区规划层次与社区组织和管理层次对应起来，使社区物质生活空间的规模建设和社区组织管理相协调，共同促进社区的建设。

在社区公共服务设施上，社区将以社区建设设施为依托，从社区的组织管理和社区交往出发，面向本社区的居民布局，尽量满足居民基本生活需求，改善环境，满足居民的精神需求。

? 思考

(1) 在社区规划中，市规划局为什么要请市民提意见？

(2) 以该案例为例，谈谈开展社区规划的重要意义。

📁 课后练习

一、填空题

1. 社区规划（Community Planning）是对一定时期内社区_____、_____以及_____的总体部署。具体而言，社区规划是为了有效地利用_____，合理配置生产力和城乡居民点，提高社会经济效益，保持良好的_____，促进社区开发与建设，从而制定比较全面的发展计划。

2. 社区用地是_____、_____、_____和_____四项用地的总称。

3. 一切可绿化的用地均应绿化，并发展垂直绿化。宅旁绿地应精心规划与设计。新区建设绿地率不应低于_____ %，旧区改建绿地率不宜低于_____ %。

4. 绿地的布局应以达到环境与_____共享、自然与_____共融为目标，充分考虑住宅区生态建设方面的要求，充分考虑保持和利用自然的地形和地貌，发挥其最大的效益。绿地布局应与住宅区的步行游憩布局结合，并将住宅区的户外活动场地纳入其中。绿地系统不宜被_____过多地分隔或穿越，也不宜与_____重合。

二、名词解释

1．居住区

2．居住小区

3．居住组团

三、简答题

1．社区规划的原则有哪些？

2．社区规划的过程包括哪几个步骤？

第 10 章 社区管理绩效评估

引言

社区管理的绩效评估是促进社区可持续发展的必要因素，社区绩效评估的有效与否直接关系到社区的发展。所以，对于社区工作者来说，理解和掌握社区管理的绩效评估是非常重要的。本章主要对社区管理绩效评估的概念、作用、内容和方法等进行阐述。

学习目标

1. 掌握社区管理绩效评估的概念。
2. 理解社区管理绩效评估的意义与作用。
3. 掌握社区管理绩效评估的内容与程序。
4. 了解社区管理绩效评估的方法。

学习导航

社区管理绩效评估
— 社区管理绩效评估概述
　— 社区管理绩效评估的概念
　— 社区管理绩效评估的意义与作用
— 社区管理绩效评估的内容与方法
　— 社区管理绩效评估的内容与程序
　— 社区管理绩效评估的几种主要方法

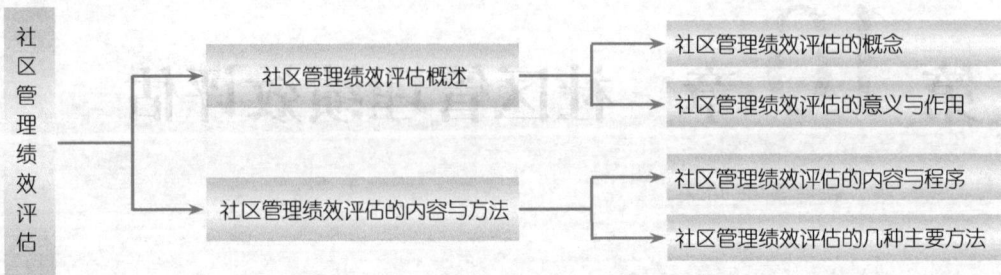

10.1　社区管理绩效评估概述

10.1.1　社区管理绩效评估的概念

1．绩效与绩效管理

要了解绩效评估的概念，首先要了解绩效和绩效管理的含义。绩效指的是个人或组织完成某种任务或达到某个目标的行为，通常是有功能性或有效能的表现。绩效由个人绩效和组织绩效构成。个人绩效主要指个人的工作表现、工作成绩、工作态度，以及个人的专业知识、熟练程度等。组织绩效是以特定的企业、政府机构或公共部门为关注对象，体现为这些组织的工作成就或效果，具体以效率、效果、公平等标准来衡量。

现代社区管理的核心问题是提高绩效。要改进绩效，必须首先了解目前的绩效水平是什么。如果不能测定目前的绩效，改善它就无从谈起。而绩效管理正是以对社区管理的绩效评估和测定为基础而进行的；更为重要的是，某一阶段的绩效评估结果有助于确定下一阶段的工作目标，并依此合理配置资源，采取有效的措施，进而取得更好的成效。科学的绩效评估有助于提高社区的绩效，同时为工作中的监督提供了信息上的支持。总之，通过绩效评估与衡量，利用绩效信息协助设定一定的绩效目标，进行资源配置与优先顺序的安排，以告知社区工作者维持或改变既定目标计划，并且报告符合目标的成功管理过程。将提高绩效的努力贯穿于社区管理活动的每个环节，就是社区中的绩效管理。

社区绩效管理过程一般包括三个最基本的功能活动：绩效评估、绩效衡量和绩效追踪。社区绩效管理的核心是绩效评估。

2．绩效评估

绩效评估就是运用科学的标准、方法和程序，对组织的业绩、成就和实际作为做尽可能准确的评价。绩效评估是社区绩效管理的核心，通过评估提供社区绩效方面的信息，鼓励和促进单位之间的竞争，有助于公众监督，还可以诊断社区中的问题并提出针对性的改进措施，从而推动工作效率和服务质量的提高。

社区管理绩效评估是社区工作者遵循一定的原则、程序和指标，运用科学和公正的方法，对社区工作的人员和组织进行价值评价，并提出改进的建议和措施的专业化活动，其目的在于提升社区管理工作的质量。

社区管理绩效评估包括对在社区管理机构工作的社区工作者的工作绩效评估和社区组织的工作绩效评估两方面。

3．社区管理绩效评估的标准

在社区管理绩效评估中，最困难的工作莫过于确立衡量的标准，或者说确定评估的内容和指标。社区受自身宗旨和活动特点的复杂性所决定，单一的、量化的绩效标准不可能准确地反映一个部门的运作情况，所以就社区而言，其绩效标准是一些复杂的要素的综合，这些要素共同反映着社区的运作状况。

社区管理绩效评估的标准主要包括如下几个方面。

（1）公平。公平是衡量社区管理绩效的重要标准。公平作为衡量绩效的标准，关心的主要问题在于"接受服务的团体或个人都是否得到公平的待遇，弱势群体是否能够享受到更多的服务"。因此，公平标准强调的是社区提供公共服务的平等性。

（2）效率。效率是单位时间内所完成的工作量，即投入与产出之比。效率标准要回答的问题是："组织在既定时间内，预算投入，究竟产生了什么样的结果？"因此，效率可以简单地理解为投入与产出之间的比例关系。效率与投入成反比，而与产出成正比。效率关心的是社区如何在可供利用资源的条件下提供更多、更好的服务。

（3）效果。效果关心的问题是"情况是否得到改善"。效果通常是指公共服务实现目标的程度，如福利状况的改变程度、使用者满意程度、政策目标的成就程度等。因此，效果通常以产出与结果之间的关系加以衡量。

就社区而言，效果主要是指管理活动的产出是否满足了社区居民的需要，以及这种产出对既定目标的实现做出了多大贡献。效果可以分为两类：一类为现状的改变程度，如居民健康状态、社区环境、道路的耐用程度等；另一类为行为的改变幅度，如社区特殊群体矫正的效果、用接受辅导的病情改善状况来衡量社区工作的效果等。

（4）经济。资金是社区管理活动的基础。然而，一个公共组织从事管理活动时实际投入的并不是金钱，而是由金钱转化而来的人力、物力、设备等。社区管理活动中的人力、物力、设备等构成了社区对特定管理活动的投入，而获得和维持这些人力、物力、设备所花的资金，就是投入的成本。经济侧重于成本（资金）的节约程度，强调投入与成本之间的关系，其主要目的是在获得特定水平的投入时使成本降低到最低水平。

（5）责任。责任标准强调的是社区在决策和执行过程中对社区居民的要求做出积极的回应，而不以追求社区自身需要满足为目的。回应，就是社区在社区管理过程中对社区居民的需求和所提出的问题做出积极敏感的反应和回复的过程。社区的回应是一个社区管理过程，在这一过程中制定社区服务政策要符合居民的利益，关注居民。更重要的是社区工作者要能够及时获取居民对社区所提供服务的意见、建议和批评，以及居民的最新需求，对这些意见和需求做出积极灵敏的反应，并做出令公众满意的答复，按居民的意愿解决问题。

这五种标准相辅相成，共同构建了社区管理绩效评估的综合评价体系。在经济标准内，考虑资源与成本；在效率标准内，考虑资源与产出；在效果标准内，考虑产出与结果；在公平与责任标准内，考虑某种产出及其相应的结果是否增进了社区公平，是否符合社区居民的利益，是否反映了居民的意志。在这种环环相扣的过程中，社区管理的整体绩效才能得到真正意义上的实现。

学习活动 1

"绩效型"社区管理模式的探索

我国现行的城市管理模式为"市—区—街道—社区"四级管理模式，常被称为"两级政府、三级管理、四级延伸"。在这个体制中，最具争议的就是"街道—社区"的两级关系。在理论上，"街道—社区"关系的探讨是城市管理体制研究中的一个重要课题；在实践上，"街道—社区"管理模式的改革是我国城市管理体制改革中一个变化最快、最多的领域。

作为市辖区派出机构的街道和作为城市面上基层自治组织的社区，虽然都不是一级政府，但是在城市管理体制改革的探索中，却是最重要的两个层面。街道和社区的体制改革，被称为"静悄悄的革命"，可以说，这里是我国民主自治的策源地（社区），是转变政府职能的试验场（街道）。这个地带，是我国城市管理理念、体制、模式变革的动力源。这个领域的改革涉及民主自治、基层普选、转变政府职能等一系列重要问题，具有十分重要的理论意义和实践意义。

北京市朝阳区八里庄街道通过在社区设立"社区政务工作站"，协调各类政府部门派驻社区协管员；承担街道在社区的各种行政性负担，明确了其作为社区自治组织而非政府行政在社区中"跑腿"的角色定位，加强了基层民主自治；同时又转变了街道不深入社区而高高在上的工作作风，树立起亲民务实的新形象。实践证明，八里庄街道通过在社区设立社区政务工作站，建立起了一种"以民为本"的绩效型"街道—社区"管理新模式。

1. 制度创新的背景

首先，社区政务工作站的建立是为了解决八里庄街道依法行政和社区依法自治中的实际问题。八里庄街道属于北京市朝阳区，朝阳区"街道—社区"改革面临的最大问题是社区划分过大。以八里庄街道为例，3 万多户居民，人口近 10 万，一共才划分了 7 个社区，每个社区基本都在 5 000 户左右，比北京市社区调整时规定的 1 000～3 000 户的上线还高出近一倍。当然，社区大有它的优势，可以在更大规模上整合资源，构建功能完善的"整体性社区"，更好地解决社区的实际问题，满足社区居民的实际需要。同时，社区大客观上也确实节约了行政成本，像八里庄这样规模的街道，在其他城区往往要划分 20 多个社区，而八里庄只划分了 7 个，这就节约了 2/3 的行政成本。

但是，社区大也有着突出的问题。因为街道和社区的人员配备和资金投入都是按照社区的数目进行的，社区大、个数少就带来了人力、资金的严重不足；街道和社区的工作负担明显超过承载能力，街道和社区完全忙于应付各种常规性工作，很难谈得上积极主动地开展新的、符合社区实际的、有特色的工作，街道的行政水平和社区的自治水平都得不到提高。在社区设立社区政务工作站就是要解决以上诸多问题。对于街道，社区工作站通过统筹社区协管员，承接了社区的行政性工作，一定程度上解决了街道职能部门负担过重的问题；对于社区居民委员会，由政务工作站来承载社区的行政性工作，大大减轻了社区居民委员会的负担，使居民委员会解放出来，可以更好地为社区自治工作服务。

其次，社区政务工作站的建立是为了转变社区居民委员会的错误定位，减免社区居民委员会承担的本不该由其承担的社区行政性工作负担，保证其依法实现社区自治。我国《城市居民委员会组织法》明确规定，城市居民委员会是基层自治组织，实行自我教育、自我管理、自我服务、自我监督；街道和社区的关系是指导与被指导的关系。然而长期以来，法律上的这一明确规定并没有得到执行，很多城市政府都把社区居委员会组织看成基层政府的延伸，把"指导和被指导"的关系变为"命令和被命令"的关系。各职能部门不断用行政命令的手段给居委员会下派各种行政性工作任务，居民委员会已经成为一级"小政府"，工作负担过重，难以实现社区居委员会作为居民自治组织的功能，所谓的基层社区自治也因此成为一句空话。

再次，社区政务工作站的建立是以民为本的绩效型街道—社区管理模式的一项探索。在街道—社区管理模式中谈论绩效，其实有两种不同的绩效观：一种是单纯考虑行政成本，以"行政"为本的片面绩效观；一种是考虑居民委员会的利益和居民的利益，以民为本的全面绩效观。前一种绩效观的做法是片面强调精简行政人员和各项开支，把行政事务集中到街道一处办理。在这种绩效观的指导下，社区居委员会的工作变成了天天围着街道听通知、开会议，然后再落实街道下派的各项工作。居民委员会干部反映，通常是这个科室的会开完刚回去，另一个科室的通知又到了。在这种绩效观的指导下，居民办事也难上加难，很多时候居民为了办一件小事就要往街道跑两三趟。这样，政府的行政成本似乎减少了，但是居民委员会和居民办事的成本却增加了。以民为本的绩效观的做法则完全不同，它要求街道工作重心下移到社区，在社区设立政务工作站，建立社区政务工作机制，最大限度地贴近群众，服务居民。这样，政府的行政成本似乎提高了，但是居民和居民委员会的成本减少了，总成本反而降低了。所以，全面绩效观不仅提高了工作效率，而且达到了良好的效果，是一种"以民为本"的绩效型的"街道—社区"城市管理新模式。

2. 绩效评估

社区政务工作站建立后，社区层面形成了"一个核心、两套工作体系"的新型社区工作模式。"一个核心"是将社区党委建设成为坚强有力的领导核心；"两套工作体系"是指围绕社区居民委员会形成充满生机活力的居民自治工作体系，围绕社区政务工作站形成精干高效的社区行政事务工作体系。

这样的工作体系的建立，结果是社区党委的政治绩效、街道办事处的行政绩效和社区居民委员会的自治绩效三者都得到了加强。最终，这些绩效落实到社区居民层面，使得社区居民办事更方便了，很多事情不出社区就可以由社区政务工作站解决；社区自治加强了，文体活动、便民服务活动丰富多彩，真正实现了"以民为本"的全面绩效。

（1）社区党委政治绩效的加强。社区党委在社区的领导核心作用通过新型社区工作模式得到更充分的体现，政治绩效明显。社区政务工作站建立以后，社区党委的领导地位得到强化，通过主持社区居民委员会和社区政务工作站的联席会议及更大范围的社区议事协商会议，在协调社区政务工作站、社区居民委员会、社区单位之间的种种关系的过程中体现民意。社区党委总揽维护社区稳定和社区全面发展的大局，积极协调，及时、有效地解决问题，改变了过去社区党委陷入具体的社区事务之中的局面。在为居民办实事、谋利益中，社区党委获得了居民更广泛的拥护，党的凝聚力、感召力得到进一步强化。社区党委在基层社区中的领导核心地位得以进一步巩固和加强，即政治绩效的加强。

（2）街道办事处行政绩效的加强。通过在社区设立社区政务工作站，街道办事处工作重心下移到社区，并统筹管理政府部门派驻社区的各类协管员，街道工作真正深入了社区。一方面，使街道办事处更多地了解了基层，可以"有的放矢"地开展居民需要的更加深入的工作；另一方面，使街道职能部门的行政能力加强，行政效率和行政效果明显增强，即行政绩效的加强。

（3）社区居民委员会自治绩效的加强。社区政务工作站的建立，真正把社区居民委员会从政府职能部门下派社区的各类繁杂的行政性工作中抽离出来，使社区居民委员会能够把主要精力集中在落实社区自治、推进社区民主化进程上。社区居民委员会通过开展各类活动，增强了社区居民对社区事务的参与，同时有精力为居民提供更多样、更贴心的个性化服务，即自治绩效的加强。

（4）以民为本的全面绩效的加强。社区党委、街道办事处和社区居民委员会三方绩效加强，最终受益的是广大居民。在社区党委协调下，政务工作站和社区居民委员会积极开展工作；百姓各种事务的办理更加方便，甚至大多数的事情不用出社区，通过政务工作站就可以完成；同时社区居民委员会更把社区文体等各类活动组织得有声有色，大大丰富了居民的生活。另外，社区政务工作站的建立，使得居民多了一个反映意见的渠道，这就如同一种竞争机制的引入，使得社区党委、政务工作站和居民委员会三方工作都得到加强，居民享受到的服务更加周到，居民社区参与增多、社区归属感增强，全面绩效的加强。

3. 问题和思考

在社区设立社区政务工作站，建立"以民为本"的绩效型"街道—社区"管理模式，是一个新生事物，是城市管理体制改革的一项重要尝试，人们对它的认识自然是一个不断深入的过程。在此，我们对以下两个争议比较多的问题做出回答。

（1）社区政务工作站的设立是不是增加了行政人员，从而造成了政府的冗余？在社区设立社区政务工作站，从表面上看，是增加了一个行政层次，增加了行政成本。但是某种意义上说，在其他条件不变的条件下，行政成本和行政水平在一定范围内应该是成反比的。如果太压缩行政成本，则必然提高行政水平。开展实际工作必须在行政成本和行政水平之间寻找一个平衡。这个平衡的标准，便是绩效原则，即效率和效果统一的原则。

社区政务工作站的设立其实并没有想象中那样带来数量很大的行政工作人员，因为社区政务工作站的设立主要在于整合社区内业已存在的"各自为政"的政府职能部门派驻的各类协管员。除此之外，可以考虑在"4050"人员中招聘一部分高素质人员进入社区政务工作站。

（2）设立社区政务工作站是否动摇了居民委员会在社区中的权威？社区政务工作站主要从事的还是街道职能部门延伸到社区的行政性工作，而不是社区内的所有工作，和作为社区自治组织的社区居民委员会从事的社区自治工作并不必然冲突。同时，建立社区政务工作站，把社区居民委员会从承担的繁重社区行政性工作中解放出来，为社区居民委员会回归法律规定的居民自治组织的角色定位提供了组织体制的支撑，为居民委员会依靠居民、实行真正的依法自治提供了外部的体制环境。这恰恰有利于社区居民委员会腾出精力，积极开展工作，真正成为代表居民利益的社区自治组织。

八里庄街道在社区设立社区政务工作站，协调各类政府部门派驻社区的协管员和其他相关人员，承担街道延伸到社区的行政性工作，建立起一种新型的以民为本的绩效型街道—社区管理模式，是对既有城市管理模式的重大改革。这项工作从实际出发，以民为本，以绩效评估为原则，虽然建立不久，但已经初步显示其较强的生命力。社区政务工作站设立以来，工作站的行政工作者积极性较高，各项工作逐渐得以展开；试点的社区居民委员会工作正常，观念逐渐转变，并逐步向着自治方向健康迈进。现在，八里庄街道正在着手制定更为科学合理的绩效评估标准，对社区政务工作站模式和旧有的社区管理模式进行绩效评估，做对比研究，既寻找问题，也总结经验，为社区政务工作站这种以民为本的绩效型城市管理模式在更大范围内的推广寻找依据。

希望这种全新的城市管理模式能够引起我市各级党委、政府领导班子的高度重视，按照科学发展观的要求，牢固地树立起正确的政绩观、发展观、改革观；将以民为本作为开展一切工作的根本出发点，本着实事求是的务实态度、继往开来的改革精神、勤政爱民的工作作风，积极地顺应时代发展新潮流，不断转变观念，与时俱进；根据我市实际情况，对这种全新的城市管理模式加以引进并进行科学的考证，制定出科学合理的绩效评估标准，建立起一整套配套的工作机制、运行机制、协调机制、管理机制等；采取由点到面、步步为营、层层深入的实施战略，先在一些地区进行试点，在实践中不断摸索经验、总结教训，为其在更大范围内的推广寻找依据。

❓ 思考

请结合该案例，谈谈你对建设"绩效型"社区管理模式的看法。

10.1.2 社区管理绩效评估的意义与作用

1．社区管理绩效评估的意义

社区管理绩效评估主要包括社区工作者的工作绩效评估和社区组织者工作绩效评估，作者的工作绩效评估是以社区管理目标计划为基础，用一些有效的指标对绩效进行考评，其目的不仅仅是为社区工作者报酬、晋升、调动、职业技术开发、辞退等提供可靠的决策依据，而且是为了增强社区工作者在工作中的主动性和有效性，改进工作绩效，不断提高工作者的职业能力。

社区组织的工作绩效评估的意义在于通过对已经产生的工作结果进行测量，确定今后组织工作的绩效改善的目标和措施，以使社区管理工作最大限度地取得令人满意的效果。

在社区管理绩效评估的过程中，要思考以下几个问题：该工作者过去的工作哪些是有效的？哪些是无效的？怎样改善过去的行为、态度和能力，以及提高绩效？社区工作者的管理方法是否具备有效性？哪种管理方式和方法更为有效？

2．社区管理绩效评估的作用

（1）社区工作者的工作绩效评估的作用。

1）选拔优秀的社区工作者。通过社区工作者的考评，社区可以对以前的社区工作者选拔的结果进行总结，同时为今后的社区工作者选拔提供必要的准备。

2）公平合理地评价社区工作者。绩效评估可以向社区工作者表明哪些地方做得较好，哪些地方做得还不够，需要改进。公平合理的绩效评估对社区工作者非常重要。在绩效评估基础之上的报酬可以包括薪酬、福利、职位晋升、职位调整、培训、淘汰等物质与非物质的内容。

3）提升社区工作者的技能。绩效评估最直接的作用是通过社区的评估影响其社区工作者的行为，让社区随时关注社区工作者的工作状态，促使社区推进、改善原有的行为方式和管理难题，特别是那些平时不会主动去做、不太愿意去做的事情，因为这对于社区工作者来说是一种挑战。通过评估，社区工作者将更为关注自己的绩效，想办法改善工作方法以达成更高的绩效结果。在绩效压力下，社区工作者必将提升自身的技能。

4）为社区工作者沟通与反馈提供平台。绩效评估是一个沟通、反馈、再沟通、再反馈的过程。在这个过程中，社区中不同的工作者不在绩效结果产生之后才进行评估，而在这个过程中就需要不断地沟通与反馈信息，从而能够及早地发现问题，便于社区内部的信息交流。

5）为社区基础管理提供平台。要提升绩效评估的客观性，就要"一切用数据说话"，而这需要许多基础数据的支持。通过绩效评估的推进，可以加强社区内部的基础管理，建立起规划的基础管理平台。

6）激励社区工作者努力工作。绩效评估就是指通过对社区工作者的工作行为和工作结果进行评估，依据评估结果展开惩罚、培训与开发等一系列活动的全过程。将社区与企业比较，我们不难发现，社区内部缺乏一种竞争机制，或者说竞争的激烈程度没有企业高，这就必然导致一部分社区工作者的潜能未得到有效的刺激和开发。通过健全绩效评估制度，对社区及社区工作者开展绩效评估，从而在社区之间和社区工作者之间引入竞争机制，让社区工作者在竞争环境的压力下不断地进行自我学习、自我发展，提高工作技能和工作效率。

(2) 社区组织的工作绩效评估的作用。

1）为社区做出正确的行政决策提供依据。社区组织工作绩效评估可以使决策者在社区资源配置、员工培训模式、服务方案的确定与取消等方面做出明智的选择，从而提高社区的组织效率。

2）促进社区改善服务的品质。通过评估，社区可以发现现行服务的效果与社区服务计划及公众的服务需求之间的差距，从而找到改善社区服务品质的切入点。

3）促进社区工作者个人绩效的提高。绩效评估可以激励社区工作者改善绩效，绩效的改善又能在社区工作者的工作热情、技术能力、人际关系等方面产生积极的影响，从而增进机构的凝聚力，提高社区工作者的工作责任感和进取心，使其全心全意地投入社区服务工作。

4）可以使社区获得政府及资助团体进一步的财政支持。绩效评估可以证实机构服务的效率、效益与效能。因此，社区组织工作绩效评估可以提供有说服力的信息，帮助机构获得政府、社会、民间资金更广泛的支持，增强机构的竞争能力。

社区管理绩效评估的多种作用是伴随评估本身的必然因素，也是造成绩效评估难度的重要方面。社区管理在建立绩效评估系统时，既要考虑评估的有效性，也要考虑其所要达到的不同目的和作用，从而更好地利用自己的评估系统。

学习活动 2

社工上门拜访过吗？社区经常征求意见吗？
——上城区将居民满意度引入和谐社区考核

"你对社区的绿化是否满意？楼道或墙门卫生状况如何？你是否能够及时从社区获得所需信息？你觉得社区的办事效率如何？"

社区工作干得怎么样，总得要有个评价的标准。谁最有发言权？当然是社区里的老百姓。上城区在一年一度的和谐社区考核中，首次将社区居民满意度作为重要依据，考核社区工作。

为了保证满意度调查的公平、公正，上城区民政局专门委托该区城市调查队开展和谐社区居民满意度测评。测评采用问卷调查和零距离随机抽样方式，包括社区基本状况、社区工作知晓率、社区工作者工作情况及是否愿意参加社区组织的各类活动。每个社区调查30户常住居民，其中随机抽查10户居民，其余20户是困难家庭、老年人、残疾人、优抚对象。

调查结果中，南星街道玉皇山社区居民满意度排名第一。原来，两年来，南星街道对玉皇山社区八卦新村进行了庭院改善，包括对立面整治，楼房平改坡，更换、安装雨篷、晾衣架。另外，在整治道路的同时，配套整改小区周边绿化，实现整个社区年扩绿面积7 500平方米。通过庭院改善，整个小区的基础设施有了更新，环境更加整洁舒适，居民的生活品质有了很大提升。居民对社区工作看在眼里、记在心里，玉皇山社区居民满意度能位居上城区各社区之首也就不足为奇。

在和谐社区考核上，上城区不因一些社区过去的辉煌而留有情面，如果没有实实在在的工作成绩，没有居民的满意，一些过去被评为"五星"的社区今年也颗粒无收；相反，一些过去名不见经传的社区，由于过去一年来，踏实为居民服务，各方面成绩突出，在和谐社区表彰会上大获丰收。南宋御街中山中路步行街开街后，其所在社区——柳翠井巷社区居民自发组成志愿者队伍，经常来到中山中路上，手执绿色的宣传册、身着志愿服务衫、佩戴黄色社徽，为来自五湖四海的朋友提供各项服务，如引导参观、人文典故介绍、紧急医疗救助、安全秩序维护等，博得了社区居民和游客的欢迎。柳翠井巷社区也因出色的工作，由去年的"四星级"和谐先进社区一跃成为"五星级"和谐示范社区。

❓ 思考

将居民满意度引入和谐社区考核有什么作用？

10.2　社区管理绩效评估的内容与方法

10.2.1　社区管理绩效评估的内容与程序

1．社区管理绩效评估的内容

绩效评估的对象、目的和范围复杂多样，因此绩效评估的内容也比较复杂。但就社区管理绩效评估的基本方面而言，其内容主要包括工作态度（德）、工作能力（能）、工作行为（勤）、工作成效（绩）四个方面。

（1）工作态度（德）。德是社区工作者的精神境界、道德品质和思想追求的综合体现。德是指社区工作者的一种工作态度，它决定社区工作者的行为方向——为什么而做；行为的强弱——做的努力程度；行为的方式——采取何种手段达到目的。德的标准不是抽象、一成不变的。不同时代、行业、层次对德有不同的标准。

（2）工作能力（能）。能是指社区工作者的能力素质，即认识社区和建设社区的能力。当然，能力不是静态、孤立存在的。因此，对能力的评估应在素质考察的基础上，结合社区工作者在实际工作中的具体表现来判断，一般包括动手操作能力、认识能力、思维能力、表达能力、研究能力、组织指挥能力、协调能力、决策能力等。对于社区工作不同的职位，评估时应各有侧重，区别对待。

（3）工作行为（勤）。勤是指社区工作者的一种工作行为，它主要体现在社区工作者的日常工作表现上，如工作的积极性、主动性、创造性、努力程度及出勤率。对勤的评估不仅要有对量的衡量（如出勤率），也要有质的评估，即是否以满腔的热情，积极、主动地投入工作。

（4）工作成效（绩）。绩是指社区工作者的工作业绩，包括完成工作的数量、质量和效益等。在社区工作中，岗位和责任不同的人，其工作业绩的评估重点也有侧重。对绩的考评是对员工绩效评估的核心。

2．社区管理绩效评估的特点

从社区管理绩效评估的内容，可看出社区管理绩效评估呈现出如下特点：社区工作者专业知识和技能的评估获取可以通过该工作者的学历、工作经验和既有的技术考核与业绩表现来获取，这种评估还是比较容易的；而对社区工作者是否愿意从事社区工作进行评价则是比较困难的。而社区工作是一项助人的工作，这项工作包含很多道德实践的意义。因此，在对社区工作者的工作绩效进行评估时，需要评估其所拥有的价值观念和态度。

一个人的行为表现取决于其自身的知识和技能。例如，一位负责民主选举的社区工作者需要知道社区民主选举的有关政策和知识，并且拥有诚实、有效、具有感召力的组织技能。而一个人的知识和技能又取决于他获取知识和培养技能所具备的基本态度，如果他很反感与人交往，那么很难想象他会是一个优秀的社区民主选举工作人员。态度则又在很大程度上受到一个人的价值观的影响，也就是说他在成长的过程中主要信奉什么。针对上述几个方面的基本评价和特点，有人提出了绩效评估的基本模式，如图10-1所示。

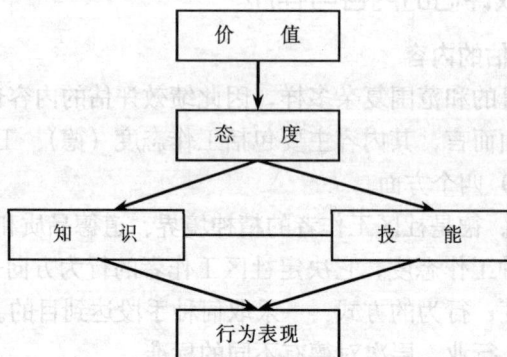

图 10-1　绩效评估的基本模式

3. 社区管理绩效评估的程序

社区管理绩效评估实际上是一个收集信息、整合信息、做出判断并给予反馈的过程，主要包括制定评估计划、确定评估指标、明确绩效标准、确定评估主体、培训评估主体、收集绩效信息、实施绩效评估和绩效反馈面谈八个环节（见图10-2），每个环节在绩效评估实施过程中都具有重要意义。各部分有机衔接，构成一个有机整体。

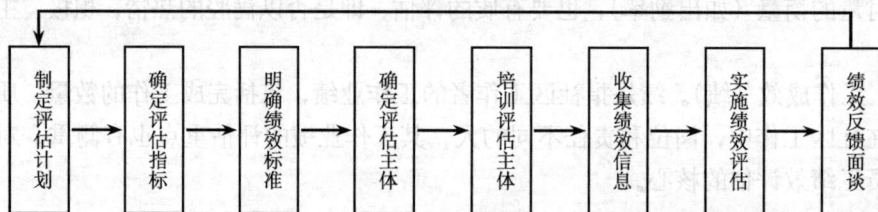

图 10-2　社区管理绩效评估的程序

（1）制定评估计划。为了保证绩效评估的顺利进行，必须事先制定评估计划，主要包括明确评估目的和评估对象，确定绩效目标，再根据评估对象和绩效目标选择重点的评估内容，并确定评估时间和方法。

（2）确定评估指标。绩效评估指标是对被评估者绩效的数量和质量进行考评的准则和依据。一般来说，要使评估指标科学合理，就必须依据绩效评估的基本原则，首先对所设计的绩效指标进行论证，使其具有一定的科学依据，然后运用绩效指标体系设计方法，进行指标分析并修正，最后确定绩效评估的指标体系。绩效评估指标的编制方法一般有工作分析、个案研究、问卷调查、专题访谈和多元分析等。

（3）明确绩效标准。有效的绩效标准能激发被评估者正确的工作动机，调动其工作积极性，有利于提高其政治素质和业务素质，有利于提高社区的整体工作效率。一套有效的绩效标准应具备以下特征。① 基于工作而非基于工作者设立。② 具体化，易于操作。③ 被评估者充分参与制定。④ 具有一定的灵活性。⑤ 与被评估者的实际能力相符。

（4）确定评估主体。绩效评估的主体一般有直接上级、直接下属、同事、本人、公众等。对评估主体的确定是绩效评估有效与否的关键。

（5）培训评估主体。要使绩效评估系统的制定和实施更为科学、合理、客观、可行，就有必要对评估者进行培训和指导，以便改进其评估能力，保证评估过程的正常进行。评估主体的培训一般包括评估误差培训、收集绩效信息方法的培训、绩效评估指标培训、评估方法培训、绩效反馈培训等几个方面的内容。

（6）收集绩效信息。及时、准确、全面地收集绩效信息对于绩效评估的有效开展是必不可少的。收集绩效信息不仅能为绩效评估提供事实依据，也能为改进绩效提供事实依据，而且还能发现绩效问题和优秀绩效的原因，甚至在发生争议时能为组织的决策进行辩护。

（7）实施绩效评估。由于绩效评估结果往往与各种物质与非物质利益挂钩，绩效评估若实施不当，则可能引起各种利益冲突和内部矛盾，甚至影响社区的工作效率。因此，如何正确实施绩效评估，避免绩效评估流于形式，充分发挥其正面影响成为不容忽视的问题。实施绩效评估的过程中总是不可避免地存在各种各样的人为因素，使得评估的公正性与客观性在一定程度上受到影响。因此，主管评估工作的人员必须尽可能地避免在绩效评估过程中出现种种偏差。

（8）绩效反馈面谈。法国工业学家亨利·法约尔认为，如果只做绩效评估而不将结果反馈给员工，那么绩效评估便失去了极其重要的激励与培训功能。此外，还有研究表明，被评估者总是倾向于对自身的绩效做出过高的估计。因此，有效的反馈能使被评估者了解绩效评估结果，并清楚地认识自己的长处和短处，真正认识到自身的潜能。一般来说，绩效反馈面谈主要包括绩效反馈面谈的准备、绩效反馈面谈的过程及评估面谈效果三个步骤。

┃学习活动 3

　　请针对社区居民委员会某一岗位的绩效拟定一份评估方案。

10.2.2　社区管理绩效评估的几种主要方法

1. 社区工作者工作绩效评估的方法

关于工作者个人工作绩效评估的方法很多，目前国内外最常用的有评估量表法、行为锚定法、关键事件法和 360°绩效评估法等。

（1）评估量表法。

1）强迫选择量表。强迫选择量表（Forced-Choice Scales，FCS）作为一种评估工具，要求评估者从以四个行为选择项为一组的众多选择组中分别择出"最能反映"被评估者实际情况的两个选择项，而评估者并不知道选择项的分值，具体设计结果只有人力资源部门的人员才清楚。

2）行为尺度评定量表。行为尺度评定量表（Behaviorally Anchored Rating Scales，BARS）由了解被评估岗位的人员（如上级与任职者等），用具体行为特征的描述表示每种行为标准的程度差异。所有评估者依据记录进行考评，如果有社区工作者认为评估的结果不够准确，可由第三方依据日常的考评记录评判评估者给出的分数是否真实。

3）行为观察量表。行为观察量表（Behavioral Observation Scales，BOS）使用统计分析（如因素分析或项目分析）选出评估指标，再据此将建立在事件基础上的行为清单进行汇总，评估者评估时只要把这些表示社区工作者具体行为发生频率的数字简单相加就可以了。需要强调的是，为了更好地对社区工作者进行绩效辅导，评估者事前必须清楚地知道社区工作者的工作职责及应该观察社区工作者的哪些行为。

（2）行为锚定法。行为锚定法全称是行为锚定等级评估法，是以具体描述的特定工作行为是否确实被成功地完成来确定社区工作者绩效的一种评估方法。在某种程度上，行为锚定法与前面所提的评估量表法有相似的地方，但其重点不落在绩效的结果上，而落在社区工作者的职能行为上，其前提是假设社区工作者的职能行为将产生有效的工作绩效。

（3）关键事件法。关键事件法是指通过对社区工作者在工作中极为成功或极为失败的事件的观察和分析，判定该社区工作者在类似事件或在介于关键事件与非关键事件之间可能的行为和表现。

（4）360°绩效评估法。360°绩效评估法又称多方评估者评估法，是对一般社区工作者评估考核使用得最多的一种方法。它包括直接上级、间接上级、同级、下属和自己的评估，评估的指标可以从努力程度、工作态度、行为结果三个方面来设计。每个大的指标下可以设几个小指标，如工作态度可以包括任务完成的速度、质量、对下属的亲和力、同级的认可度等，这样就构成一个指标体系。

在 360°评估中，不同评估者都从各自的工作角度考察和评定被评估者，因而评估的结果反映了工作者在不同场景、不同方面的行为特征和业绩，综合这些评估结果就能够对工作者进行较全面、客观的评价。同时，不同角度的评估结果也在一定程度上反映了评估者的利益取向和性格特征。

2. 社区组织工作绩效评估的方法

社区组织工作绩效评估在我国还没有实现制度化、规范化、系统化、科学化，目前我们只能借鉴其他组织的绩效评估方法予以简单说明。

（1）全面总结法。全面总结法指一个组织对其在评估期内各方面的工作进行系统的回顾与评述，分类列出进步、成绩、不足、改进措施和下一期的工作计划，最后得到上级管理者或上级组织对该总结认可的评估方法。

（2）目标任务法。目标任务法指依据事先设定的目标标准或被上级组织认可的指标，对一个组织在评估期内主要工作任务的成果进行评估的组织评估方法。

（3）财务指标法。财务指标法指依照事先设定的收入、利润、投资收益率等财务指标，对一个组织的业绩进行评估，评判各项财务指标达到的程度的评估方法。

（4）综合指标法。综合指标法指对一个组织的业绩评估依据事先设定的多项指标，评判各项指标达到程度的评估方法。

各种组织的要求不同，其评估技术的成熟度也不同。对于大多数组织而言，以上方法均可采用。对于社区组织来说，财务指标可能不太适用。

学习活动 4

全国和谐社区建设示范社区指标（2013 年）

指 标	指标内容	分值	数据采集方法
	项目Ⅰ-1 管理有序		
Ⅱ-1 组 织 健 全	（1）社区党组织健全，实行网格化设置，党组织延伸到楼栋 （2）社区内具备条件的非公有制经济组织、社会组织、商务楼宇、专业市场和流动人口聚居地建立党组织，未建立党组织的实现工作覆盖 （3）社区居民委员会健全 （4）社区居民委员会下属委员会和居民小组健全，人员配置到位 （5）社区群团组织健全，拥有 5 个以上注册或备案的社区社会组织 （6）按要求依法建立业主大会和业主委员会 （7）社区工作者队伍结构合理，大专以上学历人员不低于 60%，至少有 1 名服务于社区居民的专业社会工作者 （8）社区党组织书记、社区居民委员会主任每年至少培训 1 次，其他社区工作者每 2 年至少培训 1 次 符合 8 项指标内容，分值为 A；符合 6~7 项指标内容，分值为 B；其余情形分值为 C	9	审查材料、听取汇报、走访居民

指 标	指标内容	分值	数据采集方法
项目Ⅰ-1 管理有序			
Ⅱ-2 管理民主	（1）社区党组织成员实行公推直选 （2）社区居民委员会实行直接选举 （3）无违法违章撤换、罢免社区居民委员会成员的现象 （4）居民会议制度健全，每半年至少召开1次居民代表大会 （5）社区有居民自治章程或居民公约，社区议事协商机制健全 （6）每年至少进行1次居民民主评议，居民满意率不低于80% （7）建有社区事务公开栏，实行党务、居务、财务、服务公开制度 （8）涉及居民利益的重大事项通过民主听证等形式广泛听取居民意见 （9）两年内社区党组织和居民委员会成员无违法犯罪现象 符合9项指标内容，分值为A；符合7~8项指标内容，分值为B；其余情形分值为C	9	审查材料、听取汇报、走访居民
Ⅱ-3 制度规范	（1）社区居民委员会依法协助基层人民政府的工作事项责权明晰 （2）社区居民委员会自觉接受社区党组织的领导，社区党组织支持和保障社区居民委员会依法行使职权 （3）社区专业服务机构在社区党组织和居民委员会统一领导和管理下有序开展工作 （4）社区党组织和居民委员会为社区社会组织提供组织运作、活动场地等帮助支持 （5）业主委员会和物业服务企业主动接受社区居民委员会的指导和监督 （6）建有社区工作者分片包块、上门走访、服务承诺、结对帮扶等制度 （7）社区财务、档案、公章管理规范，有社区应急处置、学习、教育、会议、培训等制度 （8）社区实行错时上下班、全日值班、节假日轮休、首问负责、一岗多责等工作制度。 符合8项指标内容，分值为A；符合6~7项指标内容，分值为B；其余情形分值为C	9	审查材料、听取汇报

续表

指标	指标内容	分值	数据采集方法
	项目 I -1 管理有序		
II -4 参与广泛	(1) 建立在职党员到社区报到制度，报到率不低于 80% (2) 建有社区党建联席会议制度，形成区域化党建格局 (3) 建有党代表、人大代表、政协委员到社区联系居民、开展工作制度 (4) 建有社区党组织、社区居民委员会、驻区单位共同参与的协商议事制度或工作联席会议制度，共建机制完善 (5) 社区与驻区单位签订共驻共建协议，每年开展 1 次以上评议活动 (6) 社区社会组织有参与社区管理和服务的渠道和途径 (7) 农村进城务工人员依照有关规定参与社区居民委员会选举和社区公共事务管理 (8) 社情民意表达渠道畅通，居民诉求及时得到回应 符合 8 项指标内容，分值为 A；符合 6~7 项指标内容，分值为 B；其余情形分值为 C	9	审查材料、听取汇报、走访居民
	项目 I -2 服务完善		
II -5 设施完备	(1) 建有 1 处综合性、多功能的社区服务站，面积不低于每百户 20 平方米标准 (2) 统一使用"中国社区"标识，规范设置社区标牌 (3) 社区综合服务设施集办公、议事、服务、活动等多功能于一体，其中社区组织办公用房不得超过使用面积的 20% (4) 设有符合国家要求的警务室、人民调解室、卫生服务站、人口和计划生育服务室、文化活动中心（具备文化信息资源共享社区站点、社区书屋等功能）和老年人日间照料中心 (5) 公共文化设施向社会免费开放，至少有 1 处可以基本满足社区居民活动需求的室外文体活动场所，并配备多种文化体育健身设备，人均体育场地面积达到 1.5 平方米以上 (6) 社区配置办公自动化和信息化服务设施，具备宽带互联网接入条件（至少 4M 以上），建有社区公共服务综合信息平台和社区网站，实现社区信息资源交互 符合 6 项指标内容，分值为 A；符合（1）和其他 3 项指标内容，分值为 B；其余情形分值为 C	8	听取汇报、实地考察、走访居民

指标		指标内容	分值	数据采集方法
		项目Ⅰ-2 服务完善		
Ⅱ-6 主体多元		（1）基层人民政府及职能部门在社区设有面向居民群众的"一站式"服务窗口或代理代办服务点 （2）市政服务单位服务进社区，居民满意度较高 （3）建立党员干部与困难群体帮扶结对制度，参加志愿服务的党员人数不少于总数的 30% （4）社区居民委员会根据居民需要开展公益服务项目，每年为居民办实事不少于 10 项 （5）服务社区的社会组织和社区社会组织类型齐全，开展多样化服务 （6）社区实行物业管理，物业服务企业群众满意率达 80% 以上 （7）建有驻区单位与社区双向服务制度，驻区单位可开放服务设施向居民开放率不低于 90% （8）符合 7 项指标内容，分值为 A；符合 5～6 项指标内容，分值为 B；其余情形分值为 C	8	审查材料、听取汇报、走访居民
Ⅱ-7 体系健全		（1）社区公共服务体系健全，涉及社区居民利益的公共服务事项实现全覆盖 （2）社区便民、利民网点布局合理，形成方便快捷的生活服务圈 （3）建立社区志愿者注册登记制度，社区志愿者注册率不低于社区常住人口总数的 10% （4）社区服务项目、服务活动覆盖包括流动人口在内的全体社区居民，积极开展面向农村进城务工人员的公益性文化活动 （5）有为老年人、未成年人、残疾人、优抚对象、计划生育特别扶助对象等群体服务的特色项目 （6）社区矫正、戒毒、"刑释解教"、邪教转化人员帮教机制健全 （7）专业社会工作服务普遍开展，有 1～2 个专业社会工作服务组织 符合 7 项指标内容，分值为 A；符合 5～6 项指标内容，分值为 B；其余情形分值为 C	8	审查材料、实地考察、听取汇报

指标	指标内容	分值	数据采集方法
	项目Ⅰ-2 服务完善		
Ⅱ-8 运转有效	（1）政府委托社区组织办理（协助）的事项"权随责走、费随事转"落实到位 （2）政府购买服务项目向社区倾斜，社区组织每年承接 1～2 个政府购买服务项目 （3）社区服务人员配置合理，每 300 户配备 1 名专职社区工作者，除党组织书记外，社区至少有 1 名专职党务工作者 （4）具备社区服务热线、公共信息查询服务、互联网服务、短信服务平台、网站等多种信息化服务手段，至少有 1 名熟练信息化技术工作者 （5）社区工作和服务经费有保障，每年工作经费不低于 5 万元或每户 20 元标准 （6）有 1～2 个深受居民喜爱的社区服务项目和品牌 （7）社区居民对社区服务满意率不低于 80% 符合 7 项指标内容，分值为 A；符合（3）、（5）和其他 3 项指标内容，分值为 B；其余情形分值为 C	8	审查材料、听取汇报、走访居民
	项目Ⅰ-3 文明祥和		
Ⅱ-9 环境优美	（1）实行社区垃圾分类，无卫生死角、污水漫溢、暴露垃圾、乱扔废弃物 （2）社区内无油烟污染、噪声扰民、强光污染等 （3）社区内道路平整，无坑洼积水 （4）社区建筑物清洁美观，无乱贴、乱写、乱画现象，无乱设摊点、违章搭建 （5）社区内绿树成荫，无毁绿现象，居民自觉养成爱绿、护绿习惯 （6）楼道卫生整洁，无杂物堆放，内外照明设施齐全 （7）室外活动设施和公共服务设施维护及时，无损毁破旧现象 符合 7 项指标内容，分值为 A；符合 5～6 项指标内容，分值为 B；其余情形分值为 C	8	听取汇报、实地考察

指标		指标内容	分值	数据采集方法
		项目 I-3 文明祥和		
II-10 秩序良好		（1）建立社区实有人口、流动人口、居民房屋坐落、社区单位和企业档案信息数据库 （2）配有社区民警和专兼职巡防队伍，配备警用器械和通信设备，建有人防、物防、技防相结合的社区综合网络防控预警系统，社区生活安全和谐 （3）社区设立人民调解委员会，及时开展矛盾纠纷排查化解工作，做到应调尽调，防止矛盾激化，调解成功率达 98% 以上 （4）建有自然灾害、事故灾难、公共卫生事件和社会安全事件应急管理机制 （5）社区配有应急器材，定期组织居民开展防灾知识宣传与演练、自救互救技能培训等，参加社区紧急救助员培训的人员不低于物业管理人员的 20% （6）社区内车辆停放有序，宠物豢养文明 （7）社区 2 年内无重大刑事案件、群体性事件、邪教组织活动、黄赌毒现象 符合 7 项指标内容，分值为 A；符合 5~6 项指标内容，分值为 B；其余情形分值为 C	8	审查材料、听取汇报、实地考察、走访居民
II-11 关系和谐		（1）配齐楼院门栋长，并有效发挥作用 （2）邻里互助活动经常性开展，邻里之间矛盾纠纷化解及时 （3）志愿服务活动常态化，志愿服务队伍不少于 5 支 （4）和谐楼院、和谐家庭、"邻里节"等活动定期开展，社区居民家庭和睦幸福 （5）独居和空巢老人、计划生育特别扶助对象、孤残儿童得到妥善照顾，尊老爱幼、扶贫济困蔚然成风 （6）社区内各民族团结和睦，流动人口与本社区居民和谐相处，人际关系和谐 （7）社区居民对社区党组织和居民委员会成员知晓率不低于 80% （8）社区内企业遵守劳动保障法律规定，劳动关系和谐，无重大劳动关系群体性、突发性事件发生 符合 8 项指标内容，分值为 A；符合 6~7 项指标内容，分值为 B；其余情形分值为 C	8	听取汇报、走访居民

续表

指标	指标内容	分值	数据采集方法
	项目 I -3 文明祥和		
Ⅱ-12 健康向上	(1) 居民有良好的卫生习惯和健康低碳的生活方式 (2) 社区居民语言美、行为美，居民间互相尊重、文明礼让 (3) 有社区文化娱乐活动指导员和社会体育指导员队伍，每 1 000 人拥有 1 名以上社会体育指导员，群众性文体活动丰富多彩，开展全民阅读活动、全民健身活动，每年举办 1 次包含 4 个项目以上的社区综合性运动会，每年举办 2 次以上单项体育竞赛活动 (4) 有形式多样的社区文体组织，每个社区拥有 2~4 个能经常开展活动的体育组织，每个体育组织有 1~2 名体育负责人，群众参与广泛 (5) 健康知识、法律知识、科普知识在社区居民中普及 (6) 建有市民学校、老年大学、人口学校等教育基地，社区学习氛围浓厚 (7) 社区居民对社区的归属感认同感强 (8) 开展社会主义核心价值观教育 (9) 社区居民无违法生育现象 符合 9 项指标内容，分值为 A；符合 7~8 项指标内容，分值为 B；其余情形分值为 C	8	听取汇报、走访居民

全国和谐社区建设示范社区指标说明

1. 基本指标。基本指标反映全国和谐社区创建的基本情况，共设置了三个测评项目（一级指标），分别是管理有序、服务完善、文明祥和，并细化为 12 个二级指标。

2. 数据采集方法。主要采用听取汇报、审查材料、实地考察、走访居民等方法。各类数据取测评年度前两年的平均值，材料审核以测评年度前两年的材料为主。

3. 实地考察方法。一是实景（情）模拟验证，如拨打社区服务热线、咨询社区服务实务等；二是实地调查，即现场考察申报单位是否符合测评指标，如到社区查看相关工作记录等；三是实地观察，即在一定时间内对申报单位进行持续观察。

4. 材料审核的数据来源。一是社区工作记录；二是各省（区、市）、市（地）、区（县、市）、街道（乡镇）提供的数据资料。

5. 分值构成。总分为 100 分。

6. 评分方法。采用"状态描述法"，以 A、B、C 描述指标的状态。A 为该项指标的满分；B 为该项指标满分的 66%；C 为该项指标满分的 33%。每项指标的状态确定后，加总得出测评总分。

? 思考

该案例中"全国和谐社区建设示范社区指标"的创建运用了哪些评估方法？各有什么特点？

📁 课后练习

一、填空题

1．绩效指的是个人或组织完成某种任务或达到某个_____的行为，通常是有功能性或有效能的表现。绩效由_____和_____构成。_____主要指个人的_____表现、工作成绩、工作态度，以及个人的专业知识、熟练程度等。_____是以特定的企业、政府机构或公共部门为关注对象，体现为这些组织的工作成就或效果，具体以_____、_____、_____等标准来衡量。

2．社区工作者的工作绩效评估是以社区管理_____为基础，用一些有效的_____对绩效进行考评。社区绩效评估的目的不仅仅是为社区工作者_____、_____、_____、职业技术开发、_____等提供可靠的决策依据，而且是为了增强社区工作者在工作中的_____和_____，改进工作绩效，不断提高工作者的_____能力。

二、名词解释

1．社区管理绩效评估
2．行为尺度评定量表
3．行为锚定法
4．360°绩效评估法

三、简答题

1．社区管理绩效评估的标准是什么？
2．社区管理绩效评估具有什么意义和作用？
3．社区管理绩效评估的程序是什么？

参考文献

[1] 朱国荣. 社区管理与服务[M]. 天津：天津大学出版社，2010.

[2] 赵勤，周良才. 社区管理[M]. 北京：中国劳动社会保障出版社，2007.

[3] 王思斌. 社会工作综合能力[M]. 北京：中国社会出版社，2007.

[4] 高博，陈书艺，郑何. 社区管理员实用教程[M]. 北京：电子工业出版社，2007.

[5] 汪大海，魏娜，郇建立. 社区管理[M]. 北京：中国人民大学出版社，2006.

[6] 刘燕、韩晋. 社区管理实务[M]. 北京：机械工业出版社，2012.

[7] 白志刚. 社区文化与教育[M]. 北京：中国劳动社会保障出版社，2001.

[8] 李森. 城市社区建设概论[M]. 济南：山东大学出版社，2001.

[9] 孙桂华. 社区建设[M]. 北京：中国劳动社会保障出版社，2006.

[10] 王青山. 社区建设与发展读本[M]. 北京：中共中央党校出版社，2001.

[11] 桑宁霞. 社区教育概论[M]. 北京：中国社会科学出版社，2002.

[12] 孙民，刘瑞丽. 社区教育[M]. 北京：当代中国出版社，2003.

[13] 史柏年. 社会工作实务（中级）[M]. 北京：中国社会出版社，2007.

[14] 王冶英，等. 社区治安与社会稳定[M]. 北京：中国劳动社会保障出版社，2001.

[15] 韦克难. 社区管理[M]. 成都：四川人民出版社，2003.

[16] 徐勇，陈伟东. 社区工作实务[M]. 北京：高等教育出版社，2003.

[17] 徐永祥. 社区工作[M]. 北京：高等教育出版社，2004.

[18] 吴崑，平建恒. 企业管理实务[M]. 北京：高等教育出版社，2007.

[19] 陈伟东. 社区自治——自组织网络与制度设置[M]. 北京：中国社会科学出版社，2004.

[20] 邓泉国. 中国城市社区居民自治[M]. 沈阳：辽宁人民出版社，2004.

[21] 卢汉桥. 基层民主政治建设研究——开福区社区建设调查[M]. 长沙：湖南人民出版社，2005.

[22] 林尚立. 社区民主与治理：案例研究[M]. 北京：社会科学文献出版社，2003.

[23] 陶铁胜. 社区管理概论[M]. 上海：上海三联书店，2000.

[24] 娄成武，孙萍. 社区管理[M]. 北京：高等教育出版社，2003.

[25] 湖南省社会科学院专题调查组. 开福区社区建设调查[M]. 长沙：湖南人民出版社，2005.

[26] 程玉申. 中国城市社区发展研究[M]. 上海：华东师范大学出版社，2002.

[27] 叶常林. 公共管理学概论[M]. 北京：北京大学出版社，2005.

[28] 王佃利，曹现强. 公共决策导论[M]. 北京：中国人民大学出版社，2003.

[29] 唐兴霖. 公共行政组织原理：体系与范围[M]. 广州：中山大学出版社，2002.

[30] F. E. 卡斯特，J. E. 罗森茨韦克. 组织与管理——系统方法与权变方法[M]. 李柱流，等，译. 北京：中国社会科学出版社，1985.

[31] 闫恩杰. 对我国社区规划的思考[J]. 工程建设与设计，2005（8）：82-84.

[32] 钱征寒，牛慧恩. 社区规划——理论、实践及其在我国的推广建议[J]. 城市规划学刊，2007（4）：74-78.

[33] 王士良. 切实发挥地域优势，全力推进学习型社区建设与发展[J]. 社区教育研究，2003（2）.

[34] 李小云，董强，等. 非营利组织人力资源评价模式开发及应用[J]. 中国行政管理，2006（7）.

[35] 刘爽，郭志刚，杜鹏. 依托社区开拓城市计划生育工作新路[J]. 人口与计划生育，1999（3）.

[36] 姜劲松，林炳耀. 对我国城市社区规划建设理论、方法和制度的思考[J]. 城市规划汇刊，2004（3）.

[37] 凯利，贝克尔. 社区规划——综合规划导论[M]. 叶齐茂，吴宇江，译. 北京：中国建筑工业出版社，2009.

[38] 尼克·华兹，查里斯·肯尼维堤. 社区建筑——人民如何创造自我的幻境[M]. 谢庆达，林贤卿，译. 台北：创兴出版社，1993.

[39] 曾旭正. 台湾的社区营造[M]. 台北：远足文化事业股份有限公司，2007.

[40] 张庭伟，等. 美国 MPC 社区——规划·设计·开发[M]. 北京：中国建筑工业出版社，2009.

[41] 周俭. 城市住宅区规划原理[M]. 上海：同济大学出版社，1999.

反侵权盗版声明

　　电子工业出版社依法对本作品享有专有出版权。任何未经权利人书面许可，复制、销售或通过信息网络传播本作品的行为；歪曲、篡改、剽窃本作品的行为，均违反《中华人民共和国著作权法》，其行为人应承担相应的民事责任和行政责任，构成犯罪的，将被依法追究刑事责任。

　　为了维护市场秩序，保护权利人的合法权益，我社将依法查处和打击侵权盗版的单位和个人。欢迎社会各界人士积极举报侵权盗版行为，本社将奖励举报有功人员，并保证举报人的信息不被泄露。

举报电话：（010）88254396；（010）88258888

传　　真：（010）88254397

E-mail：　dbqq@phei.com.cn

通信地址：北京市万寿路 173 信箱

　　　　　电子工业出版社总编办公室

邮　　编：100036